7 Tugenden Reloaded.

VERGANGENHEITS
VERLAG

Katharina Diel-Gligor, Wolfgang Gründinger,
Ali Aslan Gümüsay (Hg.)

7 Tugenden Reloaded

Zukunftsmodelle des Think Tank 30 /
Deutsche Gesellschaft des Club of Rome

VERGANGENHEITS
VERLAG

Bibliografische Informationen der Deutschen Nationalbibliothek
Die Deutsche Nationalbibliothek verzeichnet diese Publikation in der Deutschen Nationalbibliografie; detaillierte bibliografische Daten sind im Internet über http://dnb.d-nb.de abrufbar.

ISBN: 978-3-86408-091-3

Lektorat/ Korrektorat: Dr. Carsten Drecoll

Grafisches Gesamtkonzept, Titelgestaltung, Satz und Layout: Stefan Berndt – www.fototypo.de

Cover: Christoph Rauscher

Impressum

Inhalt

Vorwort

Unsere Welt entwickelt sich zusehends zu einem „Global Village". Neue, schnelle Kommunikationswege und Verkehrsmittel lassen die Welt zusammenschrumpfen. Handels-, Dienstleistungs- und Finanzmärkte sind grenzüberschreitend ineinander verflochten; Kapital- und Investitionsströme fließen bis in den abgelegensten Winkel; Know-how wird global zugänglich. Alles scheint sich um ökonomische Wertschöpfung zu drehen: Kapitalrenditen, Profitsteigerung, Wohlstandssicherung. Eine prosperierende Wirtschaft zählt auch zweifellos zu den essenziellen Grundvoraussetzungen für ein friedliches, soziales Zusammenleben. Aber ist das ausreichend, um Gesellschaften funktionsfähig zu machen? Bertolt Brecht stellte Anfang des 20. Jahrhunderts in seiner Dreigroschenoper treffend fest: „Erst kommt das Fressen, dann kommt die Moral." Damals, so bleibt festzustellen, genauso wie heute. Was aber, wenn über das Essen die Moral vergessen wird? Was, wenn die soziale und ökologische Wertschöpfung dauerhaft hinter der wirtschaftlichen zurückzutreten droht?

Die jungen Köpfe des Think Tank 30 der Deutschen Gesellschaft des Club of Rome haben sich diese Frage gestellt und nach Antworten, nach Halt und Orientierung im raschen Wandel der Zeit gesucht. Sie stellen sich ihrer und unserer Zukunftsverantwortung und denken über Wege zu nachhaltigem, moralgeleitetem Handeln, zwischenmenschlicher Solidarität und sozialer Balance nach. Sie knüpfen damit an die Zielsetzungen des Internationalen Club of Rome an und ermutigen jeden Einzelnen von uns dazu, in seinem eigenen Alltagsumfeld und im Rahmen der individuellen Möglichkeiten an deren Erreichung mitzuwirken.

Das Buch greift aktuelle gesellschaftspolitische Probleme wie Bildungsmisere, Generationenkampf, Datenmissbrauch und Wutbürgertum sowie Energiewende, soziale Sinnkrise und Kulturkampf auf und orientiert sich bei der Suche nach werteorientierten Lösungen an historisch überlieferten Tugenden. Es zeigt auf, wie diese auch in der heutigen, modernen Zeit als Orientierungsanker dienen und beim Bemühen um eine bessere Welt eine wichtige Rolle spielen können. Weisheit, Gerechtigkeit, Mut und Mäßigung, Glaube, Liebe und Hoffnung – so lautet der althergebrachte Tugendkatalog, den die Autoren entstauben, wiederaufleben lassen, reaktivieren wollen.

In vielerlei Hinsicht stellt das Buch damit Gegenentwürfe zur gegenwärtig gesellschaftlich fest verankerten Konsumkultur in ihren verschiedensten Dimensionen vor. Hierzu gehört z. B., dass wir undifferenziert einen funktionalistisch reduzierten Bildungskanon befolgen, dass wir mit persönlichen Daten befütterte digitale Medien hochfrequent nutzen oder dass wir an politischen Diskussionen nicht partizipieren, sondern diese nur konsumieren. Weitere Facetten sind der Verbrauch nicht-regenerativer Rohstoffe, die unreflektierte Übernahme einseitig geprägter, pauschaler Kulturbilder oder der materielle Konsum auf Kosten nachfolgender Generationen. Der Übergang aus dieser kurzfristigen und vornehmlich augenblicksbezogenen Handlungs- und Lebensweise in eine nachhaltige Gesellschaft erfordert einen ökonomischen, sozialen wie auch ökologischen Wandel. Dieser muss auf lokaler Ebene einsetzen, um global wirken zu können.

Das Hinwirken auf neue, alternative Formen der Wohlstandsgesellschaft bringt das zentrale Anliegen des Club of Rome auf den Punkt und trifft den Puls unserer Zeit. Den Autoren ist es in ansprechender und mitreißender Weise gelungen, diese so wichtige Botschaft zu vermitteln. Dabei liefern sie gleichermaßen Einblicke in ihre Alltagswelt wie auch fundierte thematische Hintergrundinformationen.

„7 Tugenden Reloaded" ist ein inspirierendes Buch für alle, die an unsere gemeinsame, bessere Zukunft glauben und diese aktiv mitgestalten wollen.

Prof. Ernst Ulrich von Weizsäcker, Co-Präsident des Club of Rome

Einleitung

VOM WERT DER WERTE

Tugend ist die moralische Stärke in Befolgung seiner Pflicht, die niemals zur Gewohnheit werden, sondern immer ganz neu und ursprünglich aus der Denkungsart hervorgehen soll.

Immanuel Kant

Die Welt ist voller Suchender: Die einen sind auf der Suche nach Profit, die anderen nach Sinn. In einer Welt, die immer unübersichtlicher wird, immer schneller und immer getriebener, sehnen sich viele Menschen nach etwas, das bleibt. Wenn nichts mehr sicher scheint, suchen wir nach Halt und Orientierung. Aber wo suchen? Wonach sich richten? Ist es wirklich so, dass niemand mehr weiß, woran man sich orientieren kann? Dass wirklich niemand mehr weiß, was Tugenden sind? Dann würde sich tatsächlich alles in eine postmoderne Beliebigkeit auflösen. Tatsächlich sind wir in eine Zeit des Wandels hineingeboren. Die gewohnten Antworten auf die großen Fragen unseres Zusammenlebens werden derzeit hart auf die Probe gestellt: Die soziale Frage der Gerechtigkeit wurde bislang durch die sozialstaatliche Absicherung der Erwerbsarbeit beantwortet – doch unter dem Druck wachsender sozialer Ungleichheit und der Ausbreitung „atypischer“ Arbeit, Niedriglöhnen, Minijobs, Leiharbeit oder Solo-Selbstständigkeit, muss sich der traditionelle Sozialstaat neu erfinden. Die liberale Frage der Freiheit wurde durch die verfassungsrechtliche Verankerung von Grund- und Bürgerrechten beantwortet – doch sind diese durch die digitalen Möglichkeiten der totalen Rundum-Überwachung gefährdet. Die nationale Frage der Souveränität wurde durch den demokratischen Nationalstaat beantwortet – doch immer mehr werden die gewählten Volksvertreter zum Spielball der anonymen Kräfte grenzüberschreitender Finanzströme. Die ökologische Frage der Schöpfungsbewahrung wurde durch Staubfilter und Klärwerke beantwortet – doch angesichts des globalen Klimawandels und versiegender Rohstoffquellen fühlen wir uns ohnmächtig.

Was können, was sollen wir tun in Anbetracht der unzähligen Herausforderungen, die sich unserer Gesellschaft und jedem Einzelnen von uns stellen?

Gesellschaften sind mehr als nur die bloße Summe ihrer Individuen. Sie brauchen sinnstiftende Ideen, damit die Menschen bei aller Konkurrenz auf einer gemeinsamen Wertebasis zusammenleben können. Für moderne Gesellschaften, die sich keiner absolutistischen religiösen Glaubensmacht oder autoritären politischen Führung unterwerfen, bleibt die Suche nach Sinn immer mehr jedem selbst überlassen. Wir möchten dazu ansporen, sich gemeinsam auf die Suche zu machen.

Nur wo danach suchen? Seit zwei Jahrtausenden zählt die abendländische Tradition dieselben altbewährten sieben Tugenden: Glaube, Liebe, Hoffnung, Weisheit, Gerechtigkeit, Mut und Mäßigung. In der griechisch-römischen und christlichen Ethik formulieren sie den Maßstab für ein gutes und sinnstiftendes Leben und Zusammenleben; sie ordnen unser Verhalten, unsere Pflichten und Beziehungen, prägen unsere Institutionen; sie bilden ein „gemeinschaftliches Gedächtnis“, das unser Zusammenleben unbemerkt organisiert, sie weben einen kulturelles Netz, das unsere Gesellschaft zusammenhält.

1972 – 2012 – 2052: Wohin wollen wir gehen?

Wie können wir die alten Tugenden neu erfinden? Wir – das sind junge Menschen, die sich im Think Tank 30 (TT30) zusammengefunden haben, als unabhängiges und überparteiliches Netzwerk von etwa 30 jungen Leuten um die 30 Jahre, gegründet am Tag der Deutschen Einheit im Jahre 2004 unter dem Dach der Deutschen Gesellschaft des Club of Rome. Unsere vielfältigen wissenschaftlichen Hintergründe und beruflichen Tätigkeitsfelder – Wirtschaft und Politik, Forschung und Lehre, Entwicklungszusammenarbeit und Beratung, Kunst und Kultur – ermöglichen eine facettenreiche Beobachtung unserer Gesellschaft. Wir wollen kritische Impulse liefern und neue Blickwinkel öffnen für die Diskussion über Zukunftsverantwortung und Nachhaltigkeit und die Menschen für eine weltweite und langfristige Perspektive begeistern.

Uns ist bewusst: Werte sind nicht so einfach in den Alltag übersetzbar, wie es manchmal scheinen mag. Auch Werte bieten nicht immer klare normative Richtlinien, die uns Konflikte ersparen würden. Wir müssen immer wieder neu gemeinsam streiten, wie wir diese Werte deuten und verstehen wollen. Auch wir sind nicht so großspurig, als dass wir in diesem Band endgültige Wahrheiten verkünden würden – weder können, noch wollen wir das.

Und dennoch glauben wir daran, dass die Suche nach Werten und Tugenden nicht vergebens und aussichtslos ist. Im Gegenteil: Wir möchten diskutieren, wo und wie sich Werte und Tugenden bei aktuellen Herausforderungen bewähren können. Denn gerade wegen der Hektik des Alltags, gerade wegen der Zwänge und Nöte des Tagesgeschäfts in Politik und Unternehmen ist ein Wertegerüst umso wichtiger, das Halt und Orientierung bietet in einer sich rasch ändernden Welt. Wir wollen wieder den Mut haben, an das Gute zu glauben in einem oft zynisch wirkenden Alltag und einem nicht minder zynisch wirkenden Politikbetrieb. Und wir wollen endlich wieder auf Gerechtigkeit vertrauen können, dass jeder Verantwortung trägt für die Gesellschaft, ebenso wie die Gesellschaft für den Einzelnen. Das hält uns zusammen.

1972 erschütterte der Club of Rome mit seinem bahnbrechenden Bericht „Die Grenzen des Wachstums" den damals unverbrüchlichen Fortschrittsglauben. Erstmals warnte eine hochrangige Vereinigung von Wissenschaftlern und Unternehmern, die kurz zuvor in Rom vom FIAT-Manager Aurelio Peccei und dem OECD-Generaldirektor Alexander King aus der Taufe gehoben worden war, vor der Begrenztheit des Planeten und der Unmöglichkeit ewigen materiellen Wachstums. Vierzig Jahre später trug der norwegische Wissenschaftler Jorgen Randers für den Club of Rome den Stand des Wissens zum Zustand der Welt zusammen. In seinem 2012 veröffentlichen Report „2052 – A Forecast for the Next Forty Years“ warnen die Forscher insbesondere vor den Verwerfungen des Klimawandels und eines ausufernden Finanzkapitalismus. Doch trotz der düsteren Ausblicke skizziert der Report auch ein ermutigendes Szenario für eine Zukunft, die ganz anders sein wird, als wir uns das heute vorstellen können – eine neue Vorstellung von Lebensqualität und Wohlstand.

Die Deutsche Gesellschaft Club of Rome, unter deren Dach der Think Tank 30 angesiedelt ist, hat anlässlich des Reports sieben Thesen zur Zukunft des Wachstums zur Debatte gestellt. Die siebte These lautet: „Verbesserte Umwelttechnologien und veränderte wirtschaftliche Rahmenbedingungen sind unverzichtbar für die Lösung unserer globalen Herausforderungen. Doch das alleine wird nicht genügen. Wir müssen verstehen lernen, welcher Ressourcenverbrauch mit unserem Konsum einhergeht und das zum Anlass nehmen, eingefahrene Konsummuster zu überdenken. Jeder soll lebenslang Entwicklungsperspektiven haben, die aber nicht mit stetiger Zunahme des Umweltverbrauchs verknüpft sind. Konsum ist kein Selbstzweck, sondern ein Mittel, um ein humanes und erfülltes Leben zu ermöglichen – für dieses Ziel kann Konsum nie Ersatz sein.“ Und weiter: „Wir brauchen positive Leitbilder für nachhaltige Lebensstile. ‚Voluntary Simplicity‘ kann ein Leitprinzip werden auf dem Weg zu mehr Glück und weniger Verbrauch. In allen Weltreligionen findet sich ein Aufruf zur Mäßigung beim Konsum. Wir könnten allen Menschen weltweit einen beachtlichen Wohlstand ermöglichen und dennoch im Einklang mit der Natur leben, wenn wir Exzesse vermeiden, Fehlentwicklungen korrigieren und positive Leitbilder etablieren. Weniger kann mehr sein!“

Der „homo oeconomicus“, der nur auf seinen eigenen Vorteil bedachte Egoist, prägt noch immer unsere Wirtschaftstheorien. Dabei verzerrt dieses Bild die Wirklichkeit – der Mensch ist ein soziales Wesen, das über eine rein individualökonomische Kosten-Nutzen-Kalkulation hinausblicken kann. Der Mensch lebt von Fairness, Kooperation und einem instinktiven Sinn für das Gute. Der Paradigmenwechsel von einem falschen und schädlichen Menschenbild hin zu einem neuen, menschlicheren Verständnis unseres Lebens und Wirtschaftens ist überfällig.

„Probleme kann man niemals mit derselben Denkweise lösen, durch die sie entstanden sind“, soll Albert Einstein einmal gesagt haben.

Spätestens seit den ersten Warnungen des Club of Rome von 1972 wissen wir: Mit den Rezepten wie mehr Technik oder mehr Geld allein sind die Probleme nicht zu meistern. Vielmehr müssen wir einen Blick über unseren Gartenzaun wagen und danach suchen, wohin wir gemeinsam gehen wollen. Wann, wenn nicht jetzt, sollten wir neu nachdenken über unser Leben und vor allem: unser Zusammenleben?

Sieben Tugenden, re: loaded

Die abendländische Tugendlehre geht zurück auf die Philosophie der griechischen Antike. Von Aristoteles (* 384 v. Chr.; † 322 v. Chr.), dem Schüler Platons und Begründer der Ethik als eigenständiger philosophischer Disziplin, sind die Worte überliefert: „Ein Mensch, der Gutes tut, formt dadurch seine Persönlichkeit. Und das gewohnte gute Tun stabilisiert sich als Haltung, eben als Tugend. – So etwas setzt voraus, dass Menschen frei sind in ihren Entscheidungen, dass sie über Gut und Böse selbst befinden können. Und dass sie, im Falle sie das Gute tun, belohnt zu werden verdienen. Und im Falle des Bösen bestraft gehören."

Erstmals taucht eine Gruppe von vier Tugenden in der Tragödie *Sieben gegen Theben* (467 v. Chr.) des griechischen Dichters Aischylos auf. In die Ethik führte der griechische Philosoph Platon (* 428/427 v. Chr.; † 348/347 v. Chr.) die vier Kardinaltugenden ein: Weisheit (*sophia*, *sapientia*), Mäßigung (*sophrosyne*, *temperantia*), Mut bzw. Tapferkeit (*andreia*, *fortitudo*) und Gerechtigkeit (*dikaiosyne*, *iustitia*). Mehrere Jahrhunderte später wurden diese vier Tugenden vom Heiligen Bischof Ambrosius von Mailand (* 339; † 397) in die christliche Lehre übernommen. Hinzu traten die drei theologischen Tugenden Hoffnung (*spes*), Glaube (*fides*) und Liebe (*caritas*), die im Neuen Testament vom Apostel Paulus († um 65) begründet und durch Papst Gregor I. (* um 540; † 604) zu den Kardinaltugenden hinzugefügt wurden. So ergaben die vier Kardinaltugenden und die drei theologischen Tugenden zusammen den Kanon der magischen sieben Tugenden, die im Laufe von Mittelalter, Renaissance und Früher Neuzeit noch etliche Deutungen und Wandlungen erfahren sollten.

Mit anschaulichen Beispielen und Kommentaren möchten wir entlang dieser klassischen sieben Tugenden aktuelle gesellschaftliche Herausforderungen dem Leser näherbringen – und dabei keinen „Ratgeber" mit einer moralischen Anleitung auftischen, sondern wichtige gesellschaftspolitische Probleme erläutern, Hintergrundwissen vermitteln und die Leserinnen und Leser mit offenen Fragen zum Nachdenken anregen, was die Werte für sie als persönliche Tugend und als gesellschaftlicher Wert bedeutet. Wir wollen Anstoß nehmen ebenso wie Anstöße geben, so zum Nachdenken anregen und Handlungsmöglichkeiten aufzeigen – aber weder Wahrheiten offenbaren noch Belehrungen erteilen.

Die jungen Köpfe des Think Tank 30, die an diesem Band mitgewirkt haben, sind nicht im akademischen Elfenbeinturm gefangen. Anstatt hochtrabender Theorien rufen sie in den folgenden sieben Kapiteln zum Denken und Handeln auf – praktisch und konkret, ohne Fachsimpelei. Entlang aktueller gesellschaftlicher Herausforderungen und lebenspraktischer Beispiele diskutieren sie, welche Orientierung uns die alten sieben Tugenden heute noch geben können.

Die Tugend der *Weisheit* beleuchtet Ali Aslan Gümüsay, Doktorand an der University of Oxford. Gümüsay befasst sich mit Bildungsgerechtigkeit, Bildungsvielfalt und Bildungsflexibilität und fragt: Was macht eigentlich unsere Bildung aus uns und wir mit ihr? Unser Bildungssystem zeigt eine Diskrepanz auf zwischen theoretischer gesellschaftlicher Dichtung und praktischer Wahrheit sozialer Ungerechtigkeit. Und Bildung von heute ist morgen schon wieder Schnee von gestern. Das scheinbar Unentbehrliche ist rückblickend unscheinbar entbehrlich. Das Ziel von Bildung ist nicht Bildung, ist nicht der Bildungsabschluss noch ist es der Bildungstitel, sondern eine Art Humboldt'sche Vervollkommnung der Persönlichkeit. Wie können wir hierbei als „Knowmaden" mit lebenslangen Bildungsabonnements zeitlich, örtlich und inhaltlich flexibel lernen? Und wie balancieren wir gesellschaftliche Bildungseinheit und individuelle Bildungsfreiheit, um so stetigen Wandel zu erlauben und wandelnde Stetigkeit zu erreichen – für eine weise Bildung?

Mit der Tugend der *Mäßigung* befasst sich Katharina Diel-Gligor, Doktorandin der Rechtswissenschaft an der Universität Heidelberg. Ausgehend von der Rolle des Individuums als „sprudelnde Datenquelle" auf dem Datenmarkt des Gebens und Nehmens hinterfragt sie staatliche und unternehmerische Eingriffe in das individuelle Recht informationeller Selbstbestimmung sowie den daraus resultierenden schleichenden Wandel zum gläsernen Bürger. Läuten Facebook und Google, SWIFT und PNR das Ende der Privatsphäre und gleichsam den Anfang des digitalen Datendschungels ein? Wo liegen die Grenzen der politischen und privatwirtschaftlichen Gestaltung? Oder bleibt uns für den Schutz unserer Privatsphäre im Internetzeitalter in erster Linie die Tugend der Datensparsamkeit?

Auf den Menschen als Gestalter einer lebendigen Demokratie richten der Organisationsforscher Christopher Wickert und Santa Meyer-Nandi, Gründerin der Ideenfabrik FindingSustainia, die Perspektive. In ihrem Beitrag über die Tugend *Mut* im Sinne einer couragierten Teilnahme an der Gestaltung der Gesellschaft fragen die Autoren nach der Bedeutung, den Möglichkeiten und Formen der Mitwirkung und Partizipation in unserer Demokratie. Einen besonderen Fokus legen Wickert und Meyer-Nandi auf die durch die Globalisierung entstandenen Dynamiken und die daraus rührende Notwendigkeit einer aktiven Zivilgesellschaft. Dabei zeigen sie auch die Möglichkeiten der Bürgerbeteiligung für den Einzelnen auf und propagieren eine Abkehr vom Wutbürger, hin zum Mutbürger.

Über die Tugend der *Gerechtigkeit* denkt der Autor und Demokratieforscher Wolfgang Gründinger vor dem Hintergrund der Generationengerechtigkeit nach: Gibt es gemeinsame Interessen einer Generation? Was macht Gerechtigkeit nicht nur zwischen Arm und Reich, sondern auch zwischen Jung und Alt, Zukunft und Gegenwart aus? Demografischer Wandel, Rentensystem, Arbeitsmarkt, Staatsverschuldung, Umwelt – überall wird auf Kosten der Jungen gewirtschaftet. Warum ist das so, und wie kann sich das ändern?

Die Tugend der *Hoffnung* beleuchtet die in New York lebende Journalistin und Diplom-Kommunikationswirtin Catriona E. McLaughlin in ihrem Beitrag über die Energiewende. Die nachhaltige energetische Versorgung der künftigen Generationen ist eine der größten Hoffnungen – und der größten Herausforderungen – unserer Zeit. In der stark wachsenden Branche der erneuerbaren Energien hat Deutschland weltweit eine Vorreiterrolle übernommen. Supergrid, Ausnahmeregeln, Demokratisierung der Energienetze und Ökostrom – jetzige Entscheidungen über unseren Kurs In dem Spannungsfeld zwischen Politik, Kohle- und Atomlobby, Klima- und Verbraucherschutz werden sich stark auf unsere Zukunft auswirken. Wie gestalten wir diese Veränderung in unserer Gesellschaft und wie kann die Hoffnung uns dabei helfen? Und: Ist unsere Hoffnung berechtigt?

Marleen Triebiger und Thomas Suermann de Nocker diskutieren anhand der Tugend *Glaube* die Rolle von Werten als Grundfeste von

Vertrauen. Bankenkrise, schwarze Schafe und Fehlentscheidungen haben die Entscheidungstragenden in der Wirtschaft in eine tiefe Vertrauenskrise gestürzt. Inzwischen scheint nicht einmal mehr das lang ersehnte Wirtschaftswachstum glücklich zu machen, wie die freudlose Freude am Aufschwung bezeugt. Die sinkenden Arbeitslosenzahlen und der wieder gewonnene Handlungsspielraum des Staates ändern nichts am kollektiven Unbehagen. Triebiger und Suermann de Nocker fragen nach neuen Vorbildern: Wie können Offenheit und Transparenz, Anstand und Bescheidenheit, Glaubwürdigkeit und soziale Verantwortung unser Wirtschaften moralischer machen?

Der *Liebe* widmet sich die in Kairo lebende Anwältin und Nahostkennerin Silke Noa Kumpf. Sie stellt den Menschen als Mitmensch in einer weltweiten Gemeinschaft in den Mittelpunkt und thematisiert die polarisierende Wirkung der Medien, die Menschen aus unterschiedlichen Kulturen wider Erwarten oft nicht näher bringen, stattdessen Abgrenzung und Vorurteile stärken. Sie geht der Frage nach, wie uns Nächstenliebe als Ausgangspunkt helfen kann, die Globalisierung nachhaltig als Chance zu gestalten, die eine weltweite Gemeinschaft von Mitmenschen unterstützt, in der wir globalen Herausforderungen gemeinsam begegnen, seien es Klimawandel oder neue Kriege.

Ein Ansporn zum Nachdenken, Vordenken und Mitmachen

Wir hoffen, dass dieser Band, an dem eine bunte Mischung junger Menschen aus vielfältigen Forschungsrichtungen und beruflichen Hintergründen mitgewirkt hat, seine Leserinnen und Leser nicht nur zum Nachdenken anspornt, sondern auch zu gesellschaftlichem und politischem Engagement bewegt. Es ist ein Buch für alle, die noch an die Zukunft glauben. Und alle, die wieder an die Zukunft glauben wollen.

Ein Dank gebührt allen, die an der Verwirklichung dieses Bandes beteiligt waren. Vor allem sind dies die Autorinnen und Autoren, die durch ihre engagierte Arbeit maßgeblich zum Gelingen des Buches beigetragen haben. Weiterhin danken wir Prof. Ernst Ulrich von Weizsäcker, Co-Präsident des Club of Rome, der uns ein bestärkendes und motivierendes Vorwort widmete, Christoph Rauscher, den wir als Illustrator für das ansprechende Cover gewinnen konnten, Lena

Bendlin, die uns tatkräftig und kompetent als Lektorin unterstützte, und nicht zuletzt unseren Lebenspartnerinnen und –partnern, Familien und Freunden, die uns mit Rat und Geduld bei der Realisierung des Projekts zur Seite standen.

Berlin, Köln, Oxford im Januar 2013
für den Think Tank 30

Katharina Diel-Gligor
Wolfgang Gründinger
Ali Aslan Gümüsay

Kapitel 1

WEISHEIT

Weisheit, die (f.),
lat. sapientia

Von
Ali Aslan Gümüsay

Bildungsgerechtigkeit, Bildungsvielfalt, Bildungsflexibilität – Was macht unsere Bildung aus uns und wir mit ihr?

Non scholae, sed vitae discimus.
Nicht für die Schule, sondern für das Leben lernen wir.

(Bekannte verdrehte Version des Zitates vom römischen Philosophen Seneca, 1. Jhdt. n. Chr.: Non vitae, sed scholae discimus – Nicht für das Leben, sondern für die Schule lernen wir.)

I. Story: Der Knowmade

„Aneignen nennt es der Gebildete", sagte Shakespeare über Diebstahl. Wer hätte gedacht, dass Nathan heute alles verlieren und viel mehr gewinnen würde?

Ein bisschen altklug ist Nathan, vor allem aber neugierig und fasziniert von Bildung. Stundenlang liest er in den alten Philosophiebüchern seines Vaters herum. Manchmal versteht er viele Seiten und

Kapitel lang gar nichts; manchmal glaubt er einen Satz dann doch verstanden zu haben und schreibt sich ihn eiligst raus in das Notizbuch auf seinem Handy – seine ganz persönliche Wissenssammlung, sein Stolz.

Nathans Bildungstag beginnt schon vor der Schule. Beim Frühstücken schaut Nathan die Nachrichten auf Englisch, Chinesisch und Arabisch. Neue Vokabeln leuchten beim Zähneputzen am Spiegel auf. Danach geht er zurück in sein Zimmer. Dort finden heute die ersten drei Unterrichtseinheiten statt, besser gesagt im virtuellen Klassenraum.

Frau Hikmah, seine Lehrerin für Geschichte, Englisch, Philosophie und Politik ist aus München zugeschaltet. Nathans Klassenkameraden sitzen verteilt in ganz Deutschland und einige sogar im Ausland. „Heute werden wir die Platonische Akademie besprechen. Sie wurde im 4. Jahrhundert vor Christus von Platon gegründet", führt die Lehrerin auf dem Monitor in den Unterricht ein. Platon! Von ihm hat Nathan schon so viel gelesen. Frau Hikmah erzählt von der antiken Philosophenschule in Athen, die mehrere Hundert Jahre lang existierte. Die Schule hieß *Akademie*, benannt nach dem naheliegenden Heiligtum des attischen Helden Akademos.

Die wichtigsten Informationen zum Unterricht leuchten in der Bildschirmmitte auf. Auf der rechten Seite des Bildschirms werden Bilder und Zeichnungen aus der Antike dargestellt. Links sieht Nathan seine Mitschüler aus den verschiedenen Städten, ihre Kommentare und Fragen. Nathans Augen leuchten auf. In der antiken Akademie, da hätte er gerne gelebt und gelernt.

An Nathans Schule werden verschiedene Fächer in einem Unterricht miteinander verknüpft. Deshalb behandelt Frau Hikmah als Schwerpunkt für Geschichte und Philosophie die Platonische Akademie, Platons Philosophie, sein Höhlengleichnis. Manche Texte lesen die Schüler dabei auf Englisch.

Die Zusammenfassung des Unterrichts erscheint auf dem Monitor. Frau Hikmah erklärt die Aufgaben: „Schauen Sie sich bitte bis nächste Woche das Video in ihrem Postfach an und lesen Sie den englischen Text über die *Politeia*. Die Vokabeln zum Text sollten bis zum nächsten Mal gelernt werden. Sie existieren auch als Podcast, wie auch der Text. In der nächsten Unterrichtsstunde betrachten wir Platons Konzept in der Praxis und schwenken danach ins antike Rom."

Die zweite und dritte Unterrichtsstunde sind aus dem Themenfeld Internationale Politik. Nicht nur der Lehrstoff ist hierbei international, sondern auch die Lehrenden und Lernenden. Statt übereinander lernen die Schüler miteinander voneinander. Das Thema ist die Agrarwirtschaft. Über das Jahr hinweg behandeln sie Themen wie Pflanzen und Tiere, soziale Gerechtigkeit und Fair-Trade, Gesundheit und Bio-Produkte sowie die wirtschaftlichen Angebots- und Nachfragestrukturen und die Gründe und Auswirkungen von EU-Zöllen.

Der Unterricht im digitalen Klassenraum ist beendet, jetzt gehen alle in die Schule, die *Präsenzschule*. Auf dem Weg hört sich Nathan Vokabeln an, die er als Podcast heruntergeladen hat. Die Präsenzschule startet heute mit Sport – und Physik und Englisch. Auf Englisch erklärt der Sportlehrer die Regeln für Volleyball. Nachdem sich alle ausgetobt haben, berichten die Schüler von ihren Erfahrungen mit den verschiedenen Techniken. Gemeinsam berechnen sie die Flugbahnen von Bällen. Der Sportlehrer startet ein Gedankenexperiment: „Wie könnte Volleyball unter Wasser funktionieren?"

Am Ende des Schultages stehen die „Freistunden" an. Die Schüler dürfen lernen und erforschen, was sie wollen. Am Ende des Monats müssen sie ihre Ergebnisse allerdings als Video, Text, Präsentation oder Plakat der Klassenstufe vorstellen. Nathan will in diesem Monat antike Bildung mit der heutigen Bildung vergleichen und seine Ergebnisse auf einer Webseite präsentieren. Sein Lehrer sagt der Klasse: „Lehrt und ihr werdet lernen."

Auf dem Weg nach Hause liest Nathan in seiner Wissenssammlung auf dem Handy. „Weisheit ist die Belohnung, die man bekommt, wenn man ein Leben lang zugehört hat, obgleich man lieber sprechen wollte", hat er sich heute darin notiert. Vom Kolumnisten Doug Larson. Ein schöner Satz, denkt Nathan vertieft und rempelt dabei zwei Jungen aus seiner Schule an. „'Tschuldigung!", ruft er eiligst. Toll gemacht, ausgerechnet die beiden aus der Stufe über ihm, die ihn seit Jahren auf dem Kieker haben. Das wird nicht gut enden. „Entschuldigung fast angenommen", antwortet der eine und baut sich vor ihm auf. „Was tüddelst du eigentlich wieder Schlaues auf deinem Handy herum?", fragt der andere und zieht Nathan dabei mit Gewalt das Handy aus der Hand. „Lass das", ruft Nathan, „das ist meine Wissenssammlung!" „Ach so ist das! Deine Wissenssammlung! Na dann!", sagt er, schnappt sich das Handy und grinst Nathan an, „Zack! Das Wissen ist gelöscht, futsch." Lachend wirft er Nathan das Handy zu und macht sich davon.

Zitternd vor Wut und unbeweglich zugleich starrt Nathan den beiden Jungen minutenlang hinterher. Dann setzt er sich niedergeschmettert an den Straßenrand. Seine ganze Motivation, seine ganze Begeisterung für Bildung ist mit einem Mal verschwunden. Er fühlt sich bestohlen. Ist wütend auf sich selbst. Warum hatte er nirgends eine Kopie gesichert? Alles, all seine schönen Weisheiten und Worte, die er mühevoll gesammelt hat, sind nun verloren. Dumm fühlt er sich, leer.

Nathans Ärger wird plötzlich von einem alten Mann unterbrochen, der sich neben ihn an den Straßenrand setzt. Die Kleidung des Mannes ist zerschlissen und dreckig, sein Rucksack und mehrere Tüten liegen in einem Einkaufstrolley neben ihm. Er ist offensichtlich obdachlos. „Kennst du die Geschichte vom islamischen Gelehrten Imam Ghazali?", fragt er. Nathan antwortet nicht. Er ist sauer. Unbeirrt erzählt der Mann weiter: „Ghazali liebte Bildung. Jahrelang lernte er, bildete sich weiter und reiste durch die Welt. Als er glaubte, genug gelernt zu haben, trat er die Reise in die Heimat an. Doch in der Wüste wurde seine Karawane von Räubern angehalten. Sie raubten jedem Reisenden alles Gold und alle Wertsachen. Als sie schließlich vor Ghazali standen, fing er an zu flehen. ‚Nehmt mir alles, was ihr wollt. Nur diesen Sack nicht!', bat er. Die Räuber wurden nun aber erst recht neugierig auf den Sack und öffneten ihn in der Erwartung, kostbare Schätze zu finden. Doch darin war nichts – nichts außer beschriftetem Papier. ‚Was hat es damit auf sich?', fragte einer der Räuber. Ghazali erwiderte, dass in dem Sack die Früchte seines jahrelangen Studiums seien. Für ihn, das Kostbarste der Welt, all sein Wissen. Wenn ihm die Räuber diesen Sack wegnehmen würden, wären all seine Mühen umsonst gewesen. Einer der Räuber lachte und sagte: ‚Eine Wissenschaft, die in einen Sack gesteckt und gestohlen werden kann, ist keine.' Daraufhin kehrte Ghazali wieder in die Weiten der Welt zurück, um noch einmal zu lernen. Dieses Mal aber mit dem Ziel, seinen Kopf füllen und keinen Sack. Jahre später sagte Ghazali, dass er den besten Ratschlag, der sein Geistesleben beeinflusste, von einem Räuber erhalten habe."

Stumm starrt Nathan auf sein Handy und steckt es in die Tasche. Der alte Mann atmet tief ein, rappelt sich langsam auf und geht mit seinem Einkaufstrolley weiter seinen Weg.

„Noch einmal", murmelt Nathan, „ich muss noch einmal alles lernen. Lernen und Reisen, wie ein Nomade, der nach Wissen strebt. Ein Knowmade will ich sein."

Zu Hause begrüßt Nathans Vater ihn an der Tür. „Und“, fragt er, „was hast du heute in der Schule gelernt?“

„Nichts“, sagt Nathan. Und denkt sich: Frag mich lieber, was ich außerhalb der Schule gelernt habe.

II. Thematik: Bildungslandschaft Deutschland

„Der Mensch wird frei geboren, und überall liegt er in Ketten“, schrieb der französische Schriftsteller und Philosoph Rousseau. Er könnte von unserer Bildungslandschaft gesprochen haben. Sie gleicht häufig eher einem ermüdenden Bildungskorsett statt einem ermündigenden Bildungsgerüst. Knowmaden wie Nathan werden so gefesselt statt entfesselt. Begeisterung für Bildung wird im Keim erstickt. Was macht eigentlich unsere Bildung aus uns und wir mit ihr?

Wir diskutieren leidenschaftlich gern über Bildung. Themen wie der Bildungskanon, Ganztageskindergärten, die Pisa-Studie, der Bologna-Prozess, soziale Undurchlässigkeit und Bildung 2.0 tauchen immer wieder in den Medien und Stammtischdebatten auf. Eine bekannte Phrase lautet: „Bildung ist die wichtigste Ressource Deutschlands.“ Leider geben wir für diese Ressource denkbar wenig aus. In den letzten Jahren lagen die privaten und öffentlichen Bildungsausgaben bei um die fünf Prozent des Bruttoinlandsproduktes. Im OECD-Vergleich ist Deutschland damit unterdurchschnittlich.

Natürlich gilt der Ausspruch, der Einstein zugeschrieben wird: „Nicht alles, was zählt, kann gezählt werden, und nicht alles, was gezählt werden kann, zählt.“ Bildung ist mehr als nur das geschlossene und begrenzte Bildungssystem und der Bildungslebensprozess endet ja eigentlich nie. Dennoch müssen wir Bildung neu – *weise* – denken und uns fragen, wie wir Bildung gerechter, vielfältiger und flexibler gestalten können.

Die Rückbesinnung auf die antike Tugend Weisheit ist nicht ein straffer Marsch in die Vergangenheit, sondern eine Rückbesinnung für die Zukunft von Bildung, sozusagen die Wanderung „zurück in die Zukunft“. Natürlich war damals nicht alles besser und nicht alles ist Gold, was glänzt. So begrenzte sich der Zugang zur Bildung sehr auf Herrschafts- oder Führungsleliten. Der Rekurs auf die antike Tugend der Weisheit bietet aber viele Denkanstöße für die Gestaltung der Gegenwart und Zukunft. Packen wir es an.

Gerechte Bildung – Wer darf lernen?

Der Mensch erwirbt Qualifikationen, solange er lebt. Wir durchlaufen mehrere Stationen in unserem Bildungsweg – vom Kindergarten über die Grundschule und die weiterführende Schule. Anschließend folgt oft eine Ausbildung oder ein Studium. Und weiter geht es im Erwerb von Bildung durch berufliche Weiterqualifikationen, berufsbegleitende Programme oder Studienprogramme für Menschen mit Berufserfahrung wie den sogenannten Master of Business Administration (MBA).

Wir erwerben in den einzelnen Stationen über Bildungswege und auch Bildungsumwege Bildungstitel, um bestimmten Tätigkeiten nachgehen zu können. Bildungsqualifikationen dienen als unabdingbare Voraussetzungen. Die eigentlichen Qualifikationen, derer eine Tätigkeit bedarf, werden zum Teil in Auswahlverfahren überprüft. Oft ist ein Abschluss nicht nötig, wird aber verlangt, weil er verlangt werden kann.

Bildungstitel öffnen Türen, die für andere ohne diese Zertifikate verschlossen bleiben. Sie sind sozusagen Schließungsmechanismen. Im Grundgesetz wie auch im ungeschriebenen Gesellschaftsvertrag, dem *contrat social* à la Rousseau, haben wir uns darauf verständigt, dass Bildung ein Grundrecht ist. Bildung kann von jedem erworben werden. Einziges Kriterium in dieser Meritokratie soll bzw. sollte das Potenzial des Individuums sein. Jeder hat die gleichen Chancen auf bestimmte Bildungsqualifikationen. Das heißt, bei gleicher Befähigung sollten alle die gleichen Zugangsmöglichkeiten, Durchführungschancen und Erfolgsaussichten haben.

Nur ist Bildungserfolg einzig Resultat von Begabung und Leistung des Einzelnen? Nicht wirklich. Bildungserfolg ist zu einem großen Teil abhängig vom Einkommen und dem Bildungsgrad der Eltern. Dies betont auch der 2012 erschiene OECD-Bildungsbericht. Nur 20 Prozent der jungen Menschen erreichen einen höheren Bildungsabschluss als den der Eltern. Es gelingt nicht, außerschulische Sozialisation auszugleichen. Ganz im Gegenteil, Schule bestärkt sie häufig, statt für eine Inklusion bildungsferner Schichten zu sorgen.

Der Grund liegt bei sogenannten primären und sekundären Effekten – eine Unterscheidung, die der Soziologe Raymond Boudon einführte. Schon früh wirken sich sogenannte primäre Effekte, die aufgrund unterschiedlicher sozialer Voraussetzungen entstehen, auf die Kompetenzentwicklung und dadurch auf die schulischen Leistungen von Kindern aus. Kinder aus gehobenen Elternhäusern erwerben kulturelles Kapital und werden gezielt gefördert und gefordert – sei es von den Eltern direkt oder durch Einzelunterricht oder den Besuch von Bildungsprogrammen. Diese Förderung bleibt Kindern aus sozialschwachen Familien oft verwehrt.

Während primäre Effekte sich auf die Leistungen der Kinder auswirken, treten sekundäre Effekte sogar bei gleichen Leistungen zutage. Das heißt, selbst wenn Kinder bei ungleichen sozialen Startvoraussetzungen die gleichen Ergebnisse erzielen, haben sie nicht die gleichen Möglichkeiten, bestimmte Qualifikationen zu erwerben. Daraus folgt, dass wir ein sogenanntes Under-Achievement mitsamt seiner psychologischen und sozialen Folgen erleben, da viele Kinder Institutionen und darauf aufbauend (berufliche) Aktivitäten unterhalb des eigentlichen Leistungsniveaus besuchen. Laut einer 2009 veröffentlichten Studie vom Berliner Wissenschaftszentrum für Sozialforschung und dem Deutschen Institut für Wirtschaftsforschung besuchen 17 Prozent der Schülerinnen und Schüler eine Schulform unterhalb ihres Leistungsniveaus.

Wir leben in einer semi-offenen Gesellschaft. Menschen aus sozial schwachen Familien fehlt häufig das Wissen über Bildungsmöglichkeiten wie auch Bildungsnutzen. Diese Unkenntnis mag dazu führen, dass weniger in Bildung investiert wird. Das heißt, die Familie handelt möglicherweise rational, weil sie nicht weiß, welchen konkreten Nutzen Bildung haben könnte. Das fehlende Wissen hat fatale Auswirkungen auf die Kosten-Nutzen-Kalkulation und auf Bildungsentscheidungen.

Nur unzureichend wird dieses Wissen durch Institutionen oder das Subsidiaritätsprinzip, durch das sich Bürger untereinander und miteinander gegenseitig unterstützen, gefördert. Käme Nathan aus einer sozial schwachen Familie, hätte er nicht oder nur sehr spät von den innovativen Bildungsmodellen erfahren. Kaum jemand aus seiner Umgebung hätte ihm bei der Bewerbung umfassend helfen können.

Soziale Ungerechtigkeit und Chancenungleichheit spüren in besonderem Maße Deutsche mit Migrationshintergrund. Sie kommen häufiger aus sozial schwachen Familien und erleben die Schließungsmechanismen des Systems gegenüber bestimmten sozialen Schichten und kulturellen Gruppen. Auf sie wirken sich die oben genannten primären und sekundären Effekte doppelt aus. In der Pisa-Studie von

2009 schneiden zum Beispiel Schülerinnen und Schüler mit Migrationshintergrund 56 PISA-Punkte schlechter ab als die Gleichaltrigen ohne Migrationshintergrund. Auch machen weniger Menschen mit Migrationshintergrund Abitur oder gehen zur Universität. Ungefähr 20 Prozent der Bevölkerung haben Migrationshintergrund, aber nur sehr wenige sind zum Beispiel Abgeordnete oder Beamte.

Die gesellschaftliche Diskrepanz zwischen theoretischer Dichtung und praktischer Wahrheit führt zu ungerechtem Bildungszugang, -erwerb und -nutzen. Im Gesellschaftsvertrag mag eine Meritokratie, d. h. eine Auswahl nach Leistung, erwünscht sein. Die Realität sieht anders aus. Es gibt genug Offenheit, um gesellschaftliche Stabilität zu garantieren und genug Geschlossenheit, um Positionen zu sichern. Die Herkunft entscheidet in einem großen Maße darüber, welchen Bildungsweg ein Kind einschlägt. Das Bundesministerium für Bildung und Forschung vermeldet auf seiner Webseite, es „entscheidet in kaum einem anderen Industriestaat die sozio-ökonomische Herkunft so sehr über den Schulerfolg und die Bildungschancen wie in Deutschland. Zugleich gelingt es in Deutschland im internationalen Vergleich deutlich schlechter, Kindern und Jugendlichen mit Zuwanderungsgeschichte gute schulische Kompetenzen zu vermitteln. Wenn wir die Zukunftschancen der jungen Generation in Deutschland sichern wollen, muss das Schulsystem in Deutschland mehr Kinder und Jugendliche zu höheren Bildungsabschlüssen führen – und zwar unabhängig von ihrer Herkunft."

Bildungsgerechtigkeit führt zu sozialer Mobilität. Sie würde bedeuten, dass mehr Menschen intergenerationelle Bildungsabstiege erleben würden und dies natürlich verhindern möchten. Andererseits würden nicht nur Bildungsaufstiege sondern insbesondere mehr Bildungsaufstiegssprünge von Menschen aus sozial schwachen Familien geschehen. Die Gesellschaft ist daher ein sich stabilisierendes Konstrukt aus scheinbarer Meritokratie, Aufstiegsmöglichkeiten und Statussicherungselementen. Bei zu wenigen Aufstiegschancen und zu vielen Statussicherungen wird das System instabil. Für mehr soziale Nachhaltigkeit im Sinne einer lebenswerten und zukunftsfähigen Gesellschaft braucht es ein Mehr an Bildungsgerechtigkeit. Vielleicht lohnt sich ein Rückblick auf die antiken, vorsokratischen Sophisten, für die Bildung – zumindest in der Theorie – losgelöst von Herkunft sein sollte, hin zu einer wahren und wahrhaften Chancengleichheit.

Wir müssen den Bildungsprozess wie auch den Bildungsnutzen transparenter kommunizieren. Nicht das hypothetische, sondern das tatsächliche und das tatsächlich wahrgenommene Angebot zählt. Bildungswahrnehmung kann u. a. durch sogenanntes *nudging* verbessert werden. *Nudging* ist ein Konzept der Akademiker Thaler und Sunstein, welches als „Anstupsen" übersetzbar ist. Die Entscheidungsstruktur wird hierbei so angepasst, dass die Person leichter die für die Gesellschaft und den Einzelnen richtige Entscheidung treffen kann. Wenn zum Beispiel Eltern aus sozial schwachen Familien häufiger ihr Kind in eine Schulform schicken, die unterhalb der Schulempfehlung ist, so könnte man den Entscheidungsprozess umgestalten. Statt dass Eltern eine Schulform frei wählen, wie in einigen Bundesländern möglich, würde man ihnen die Wahl einer schwächeren Schulform erschweren. Wenn ein Kind eine Gymnasialempfehlung hat, müsste so z. B. die Wahl der Eltern für die Realschule oder Hauptschule speziell begründet werden. So entstehen weiche Barrieren gegen die Wahl der schwächeren Schulform, welche den Eltern nicht das Recht nehmen, diese Schulform für ihr Kind zu wählen. Sie werden lediglich in eine andere Richtung angestupst.

Eine große Barriere für den gesellschaftlichen Aufstieg ist die Sprache. Eine Sprache ist dabei kein Substitut für eine andere, sondern ein Komplementär, gemäß dem türkischen Sprichwort: „Bir lisan, bir insan. Iki lisan, iki insan." Übersetzt: „Eine Sprache, ein Mensch. Zwei Sprachen, zwei Menschen." Wer eine Sprache beherrscht, ist demnach ein Mensch. Wer zwei Sprachen kann, gilt als zwei Menschen. Wir brauchen mehr pädagogische Betreuung von und für Vielsprachigkeit inklusive der deutschen Sprache. Eine Anekdote, welche mir ein befreundeter Lehrer erzählte: „Ich war in Neukölln in der Bäckerei und habe telefoniert. Dabei hat die türkischstämmige Verkäuferin mitgekriegt, dass ich Lehrer bin und mich gefragt, was sie denn machen könnte, um ihrem Grundschulkind zu helfen, von den schlechten Noten vor allem in Deutsch herunterzukommen. Ich habe sie gefragt, ob sie zu Hause lesen – und sie guckt mich nur mit großen Augen an: Das hilft?" Sie ist nun kein Spiegelbild der türkischstämmigen Gemeinschaft, wohl aber auch keine Ausnahme. Die Verkäuferin beschäftigt sich mit den schulischen Leistungen des Kindes, braucht aber mehr Unterstützung.

In diesen Prozessen müssen die unterschiedlichsten zivilgesellschaftlichen Akteure wie Arbeiterkind, Rock Your Life!, Studycoach

2.0 und lokale Elternvereinigungen, welche die Zielgruppe leichter erreichen können, eingebunden werden. So sollten Mentorenprogramme, Informationsveranstaltungen und Gesprächsmöglichkeiten geschaffen, gefördert und im Bildungsprozess aktiv integriert und so ein Ökosystem der Gemeinschaft rund um den Trialog zwischen Eltern, Kind und Schule gestärkt werden. Der Staat fördert so das Fördern. Gleichfalls sollten Zugänge zu den verschiedensten Bildungsangeboten erleichtert werden. So können Pädagogen in Kindergärten Kinder nur dann fördern, wenn diese Kinder in den Kindergarten geschickt werden. Dies wiederum geschieht, sofern sie von den Eltern geschickt werden wollen und können. Und auch hier könnte ein wenig Anstupsen helfen.

Insbesondere die Situation von Menschen mit Migrationshintergrund sollte bei diesen Mechanismen und Maßnahmen berücksichtigt werden. Sie erleben kulturelle, sprachliche und zum Teil rassistische Barrieren. So mögen türkische Eltern teilweise den Lehrern mehr Vertrauen schenken, statt kritisch mit der Schule in einen Dialog zu treten. Laut einem türkischen Sprichwort gehört dem Lehrer das Fleisch des Kindes und die Knochen den Eltern: „eti senin, kemiği benim". Eltern wissen nicht unbedingt, wie viel sie in der (Schul-)Bildung involviert sein sollen und können. Sprachbarrieren erschweren, dass wichtige Informationen sie erreichen. Informationen müssen daher besser zugänglich gemacht werden. Zu guter Letzt zeigt sich, dass Diskriminierung und Rassismus leider zum Alltag gehören. So sinken zum Beispiel bei ausländisch klingenden Namen oder bestimmten Adressen in sogenannten Problemvierteln die Erfolgschancen bei Bewerbungen.

Eine sozial nachhaltige Bildung ist sozial gerecht, um eine Gesellschaft für den Einzelnen lebenswert und für die Gesellschaft zukunftsfähig zu machen. Der Einzelne möchte nicht nur die unteren Stufen der vom Psychologen Maslow konzeptualisierten Bedürfnispyramide von physiologischen, Sicherheits-, sozialen und individuellen Bedürfnissen erklimmen, sondern sich auch selbst verwirklichen. Das geschieht, wenn Bildungsgerechtigkeit die Potenziale entsprechend der jeweiligen Person entdeckt, fördert und nutzt. Dies führt zu Zufriedenheit und dem besseren Nutzen von Ressourcen. Der faire Umgang mit Menschen im Zusammenspiel mit Bildung – irrespektiv ihrer sozialen Herkunft – liefert ein Stück Gesellschaft der sozialen Nachhaltigkeit.

Mut zur vielfältigen Bildung – Was lernen wir?

Müssen wir alle das Gleiche wissen? Die Antwort ist ein starkes: „Jein!“ Unser Bildungskanon ist der unabdingbare Kern dessen, was wir lernen sollten. Was heute „soll“, braucht morgen aber schon nicht mehr und ist übermorgen vielleicht Schnee von vorgestern. Das scheinbar Unentbehrliche ist rückblickend unscheinbar entbehrlich. Ein solcher Kanon sollte daher möglichst klein, adaptierbar und flexibel sein. Ein unabdingbarer Kern ist wirklich unabdingbar klein. Er ist wandelbar.

Hinter dieser Frage des Kanons steckt die tiefere gesellschaftliche Frage danach, was alle kennen und verinnerlicht haben und wonach alle möglichst handeln sollten. Es soll also eine Gesellschaft stabilisieren. Und gewisse Grundwerte, gewisse Grundfähigkeiten, gewisses Grundwissen braucht der Mensch, um als Teil der Gesellschaft sozialisiert zu sein. Unser Bildungssystem braucht eine Neujustierung dieser drei Elemente mit mehr Betonung auf Werte und Fähigkeiten und weniger auf Wissen.

Vorsicht ist jedoch geboten, wenn ein Kanon uns assimiliert. Denn so ein Gleichmacher kreiert nur scheinbare Stabilität. Was nicht gleich ist, möchte nicht gleich gemacht werden und wird sich wehren – sei es öffentlich durch Demonstrationen oder im Privaten, z. B. durch eigene psychologische Konflikte oder Widerstand im eigenen sozialen Raum. Ein starker Kanongleichmacher liefert nicht Einheit, Einigkeit und Gleichheit in Vielfalt, sondern monotones Gleichsein in Gleichsein. Der Staat ist in einem Dilemma: Er braucht eine gewisse Einheit für Stabilität aber eben auch Eigenständigkeit für Innovation und Kreativität. Gerade die Gesellschaft im 21. Jahrhundert lebt nicht trotz, sondern durch ihre Vielfalt.

Das Ziel von Bildung ist nicht einheitliche Bildung, ist nicht der Bildungsabschluss noch ist es der Bildungstitel. Es ist eine Art Humboldt'sche Vervollkommnung der Persönlichkeit, die in ihrem Werden zur Vervollkommnung des Staates beiträgt. Unser Bildungssystem dagegen basiert auf starr ausgelegten Regeln und Strukturen: Wer einen höheren Abschluss anstrebt, muss alles können, was der darunter liegende Abschluss vorschreibt. Für ein begnadetes künstlerisches Kind ist es daher sehr schwer, ohne Mathematik oder Englisch an der Universität zu studieren. Eine begnadete Mathematikerin muss auch Sprachen einigermaßen beherrschen. Denn die mögliche zukünftige Exzellenz in einem Bereich wird nur erlaubt und damit anerkannt, wenn eine Person vorab die Exzellenz oder zumindest das maximal anmutende Minimum der Vorstufe erreicht hat.

Bildungsabschlüsse sind damit Fragen der Macht und Ohnmacht. Bildungsprozesse versuchen, die Dichotomie, den Grundgegensatz zwischen Einheit und Freiheit, auszubalancieren und Fähigkeiten zu ordnen. Nur was, wenn dieses immer schwieriger in einer vielfältigen, sich kontinuierlich wandelnden Gesellschaft geschieht? Was, wenn Arbeitsteilung zum Teil so weit vorangeschritten ist, dass spezialisierte Exzellenz einem kleinen Teil einer Person und der Gesellschaft unglaublich hilft, diese aber losgelöst vom Kanon ist. Wie lässt man Ausnahmen zu bzw. wie macht man die Ausnahme zur Regel, ohne regellos alle Strukturen über Bord zu werfen?

Die Chefetage der Wirtschaft denkt teils schizophren. Auf der einen Seite weiß sie, dass Vielfalt Innovation und Produktivität fördert. „Wir brauchen Vielfalt in unseren Teams." Auf der anderen Seite rekrutieren die Chefs von heute gerne Spiegelbilder ihrer selbst als Chefs von morgen. Die Formel lautet: „Ich bin gut. Er (meist weiß, männlich, alt) ist wie ich. Also ist er gut." Ähnlich werden für viele Selektionsprozesse wie zum Beispiel in Begabtenförderwerken vor allem diejenigen als Juroren ausgewählt, welche den Prozess durchlaufen haben. So werden Strukturen reproduziert. Nur muss ein Unternehmen, muss ein Begabtenförderwerk, muss eine Gesellschaft Innovation und Kontinuität ausbalancieren. Die Rekrutierungsmechanismen spielen hierbei eine wichtige Rolle.

Eine ähnliche Aufgabe stellt sich für eine Gesellschaft. Wie in Unternehmen geht es hierbei nicht ausschließlich um einen Maximierungsprozess für die Gesamtgesellschaft. Häufig geht es um einen Maximierungsprozess für eine elitäre Teilgesellschaft. Das ist doppelt bedenklich. Erstens ist das Maximieren – wie im Übrigen auch das Optimieren – nicht eine gute Maxime an und in sich. Das Verständnis von „Mehr gleich Besser" bedarf einer Generalüberholung. Zweitens ist es verwerflich, wenn das Maximieren für nur eine Gruppe der Gesellschaft auf Kosten der Gesamtgesellschaft geht. Die Teilgesellschaft schadet damit den anderen direkt, in dem sie wegnimmt, aber auch, in dem sie vorschreibt, was war, was ist und was sein soll.

Bildung schließt hierbei förmlich durch Qualifikation und unauffällig durch Werte und Regeln aus, sofern man sie nicht erwirbt oder nicht anerkennt. Dies heißt nicht, dass Grundwerte nicht erlernt werden sollten. Insbesondere aber ist die Fähigkeit wichtig, selbst mündig zu diesen und eigenen Grundwerten zu gelangen. Was war, muss nicht wahr sein. Wir sollten zwar aus der Vergangenheit lernen, denn Werte wurden gelebt, haben irgendwie funktioniert. Wir sollten aber nicht in der Vergangenheit oder wie in der Vergangenheit leben, sondern wie der Angelus Novus des Malers Paul Klee ruhig zurückblickend nach vorne schreiten und das Gelernte in der Zukunft anwenden.

Bildung fungiert als Statussymbol. Leider geschieht dies so verquer, dass die Selbsteinschätzung und Wertschätzung von Menschen darunter leidet. Je höher der Abschluss, desto klüger, wichtiger, besser sei der Mensch. Dabei reproduzieren Schließungsmechanismen von Prozessen und Titeln Machtverhältnisse einer bestimmten Gruppe, die sich Achtung durch scheinbar meritokratische Prozesse erwirbt. Anderen bleibt die Tür verschlossen. Dies ist ungerecht. Darüber hinaus ist ein gebildeter Mensch nicht unbedingt weise, nicht unbedingt gut. Nicht unbedingt bzw. unbedingt nicht steht ihm eine Wertschätzung zu, nur weil er Bildung hat. Bildung an sich hat nur Wert, wenn sie gut genutzt wird. Nicht Bildung im formalen Sinne sollte Status besitzen, sondern das Mitwirken an der gesellschaftlichen Vervollkommnung – ob mit oder ohne Bildung.

Was sollte Nathan, was sollten wir und kommende Generationen lernen? Antwort: wohl die Fähigkeit, sich des eigenen Verstandes, Herzens und Körpers zu bedienen. Es ist die Fähigkeit, Weisheit aus Bildung aus Wissen aus Information aus Fakten aus Wirrwarr zu erlernen und zu erleben. Es geht nicht um die Masse. So darf zum Beispiel der Bachelor nach dem Bologna-Prozess nicht so viel Inhalt haben, wie der Magister oder das Diplom davor. Auch darf er nicht dem Studierenden alle Freiheiten bei der Individualisierung seiner Bildung nehmen. Es braucht eine Reform der Reform.

Im Zeitalter von Wikipedia und Google ist besonders das Wissen-Wo bzw. Wissen-Wie und weniger das Wissen-Was wichtig. Es sind Fähigkeiten, nicht Wissensbausteine, die flexibel genutzt werden. Paradoxerweise sollte in einer Wissensgesellschaft nicht mehr Wissen von allen geteilt werden müssen, sondern vielmehr unterschiedliches Wissen gut verstreut sein. Arbeitsteilung heißt auch Wissensteilung. Die Gesellschaft ist ein anspruchsvolles und daher reizvoll zusammengesetztes Mosaik.

Dabei ist Technologie mit Weitsicht und Vorsicht zu genießen. So suggerieren Suchmaschinen wie Google eine trügerische Darstellung einer neutralen Realität. Stattdessen bewertet der Algorithmus von

Google vorherige Suchabfragen und auch andere Online-Aktivitäten bis hin zu Details des genutzten Computers und dem Ort, an dem sich der Nutzer befindet. Heraus kommt eine individualisierte Scheinwelt. Die Fähigkeit, Wissenskonstrukte und Wissenswerkzeuge zu hinterfragen, gewinnt so an Bedeutung.

Ohnehin schwirren viele Informationen um uns herum. Der Gebildete weiß häufig viel, aber der Vielwissende ist nicht unbedingt gebildet. Der Physiker und Philosoph Ernst Mach kennt: „nichts Schrecklicheres, als die armen Menschen, die zu viel gelernt haben. Statt des gesunden kräftigen Urteils, welches sich vielleicht eingestellt hätte, wenn sie nichts gelernt hätten, schleichen ihre Gedanken ängstlich und hypothetisch einigen Worten, Sätzen und Formeln nach, immer auf denselben Wegen. Was sie besitzen, ist ein Spinnengewebe von Gedanken, zu schwach, um sich darauf zu stützen, aber kompliziert genug, um zu verwirren." Ziel ist nicht das reine Vielwissen einer Enzyklopädie, sondern vielmehr eine umfassende körperliche wie geistige Bildung, die befähigt statt sättigt und lähmt.

Schon der Vorsokratiker Heraklit warf Pythagoras und anderen Vielwisserei vor. Der Ratschlag des Biologen Thomas Huxley über 2000 Jahre später ist daher: „Try to learn something about everything and everything about something." Also Experte in einem Gebiet sein und Allgemeinwissen in vielen Bereichen haben. Der Anspruch in der Antike war, umfassend zu befähigen, nicht allwissend auszubilden. Zu dieser umfassenden Befähigung gehörte auch ein Fokus auf ethische Fragen und ein bewusstes Leben und Erleben. Bildung ist Moral. Bildung hat Moral. Für Sokrates war Weisheit daher im Bewusstsein und bewusstem Dasein.

In diesem Bewusstsein sollte Kreativität und Vielfalt wie auch der Mensch als Ganzes gefördert werden. Bildung ist keine Monokultur und Vielfalt hat einen Wert an sich. Der Mensch hat nicht nur eine Rolle bzw. Identität im Leben. Er ist Konsument, Staatsbürger, Arbeitnehmer, Arbeitgeber, Vater, Mutter, Schüler, Lehrer. Er hat Verantwortung und braucht die Fähigkeit, Verantwortung übernehmen zu können – ganz im Sinne des alten delphischen Spruchs: Gnothi seauton – Erkenne dich selbst. Warum lehren und lernen wir nicht, individuell-basale Kompetenzen wie, was es heißt zu essen und zu trinken, und auch individuell-soziale Kompetenzen, wie zu arbeiten und zu erziehen? Warum lernen wir nicht, wie man isst, trinkt, arbeitet, jemanden erzieht? Wir werden nicht auf all das vorbereitet, was wir machen, sondern es wird uns ein Kanon gelehrt, der uns irgendwie besser machen soll, weil wissender. Aber was genau bedeutet all das Wissen, wenn man ein Baby großzieht, wenn man mit Werbung für Süßigkeiten konfrontiert wird? Wie stehe, sitze, gehe oder schlafe ich richtig? Schule ist nur ein Teil und zum Teil Bildung. Keine Minute in der Schule wird auf das Schlafen verwendet, obwohl wir alle fast ein Drittel unseres Lebens damit verbringen – auch so manche Minute in der Schule.

Schulbildung muss verstärkt mit Lebensbildung verknüpft werden. Wissen an sich wird gelehrt, nicht aber, was dieses für das Danach, nach der Schule bedeutet. Wie kann man erworbenes Wissen im Danach anwenden? Das Ziel von Bildung ist nicht Wissenspersonen zu kreieren oder wirtschaftlich nützliche Personen, sondern gesellschaftlich aktive Personen zu fordern und fördern, welche die Gesellschaft und die Menschen bewegen. Im Sinne einer ökonomischen und sozialen Nachhaltigkeit erstrebt sie kreative und soziale Vielfalt. Sie erlaubt stetigen Wandel und daraus resultierende wandelnde Stetigkeit. In diesem Prozess hat keiner alleine die Antwort, aber jeder hat VerANTWORTung.

Das richtige Maß Bildung – Wie lernen wir?

Wir leben im Zeitalter der Knowmaden. Unser Lernprozess muss sich ändern und flexibles Lernen ermöglichen, um Lernen erstens individuell und zweitens mobil zu gestalten. Ein afrikanisches Sprichwort besagt, dass es eines Dorfes bedarf, um ein Kind zu erziehen. Heute erzieht und bildet uns die ganze Welt. Bildung wird selbst zusammengestellt – nach Bedarf. Zwar würfeln einige Universitäten bereits kräftig ihre Studiengänge durcheinander, um so teils exotische Studienmöglichkeiten zu schaffen. Meist haben heute aber Abschlüsse Wahlpflicht und wenige wahlfreie Kurse, während im Morgen der Zukunft Qualifikationen selbst variabel sein können.

Für Nathan ist die Bildungsumgebung eine Symbiose aus lokal und global. Er lebt im „glokalen“ Raum. Neue Techniken und Technologien ermöglichen ein Verschmelzen von Lernorten. Grenzen verflüssigen sich und nicht das einzelne Fach, sondern die zu erlernende Fähigkeit rückt in den Vordergrund. Lernen ist so aktiv, statt reaktiv. Wir lernen in der Gegenwart vom Wissen aus der Vergangenheit für die Zukunft.

Nützliche Bildung ist nicht konformes Wissen der Vergangenheit für die Vergangenheit oder für die Gegenwart, sondern das, womit wir die Gesellschaft weiterentwickeln – für die Zukunft. Und natürlich passiert Bildung auch in diesen unerwarteten Momenten – z. B. am Straßenrand durch einen Fremden.

Wenn Nathan mit der Schule fertig ist, wird er sich seinen Abschluss selber mixen können. Er möchte einen Abschluss in Volkswirtschaftslehre und Kunstgeschichte kreieren – ein paar Klicks und das Curriculum steht und die Einschreibung beginnt. Statt dass der Lehrende das Curriculum für den fremden Lernenden vorschreibt, entwickelt der Lernende sein eigenes Programm, hinter dem er steht und das ihn dadurch umso mehr antreibt. Individuelles Lernen heißt auch, dass aus einer Vielzahl von Möglichkeiten und Medien gewählt werden kann. Nathan erstellt sich einen Zeitplan, kann Vorlesungen teilweise online anschauen. Lernprozesse und -programme werden mit Software koordiniert und los geht das Semester. Dabei dient die digitale Welt als Komplementär, nicht als Substitut, um den Bildungsprozess nicht zu dehumanisieren. Menschlicher Kontakt ist wichtig. Gleichfalls findet heute viel Kommunikation via verschiedenster Technologien statt. Auch diese Art der Kommunikation braucht Übung und muss gelernt werden.

Studieren im kalten England während des Urlaubs auf den Malediven? Kein Problem. Bildung wird überall von überall aufgenommen. Vorlesungen, Skripte, Bücher, Study Groups, Meetings – all das kann online und offline geschehen. Dabei verschmelzen vermehrt reale und digitale Welt in einer erweiterten Realität. Doch nicht nur der Lernende ist mobil, auch der Lehrende kann seinen Zeitplan besser jonglieren und seinen Studenten aus der Welt berichten, vielleicht gar von einer Konferenz und dabei seine Kollegen bitten, ein paar Fragen zu beantworten. Wie bei Nathan ist der Klassenraum überall.

Bildung selbst wird sogar noch mobiler sein als Lernende und Lehrende. Sie verliert keine Reisezeit, kann parallel genutzt werden und hängt nicht mehr von einer Institution ab. Unterricht wird nicht mehr aus einzelnen Schul- und Universitätssilos bestehen. Warum auch? Warum sollte Geografie, sollten die Grenzen von Institutionen eingrenzen, was der Einzelne hört, sieht, nutzt? Ein Kurs in Harvard, einen an der Sciences Po Paris, einen in Oxford, einen in Mannheim. Warum nicht? Und das gleichzeitig.

Wir genießen die Möglichkeit von Bildungsfreiheit. Doch mit Freiheit kommt auch Verantwortung. Der Lernende wird verstärkt

Lehrender seiner selbst. Wenn die Politik und Gesellschaft mitspielt, bekommt er ein Mehr an Eigenständigkeit. Lernen, auch semi-institutionalisiertes, hört nicht mit der Schule oder Universität auf. Wir werden uns mobile, personalisierte Bildungsabonnements kaufen. Diese werden wie moderne Zeitungsabonnements eine Bausteinzusammensetzung von dem sein, was der Einzelne lernen möchte. Wissenstransfer und Bildungstransfer geschehen überall und jederzeit. Aus Nomaden wurden sesshafte Menschen und werden im 21. Jahrhundert Knowmaden.

In den nächsten Jahrzehnten werden sich die Universitätslandschaften weiter wandeln. Das vierte Aufgabenfeld Entrepreneurship fügt sich neben Forschung, Lehre und Administration in den Arbeitsplan von Akademikern, womit Forschung und Anwendung, Bildung und Umsetzung stärker verknüpft werden. Es werden globale Online- bzw. Semionline-Universitäten mit über einer Million Studenten entstehen – aufgrund der Möglichkeit, viele Menschen zu erreichen, qualitativ hochwertiges wie auch sehr spezielles Wissen anzubieten, Flexibilität zu schaffen, Skalenerträge zu ermöglichen und kostengünstig Wissen zu überarbeiten und bausteinartig zusammenzufügen. Schon jetzt haben Online-Institutionen wie die University of Phoenix knapp 500.000 Studentinnen und Studenten. Das weltweite Marktvolumen für tertiäre Bildung beträgt dabei laut UNESCO über 150 Millionen Studenten pro Jahr. Der Mensch im 21. Jahrhundert wird kontinuierlich lernen (müssen) und dieses zeitlich, örtlich und inhaltlich flexibel tun (können) – oftmals als Komplementär zu einem tiefgreifenden Basisstudium.

Bildung ist kein Fertiggericht. Wie Konfuzius vor 2500 Jahren bereits schrieb, bedarf es unersättlichen Lernens und unermüdlichen Lehrens. Erziehung ist eine Kunst. Und wie schon die faszinierenden Dialoge Platons und ihre Hauptfigur Sokrates zeigen, ist Bildungsvermittlung auch keine Einbahnstraße. Die deutsche Universität ist heutzutage vielerorts eine Belehrungs- bzw. Verlehrungsanstalt. Vielmehr ist nach Schiller zu erkennen: „Der Mensch ist nur da ganz Mensch, wo er spielt und er spielt nur dann, wenn er ganz Mensch ist.“ Und nur, wo er Mensch ist, kann er sich in seinem Menschsein weiterbilden, agieren statt zu reagieren oder gar nur passiv animiert zu werden.

In Kindergärten, Schulen und Universitäten erlernt das Kind seine Verflechtungen zu sich selbst, seine Beziehungen zu anderen Menschen und die Beziehung zu seiner Umgebung. Die Pädagogik hat die große und großartige Aufgabe, das Lernen selbst zu ermöglichen, indem sie zeigt, wie man lehrt und lernt. Es gibt unterschiedliche Konzepte und Selbstverständnisse von Lernen und Lehren. In den meisten Fällen in unserem Bildungssystem, so scheint es zumindest, wird der Mensch auf seinen Kopf reduziert. Alles darunter ist Anhängsel. Dieses Verständnis vom Menschen hat fatale Folgen. Wann entdecken wir den ganzheitlichen Menschen wieder?

Bildung ist ebenso kein linearer Prozess. Sie findet sich vielmehr eben auch dort, wo es nicht geradeaus geht: in der Verzögerung, in der Unterbrechung. Bildung ist daher auch nicht so einfach messbar. Wir müssen uns verabschieden von dem Gedanken, dass alles Messbare gut und alles Gute messbar ist. Bildung muss daher innerhalb und nicht anstelle des Bildungsprozesses ermöglicht werden. Wie der Schriftsteller Mark Twain es überspitzt formulierte: „I have never let my *schooling* interfere with my *education.*" Schule sollte nicht seine Bildung beeinträchtigen. Schulbildung, Universitätsbildung sind Zutaten zu Bildung. Die nicht-institutionelle Bildung umgibt uns überall und jederzeit. Das Subsidiaritätsprinzip ist auch ein Bildungsprinzip. Im zögernden Moment nun erhaschen wir etwas von Bildung, ein Quäntchen Weisheit, flüchtig es zu spüren, zu trinken, um dann zu fühlen, wie es uns aus den Händen gleitet. Dabei hoffen wir, dass, wie der Philosoph Gadamer in Rückgriff auf den Lyriker Hölderin schreibt, „in der zögernden Weile einiges Haltbares sei".

Wir brauchen ein Bewusstsein, das wie einst Goethes Faust feststellt: Der Mensch irrt, solange er strebt. Ja, die Einsicht, dass Irren menschlich ist. In all den Versuchen, Gesellschaft und Mensch in Einklang zu bringen, sollten wir in der steigenden Beschleunigung häufiger innehalten. Die Suche nach Bildung, nach Weisheit selbst muss weise sein. Und ebenso sollten wir die Ruhe, das Nichtsuchen und Nichtstreben schätzen – nicht als Pause vom Hauptakt des Lebens, sondern als gleichwertigen Teil des Ganzen, was uns und die Welt im Innersten und Äußersten zusammenhält.

III. Die antike Tugend: Weisheit

Das Delphische Orakel bezeichnete Sokrates aufgrund seines berühmten Diktums „Ich weiß, dass ich nichts weiß" als den weisesten Menschen. Dass dieser Ausspruch einen Widerspruch in sich darstellt, denn das Wissen übers Nichtwissen ist Wissen, sei hier nur am Rande erwähnt. Für seinen Schüler, Platon, ist Weisheit, griechisch sophia, Ideenerkenntnis und daraus resultierende Lebenspraxis. Wie Nathan im Unterricht gelernt hatte, sitzen wir Menschen demnach in einer Höhle, sehen die Schatten der Realität an der Wand und müssten uns nur umdrehen und aus der Höhle hinaustreten, um nicht mehr nur die Sinneswelt sondern die Ideenwelt, also die metaphysische Wirklichkeit zu erblicken.

Und dann? Platon sah Weisheit als die Tugend des Verstandes, welche mit der letztendlichen Bedeutung und Praxis des guten Lebens befasst ist. Weisheit ist damit nicht nur Theorie, sondern besitzt einen sehr angewandten und auch normativen Charakter. Die Wissenschaft Philosophie heißt wörtlich Liebe zur Weisheit. Man könnte sagen, Weisheit ist damit angewandte, normative Tugend des Verstandes, des Körpers und des Herzens, deren Sehnsucht wir Menschen verspüren. Und da auch weise Menschen wie Platon Fehler begehen, sollten wir alle versuchen, ob Philosoph oder nicht, uns umzudrehen. Auch wenn der Nacken ein wenig versteift ist.

Unter den Philosophen gab es eine Art Wettkampf der Tugenden. Platon stellte über die drei Kardinaltugenden Mut, Mäßigung und eben Weisheit die vierte Tugend Gerechtigkeit. Gerechtigkeit ist demnach Grundlage und Rahmengeber. Keiner der drei anderen Kardinaltugenden darf überbetont werden. Sie müssen vielmehr im Ausgleich miteinander stehen, um ein gerechtes Leben zu ermöglichen. Für Aristoteles dagegen ist Weisheit die Tugend schlechthin, da sie den Menschen befähigt, diese goldene Mitte zu finden. Demnach gibt es drei Grundhaltungen: Zwei fehlerhafte Extreme sind Übermaß und Unzulänglichkeit wie Feigheit und Übermut oder Verschwendung und Geiz sowie eine dritte, welche die goldene Mitte ist. Weisheit befähigt also zum Weg der Mitte.

Aus diesen Überlegungen zeigt sich, dass die Tugenden ineinander verwoben sind. Auch Bildung sollte die antiken Kardinaltugenden berücksichtigen, wenn es versucht, den Menschen weiser zu machen. Weisheit ist in dem Sinne Gerechtigkeit, Mut und Mäßigung; Bildung muss gerecht, mutig und maßvoll sein. Auch wenn antike Staatsstrukturen und Erziehungsmethoden zum Teil fragwürdig sind, so können wir von ihren Ansätzen zu Fragen der Bildung viel lernen. Ja, es wird manchmal gar behauptet, dass die Philosophie nur aus Fußnoten zu Platon bestünde.

Nach Platon sollte man das Talent überall und nicht nur in bestimmten sozialen Klassen suchen und fördern. Auch war Bildung nach damaligem Verständnis ganzheitlich aufgebaut. Es sprach nicht nur Verstand, sondern auch Körper an. Interessant ist auch eine recht enge Beziehung zum Lehrer – manchmal zu eng für heutige Verhältnisse –, der den Schüler umfangreich betreut. Während in Schulen meist recht fächerspezifischer, vergleichsweise distanzierter Unterricht stattfindet, wird eine engere Beziehung von Professor und Student zum Beispiel in Oxford und Cambridge noch durch das Tutoriensystem gepflegt.

Vieles ist aus der Antike über den islamischen Raum in die Moderne gekommen. Persönlichkeiten wie Al-Kindi, Al-Farabi, Ibn Sina (Avicenna), Ibn Rushd (Averroes), Ibn Khaldun oder Al-Ghazali übersetzten, kommentierten und erweiterten antike Schriften und entwickelten eigene Werke. Erst in der Renaissance gelangte allerhand aus der Antike wieder nach Zentraleuropa und es wurden christliche Schriften wie das Buch der Weisheit Salomos aus dem Alten Testament, geformt von hellenistischem Gedankengut, neu gelesen.

In der Moderne beklagten der Sozialphilosoph Horkheimer und andere den Verlust der Weisheit. Der Literaturnobelpreisträger T.S. Eliot fragte poetisch, wo das Leben sei, welches wir beim Leben verloren haben, und wo die Weisheit sei, die wir im Wissen verloren haben, und wo das Wissen sei, welches wir in der Information verloren haben. Weisheit ist nicht Wissen, ist nicht Information, sondern die tiefe Erkenntnis über das eigene Sein und das Dasein sowie daraus resultierende wohlgeformte Praxis. Weisheit ist damit, das Leben bewusst zu leben und nicht vom Leben gelebt zu werden.

IV. Der Weisheit letzter Schluss …

Weisheit mag im aristotelischen Sinne der Weg der Mitte sein, doch die Mitte entwickelt sich weiter. Bildung heute ist anders als Bildung in der Antike und dieses Anderssein sollte zum Nachdenken anregen. Wir können aus der Antike lernen, ohne gleich zu kopieren. Wir können insbesondere Unterschiede und Gemeinsamkeiten als Denkanreize nutzen. Dabei ist man morgen nicht immer weiser als gestern. Sicher ist, Nathan und wir alle werden als Knowmaden vielfältige lebenslange Bildungswege gehen (müssen) und sollten die

Pfade, die wir bestreiten, gut auswählen, sodass sie uns zu den Pforten der Weisheit heranführen.

Weisheit ist nicht nur intellektuelle, sondern auch moralische Tugend. In der Weisheit findet sich Vielfalt und in der Vielfalt Weisheit. Auch im Widerspruch lässt sich etwas Wahres finden. Das macht das Streben nach Weisheit so faszinierend, jeder kann es tun auf unterschiedlichem Wege – ob Bettler oder Kanzler. Dabei kann Weisheit nicht einfach transferiert werden. Wie Siddhartha Govinda in Hesses Erzählung mitteilt: „Weisheit ist nicht mittelbar. Weisheit, welche ein Weiser mitzuteilen versucht, klingt immer wie Narrheit."

Weisheit ist auch nicht linear und zählbar anhand von Bildungsabschlüssen. Sie ist schwer zu umreißen oder gar zu ergreifen. Als Tugend sollte sie gelehrt und gelebt werden. Ziel sollte es doch sein, ein tugendhaftes Leben zu erstreben und kontinuierlich neu zu formulieren, was Weisheit, was Tugend heißt. Bildung formt den Menschen und der Mensch formt Bildung gleich einem hermeneutischen Zirkel. Bildung ist nicht etwas an sich, sie ist vielmehr mit dem Menschen. So wird zum Beispiel ein Text von jedem Leser anders verstanden. Der Leser schreibt sozusagen den Text jedes Mal neu. Die Daten, Informationen, Bildung, Weisheit sind konstruiert. Womit wir wieder bei Sokrates wären – nur, dass er diesmal wirklich Recht hat, denn selbst sein Wissen übers Nichtwissen ist ein Konstrukt.

Quo vadis? Hin zu Personen, welche nicht einfach ein System durchlaufen haben, sondern sich selbst einen Bildungslebenslauf und Bildungsprogramme geschaffen haben. Bildung hierfür muss gerecht sein, Vielfalt erlauben und erwünschen und sich dem Kontext entsprechend kontinuierlich erneuern. Bildung wird globaler, digitaler, individueller und mobiler. Die Rolle, Art und Weise vom Lehren und Lernen in den verschiedenen Bildungsinstitutionen ist im Wandel. Dabei zielt Bildung nicht nur auf den Kopf, sondern erfasst den Menschen als Ganzes: Körper, Herz und Seele. Sie ist individuell aber nicht auf den Menschen gerichtet, sondern erfasst den Menschen als Teil der Gesellschaft. Der Fokus liegt weder auf Themen noch auf Fächern, sondern auf Menschen in ihren Beziehungen zu und in der Gesellschaft.

Es lohnt sich, für gerechte, vielfältige, flexible und nachhaltige Bildung Verantwortung zu übernehmen und Bildung neu zu denken. Einige VerANTWORTUNGen: Wir müssen bildungsferne Schichten mehr an Bildungsmöglichkeiten teilhaben lassen und primären wie sekundären Effekten entgegensteuern. Wir brauchen ein gesellschaftliches Subsidiaritätsprinzip, in dem wir als gesellschaftliche Familie, als Gemeinschaft bildungsfernen Schichten Zugänge schaffen und z. B. eine Art Onkel- oder Tante-Doktor-Substitution schaffen. Man hat keinen Onkel-Doktor, der einem auf dem Bildungsweg hilft? Dann hilft die Gemeinschaft aus. Die Gemeinschaft ins Boot holen heißt unter anderem die Gestaltung von Bildungswegen durch Mentorenprogramme, Informationsveranstaltungen und Gesprächsmöglichkeiten zu betreuen. Auch müssen wir Bildungsentscheidungsprozesse verbessern, zum Beispiel durch das *Nudging*, das Anstupsen.

Wir müssen Bildung neu bilden. Der Kanon darf kein Bildungskorsett sein, sondern sollte als Bildungsgerüst dienen. Gerade die deutsche Gesellschaft im 21. Jahrhundert lebt nicht trotz, sondern durch ihre Vielfalt. Diese Vielfalt der Persönlichkeiten und Bildungen brauchen wir, um auf die Vielfalt der Aufgaben eingehen zu können. Zu straffe Bildung ist langatmig, schwer im Wandel und schwer zu wandeln und wird schnell Bildung für gestern und nicht Bildung für morgen. Um auf diese ungewisse und spannende Zukunft vorzubereiten, müssen wir Fähigkeiten erlernen, nicht Wissen akkumulieren.

Für eine verantwortliche Lebens(aus)bildung bedürfen wir also nicht der Wissensanhäufung, sondern der kritischen Wissensbefähigung. Diese verantwortliche Lebens(aus)bildung währt ein Leben lang. Wir brauchen hierfür flexible und mobile Bildungspfade, Bildungsabos und Bildungsmodule und ein ganzheitliches Bildungsverständnis, welches den Menschen nicht nur als kopflastige Kreatur ansieht, sondern vielmehr als ein komplexes Wesen samt Körper, Herz und Verstand.

Sokrates ist heutzutage Sinnbild für Weisheit. Von seinen Zeitgenossen vor über 2400 Jahren wurde er weniger wertgeschätzt und am Ende zum Tode verurteilt. Die Weisheit von heute wird vielleicht erst morgen verstanden. Sie ist ständig wandelbar und im Wandel begriffen. Wie Nathan lernen wir von irgendwem irgendwie irgendetwas. Manchmal ganz unerwartet. Der Weisheit letzter Schluss ist wohl, dass es diesen Schluss nicht gibt. Und das ist auch gut so.

Literaturempfehlungen

- Daniel Kahnemann. Schnelles Denken, langsames Denken. Siedler, 2012.
- David Deißner & Nadine Oeser. Bessere Bildungsentscheidungen: Wege zum Abbau sozialer Ungleichheit in der Grundschulzeit. Vodafone Stiftung, 2010. Online als Download auf www.vodafone-stiftung.de.
- Hermann Hesse. Siddharta: Eine indische Dichtung. Suhrkamp, 1974.
- John Freely & Ina Pfitzner. Platon in Bagdad: Wie das Wissen der Antike zurück nach Europa kam. Klett-Cotta, 2012.
- Peter Berger & Thomas Luckmann. Die gesellschaftliche Konstruktion der Wirklichkeit: Eine Theorie der Wissenssoziologie. Fischer, 1969.
- Thomas Kuhn. Die Struktur wissenschaftlicher Revolutionen. Suhrkamp, 1996.

Kapitel 2

MÄSSIGUNG

Mäßigung, die (f.), lat. temperantia

Von
Katharina Diel-Gligor

Datenstriptease 2.0 – Von Maß und Maßlosigkeit auf dem Markt der Daten

Ein guter Wanderer lässt keine Spur zurück.

Lao Tse, chin. Philosph, 6. Jhdt. v. Chr.

I. Story: „Transparent"

Der Wecker klingelt. Es ist halb acht. Nach einigen schlaftrunkenen Sekunden ist Laurenz plötzlich hellwach. Es ist der 7. August, der Tag der Reise in sein großes New-York-Abenteuer. Ihm wird die heimliche Hauptstadt der Welt ein ganzes Jahr lang zu Füßen liegen. Die nächsten zwölf Monate wird er als Austauschstudent an der berühmten New York University (NYU), gelegen im Herzen des Big Apple, verbringen. Nach einer schnellen Dusche sitzt der 23-Jährige auch schon mit seinem frisch gebrühten Caffè Latte vor dem Rechner, um die Neun-Uhr-Verabredung mit Amber, seiner künftigen Mitbewohnerin in Downtown Manhattan, wahrzunehmen. Sie treffen sich im Facebook-Chat, wo die Amerikanerin – heimgekehrt von einer durchzechten Nacht im In-Club „Pink Elephant" in Greenwich Village – schon auf ihn wartet. Dank der vielen Fotos und Informationen auf den jeweiligen Profilseiten wissen die beiden WG-Partner *in spe* schon recht viel voneinander und fühlen sich gleich vertraut. Vor dem ersten realen Zusammentreffen muss nun noch einiges organisiert werden. Amber ist so nett, ihren neuen Mitbewohner vom JFK-Flughafen abzuholen. Sie warnt ihn sogleich vor der langwierigen Einreisekontrolle. Befragung, Fingerabdrucknahme und Fotos brauchen einfach mehr Zeit. Amber rät ihm, ein gutes Buch zum Zeitvertreib mitzunehmen, da in den Warteschlangen keine Handynutzung und daher auch kein Surfen im Netz erlaubt sind. Laurenz ist für ihre Tipps und Hilfsbereitschaft sehr dankbar. Es wird seine erste USA-Reise sein. Die beiden verabreden den Treffpunkt und die Uhrzeit. Beim Gedanken daran, schon in wenigen Stunden zum ersten Mal seinen Fuß auf den für Laurenz bis dato noch unbekannten Kontinent, ins Land der unbegrenzten Möglichkeiten, zu setzen, steigt seine Vorfreude noch mehr. Im Hintergrund schmachtet Alicia Keys von der iPod-Docking-Station. „New Yooork, concrete jungle where dreams are made of, there's nothing you can't do now you're in New Yooork!" Gänsehautfeeling.

Der beiläufige Blick auf die Uhr holt ihn dann aber jäh aus seinen Tagträumen zurück. Schon zehn. Und er hat noch so viel zu erledigen, bevor es los zum Flughafen geht: Die Überweisung der Studiengebühr per SWIFT und der Online-Check-in. Der Langstreckenflug hat sicher wieder einen warmen Bonus-Punkteregen auf seinem Vielfliegerkonto eingebracht. Nun noch schnell ein letzter Status-Update auf dem Facebookprofil – „Laurenz is on his way to NYC now" – auf den zahlreiche, bewundernde „Likes" seiner „Freunde" folgen werden, die letzten Sachen in dem 23-Kilogramm-Koffer verstauen, und dann geht es schon los, um auch pünktlich am Hamburger Flughafen anzukommen. Bei der Sicherheitskontrolle kommt dann auch zum ersten Mal sein nagelneuer, biometrischer Reisepass zum Einsatz, den er sich extra für diese Reise hinaus aus dem Schengen-Raum besorgt hat. Freundlich fragt ihn der Sicherheitsbeamte, ob er Interesse hätte, als Freiwilliger an der Erprobung der Nacktscanner teilzunehmen. Diese befänden sich gerade in der Testphase. Laurenz hat schon viel von den neuen Geräten gehört, kann sich aber nicht mehr genau erinnern, ob der Tenor eher positiv oder negativ war. Aber wenn die Körperscanner hier schon in aller Öffentlichkeit angeboten werden, dann können sie ja nicht wirklich gefährlich sein. Zudem gibt es noch viel Zeit totzuschlagen bis zum Abflug. Die Paarung von Langeweile und Neugierde auf diese neue Technologie siegt schließlich und schon ist Laurenz transparent. Und das nicht zum ersten und wohl auch nicht zum letzten Mal an diesem Tag.

II. Ideal und Realität – Anonymität im digitalen Datendschungel?

Angenommen, Laurenz hätte sich einem Leben in Anonymität verschrieben. Nach seinem studienbedingten, lang herbeigesehnten Wegzug aus dem heimischen 500-Seelen-Dorf in der brandenburgischen Uckermark, in dem jeder jeden kannte und über alles und nichts Bescheid wusste, hatte er die Nase gestrichen voll gehabt vom ständigen Beobachtetsein und daher in der Großstadt Zuflucht gesucht. Raus aus Geschwätz und Klatscherei, rein ins ungestörte Dasein, in die anonyme Freiheit. Könnte ein solches Leben tatsächlich gelingen?

Laurenz lebt in einer Informationsgesellschaft. Eine Gesellschaft, deren verschiedene Lebensbereiche mehr und mehr von modernen Informations- und Kommunikationstechnologien durchdrungen werden. Eine Gesellschaft, die sich dynamisch und in rasantem Tempo immer weiter und immer vielschichtiger vernetzt und in der verschiedenste Formen von Daten blitzschnell produziert werden, den Besitzer wechseln, sowie massenhaft und oft auch maßlos konsumiert oder weiterverarbeitet werden. Ein Routinegeschäft.

Dieser „Markt der Daten“ besteht aus einem Geben und Nehmen. Datenvergabe und Datenkonsum gehen Hand in Hand. Auf der Geberseite steht in der Regel das Individuum, der Otto Normalverbraucher, der Mann von nebenan, der seinem Alltag nachgeht. Wie Laurenz betreibt er Online-Banking, sammelt die verschiedensten Prämienpunkte, geht auf Flugreisen und pflegt seine Kontakte über soziale Netzwerke im Internet. Dass er bei diesen so alltäglichen und unbedeutend erscheinenden Aktivitäten große Mengen von Daten gegenüber staatlichen Autoritäten oder Wirtschaftsunternehmen preisgibt und sich so seine höchstpersönliche Privatsphäre beschneidet, ist für ihn in den seltensten Fällen erkennbar. Ein willentlich und wissentlich verschwenderischer oder ungemäßigter Umgang mit Daten kann ihm daher kaum vorgehalten werden. Nur die wenigsten verfügen überhaupt über ein Bewusstsein über den alltäglichen Daten-Striptease. Fakt ist jedoch, dass sich verschiedene Akteure informationell bei der Privatperson bedienen und deren Daten sammeln und verwerten. Und da die digitalisierte Öffentlichkeit im Zeitalter moderner Kommunikations- und Speichermedien nicht oder nur selten „vergisst", sind die Langzeitfolgen im kollektiven Gedächtnis weitreichend und kaum kontrollierbar.

Auf der mit Wissen und Willen agierenden Nehmerseite stehen Staat und Privatwirtschaft. Sie betreiben Datensammlungen im großen Stil. Biometriepass, Volkszählung, SWIFT und PNR, Onlinedurchsuchung, Vorratsdatenspeicherung – diese Stichworte beschreiben nur einen winzigen, aktuell diskutierten Bruchteil des Datenkonsums durch die öffentliche Hand. Sie dienen dazu, wie uns oft vermittelt wird, staatlichen Schutz und Sicherheit zu gewährleisten. Personalisierte Werbung, kommerzialisierte soziale Netzwerke und Arbeitnehmerüberwachung sind einige der Schlagwörter, durch welche die Privatwirtschaft die Datenschutzdiskussion anheizt. Meist unausgesprochen, aber bei genauerem Hinsehen unverkennbar, werden unsere Daten von Unternehmen vielfach als konsumistische Triebfeder verwendet. Profitsteigerung durch Konsumankurbelung – Konsumankurbelung durch personalisierte Werbung, so lautet die gängige Formel.

Ein Leben in informationeller Freiheit und Privatheit scheint unter diesen gesellschaftlichen Rahmenbedingungen kaum realisierbar. Ideal und Realität sind weit voneinander entfernt. Denn Datengeber und -nehmer tragen wechselseitig – wenn auch mit keineswegs vergleichbarem Wissen, Willen und Nutzen – zur Schaffung des viel gefürchteten „gläsernen Bürgers" bei.

Wie genau funktionieren die verschiedenen Mechanismen des Datenpreisgebens und -sammelns? Welche konkreten Gefahren für den Einzelnen und unsere Gesellschaft sind damit verbunden? Profitiert der Privatmann nicht doch letztlich in gewissem Maße von staatlicher und privatwirtschaftlicher Datensammelwut? Und was muss getan werden? Kann uns die antike Tugend der Mäßigung bei der Bewältigung des hochmodernen Problems ungemäßigten Datenkonsums „wert"-volle Orientierung liefern? Diesen Fragen wollen wir auf den Grund gehen.

III. Daten im Ausverkauf – Informationelle Eingriffe von Staat und Unternehmen

1. Datensammler Staat

Meldungen über geplante oder schon umgesetzte staatliche Eingriffsbefugnisse in die bürgerliche Privatsphäre reißen nicht ab. Unlängst geisterte das neue Meldegesetz durch die Presse. Adress-Händler und Werbefirmen hatten vermutlich schon während des EM-Halbfinales 2012 Deutschland – Italien die Korken knallen lassen. Nicht aber etwa wegen des Spiels, das aufgrund Balotellis Treffern in einer deutschen Pleite endete, sondern angesichts des währenddessen gefassten Bundestagsbeschlusses über den neuen Gesetzesentwurf. Der sah in der dort abgesegneten, später heftig kritisierten Fassung u. a. vor, dass Meldeämter Bürgerdaten grundsätzlich an Dritte weitergeben dürfen, es sei denn, der Betroffene macht von seinem Widerspruchsrecht Gebrauch. Die ursprünglich vorgesehene Zustimmungslösung, sogenanntes „opt-in“, wurde also einfach durch die für den Bürger deutlich nachteiligere Widerspruchslösung, sogenanntes „opt-out“, ersetzt. In Bezug auf Anfragen zur Aktualitätsüberprüfung von vormals herausgegebenen Daten wurde selbst dieses Widerspruchsrecht noch verkürzt: „Dies gilt nicht, wenn die Daten ausschließlich zur Bestätigung oder Berichtigung bereits vorhandener Daten verwendet werden.“ Ein akuter Fall von (versuchtem) Daten-Ausverkauf, der schließlich – nach enormen Protesten durch Datenschützer – durch den Bundesrat blockiert und an den Vermittlungsausschuss übergeben wurde.

Ebenso der jüngste Vorstoß der Bundesregierung – der im Januar 2013 vorgelegte, geänderte Gesetzesentwurf zum Beschäftigtendatenschutz – sorgt für Widerstand vor allem auch aus Reihen der Gewerkschaften. Der Bundesdatenschutzbeauftragte Peter Schaar weist im Zuge der hierdurch angefachten Diskussion auf zahlreiche Defizite hin, die überwiegend zur Verschlechterung der aktuellen Gesetzeslage führen würden. Der Entwurf beinhalte u. a. deutliche Erweiterungen der offenen Videoüberwachung im Arbeitsverhältnis und eine gelockerte Datenerhebung im Bewerbungsverfahren. So soll es dem Arbeitgeber künftig gestattet sein, öffentlich zugängliche Daten über Bewerber zu nutzen, auch wenn diese aus sozialen Netzwerken stammen. Zudem sollen bei entsprechender Einwilligung durch den

Bewerber oder Beschäftigten auch nicht allgemein zugängliche persönliche Daten bei Dritten erhoben werden dürfen. Eine solche Einwilligungslösung sei fragwürdig, da der Bewerber oder Beschäftigte sein „okay" in der Regel nicht ohne einen gewissen Druck erteilt. Schließlich kritisiert Schaar, dass der Gesetzesentwurf bei verschiedenen Aspekten hinter der von der EU-Kommission im Januar 2012 vorgeschlagenen Datenschutz-Grundverordnung – ebenfalls Gegenstand aktueller Datenschutzdebatten – zurückbleibe.

Die Historie an derartigen Attacken auf die Daten von Bürgern ist lang. Kramen wir in den vergangenen Dekaden, so stoßen wir auf Aktionen wie die Volkszählung in den 1980ern, den großen Lauschangriff in den 1990ern oder die Gesetze zur Vorratsdatenspeicherung und Online-Durchsuchung in den frühen 2000ern. All diese Gesetze sahen empfindliche Eingriffe in die individuelle Privatheit vor, sei es in Form von Abfragen personenbezogener Daten, durch akustische Überwachung von Wohnungen, mittels Speicherung von Telekommunikationsdaten oder per Zugriff auf private informationstechnische Systeme. Alle wurden vom Hüter unseres Grundgesetzes in Karlsruhe auf deren Verfassungsmäßigkeit überprüft und zu Fall gebracht oder zumindest entschärft.

Wie weitreichend dennoch staatliche Überwachungsmechanismen reichen, zeigt das Beispiel Andrej Holm. Der heute 42-Jährige ist promovierter Sozialwissenschaftler und forscht zu Themen wie Stadterneuerung und deren gesellschaftliche Folgen. Holm stammt aus der ehemaligen DDR und ist seit der Wiedervereinigung in linksgerichteten politischen Bündnissen engagiert. Er ist Familienvater, lebt in Berlin und lehrt am Lehrstuhl für Stadt- und Regionalsoziologie der Humboldt-Universität. Ende Juli 2007 wird Andrej Holm um sieben Uhr morgens in seiner Wohnung festgenommen – von einem polizeilichen Überfallkommando. Tatvorwurf: Mitgliedschaft in einer terroristischen Vereinigung, der sogenannten „militanten gruppe (mg)", im Sinne von Paragraph 129a des Strafgesetzbuchs. Gegen Holm ergeht ein Haftbefehl, der einige Monate später vom Bundesgerichtshof mangels dringenden Tatverdachts wieder aufgehoben und für rechtswidrig erklärt wird. 2010 wird das Verfahren schließlich eingestellt. Wie inzwischen aus den Ermittlungsakten bekannt ist, war das Bundeskriminalamt schon 2006 durch eine Internetrecherche zu bestimmten Begriffen wie „Gentrification", die in Holms Fachpublikationen auftauchten, auf ihn aufmerksam geworden. Die in der Soziologie gebräuchlichen Termini hatte auch die „mg“ in ihren Bekennerschreiben verwendet. Diese Tatsache war offenbar ausreichend, den Wissenschaftler knapp ein Jahr lang zu observieren. Private und dienstliche Telefone und Handys wurden abgehört – auch von Familie, Freunden und Kollegen – E-Mails gelesen, Internet-Surf-Gewohnheiten protokolliert. An den Hauseingängen brachte man Videokameras an, die Autos wurden mit GPS-Peilsendern ausgestattet. Verdeckte Ermittler beobachteten jede Alltagshandlung – vom Kinderabholen bis zum Müllwegbringen – in Wort und Bild. Totalüberwachung.

Dieses Szenario erinnert unweigerlich an die Orwell'sche Welt, an den totalen Überwachungsstaat, den George Orwell in seinem berühmten Roman „Nineteen Eighty-Four“ beschreibt. Wenn das Beispiel auch einen extremen und sehr unglücklichen Ausnahmefall herausgreift, so führt es uns doch sehr deutlich vor Augen, dass dem Staat formal legale und hoch effiziente Werkzeuge zur Verfügung stehen, die – geknüpft an gewisse Voraussetzungen – weitreichende Observationen ermöglichen und im Extremfall ungerechtfertigte Eingriffe in individuelle Freiheitsrechte zur Folge haben können.

Alarmierend sind daher die aktuellsten, polizeistaatlich anmutenden Vorstöße der EU. Diese drängt z. B. auf die richtlinienbasierte Umsetzung der Vorratsdatenspeicherung in ihren Mitgliedsstaaten und belegt ungehorsame Mitgliedstaaten, wie Deutschland im Mai 2012, mit Klagen vor dem Europäischen Gerichtshof. Ein weiteres Projekt datenschutzrechtlichen Grauens ist das 2009 gestartete INDECT-Forschungsprojekt (Intelligent Information System Supporting Observation, Searching and Detection for Security of Citizens in Urban Environment), das die Videoüberwachung im öffentlichen Raum optimieren soll. Mittels Überwachungskameras, die selbst auf fliegenden Drohnen installiert werden, und Verknüpfung der Bilder mit Internetinformationen soll „abnormales Verhalten“ von Personen erkannt werden. Kritiker der Initiative StoppINDECT benennen als Beispiel hierfür „ ‚herumlungern‘, sich mit zu vielen Personen treffen und fluchen“.

Deutschland hat sich beiden Vorhaben bisher unter Berufung auf seinen Grundrechtskatalog widersetzt bzw. sich zumindest nicht aktiv beteiligt. Balsam für die Bürgerrechte. Ganz anders allerdings sieht die deutsche Haltung in den folgenden weiteren EU-getriebenen Projekten mit hoher datenschutzrechtlicher Relevanz aus.

Zensus 2011 – Datensammelwut en vogue

„Im Grunde funktionieren die politischen Entscheidungen für Deutschland so ähnlich wie die Entscheidungen in einem privaten Haushalt: Der Überblick muss behalten werden, sonst kauft man schnell zu viel, zu wenig oder etwas Falsches ein.“ Mit diesen Sätzen auf der Internetseite des Statistischen Bundesamtes in Wiesbaden sollte den Bürgern der Zensus 2011 schmackhaft gemacht werden. Zusätzlich versprach ein fortschrittlich und zukunftsgewandt anmutender Video-Werbespot, dass die Volkszählung der Schlüssel zum Ausbau von Infrastruktur wie Wohnungswesen, Betreuungs- und Ausbildungsplätzen oder Verkehr ist. Die Zensus-Ergebnisse sollen die Basisdaten für Analysen, Planungen sowie interessen- und bedarfsgerechte Entscheidungen liefern. Die ermittelte Einwohnerzahl dient zudem als Bemessungsgrundlage für den Länderfinanzausgleich oder die Einteilung von Wahlkreisen; auf EU-Ebene ist sie ein wichtiger Orientierungsanker für die Berechnung der jedem Mitgliedstaat zustehenden Kommissare, die zu zahlenden Beiträge und die Fördermittelverteilung. Alles legitime Ziele, die den Puls der Zeit treffen. Doch wie steht es um die Mittel, die zur Zweckerreichung Einsatz fanden?

Zum ersten Mal seit über zwei Jahrzehnten wagte sich die Bundesregierung an dieses heikle Vorhaben – wurde es doch beim letzten Anlauf im Jahre 1983 durch ein berühmtes Urteil des Bundesverfassungsgerichts (BVerfG 65, 1) vereitelt. Der erste Senat des hohen Gerichts erklärte das damalige Volkszählungsgesetz für teilweise verfassungswidrig und prägte im gleichen Atemzug das verfassungsrechtlich geschützte Grundrecht auf informationelle Selbstbestimmung: „[Dieses] Grundrecht gewährleistet insoweit die Befugnis des Einzelnen, grundsätzlich selbst über die Preisgabe und Verwendung seiner persönlichen Daten zu bestimmen.“ Das Gericht begründete dies mit einem Verweis auf den rasanten informationstechnologischen Fortschritt, der eine individuelle Beherrschung und Entscheidung über persönliche Daten immer schwieriger mache: „Wer nicht mit hinreichender Sicherheit überschauen kann, welche ihn betreffenden Informationen in bestimmten Bereichen seiner sozialen Umwelt bekannt sind (...), kann in seiner Freiheit wesentlich gehemmt werden, aus eigener Selbstbestimmung zu planen oder zu entscheiden.“ Eine Gesellschafts- und Rechtsordnung, in der „Bürger nicht mehr wissen können, wer was wann und bei welcher Gelegenheit über sie weiß", sei mit diesem neuen Grundrecht nicht vereinbar. Ein solches Wissen um die fortwährende Möglichkeit der Beobachtung und Kontrolle und die dadurch verursachte soziale Konformität des Menschen hat schon im 18. Jahrhundert der französische Philosoph Michel Foucault durch den Begriff des Panoptismus geprägt.

Das Recht auf informationelle Selbstbestimmung – seit dem Volkszählungsurteil 1983 als Ausprägung des allgemeinen Persönlichkeitsrechts anerkannter Bestandteil unserer verfassungsmäßigen Ordnung – wirkt dem entgegen und gewährt den „Schutz des Einzelnen gegen unbegrenzte Erhebung, Speicherung, Verwendung und Weitergabe seiner persönlichen Daten". Eingriffe sind zwar möglich, sie unterliegen aber dem Vorbehalt, dass ein einschränkendes Gesetz „im überwiegenden Allgemeininteresse" stehen muss.

Mit dem Rückenwind der Verordnung (EG) Nr. 763-2008 über EU-weite Volks- und Wohnungszählung wurde nun in Deutschland ein neuer Anlauf genommen und mit dem Zensusgesetz 2011 eine solche gesetzliche Grundlage geschaffen. Ab dem Stichtag 9. Mai 2011 wurde das Mammutprojekt einer bundesweiten, registerbasierten Volkszählung durchgeführt. Diese Methode wurde für die mit ihr verbundenen Kosteneinsparungen und vor allem für die signifikante Entlastung der Auskunftspflichtigen gelobt. Sie erfordere lediglich eine „Haushaltsstichprobe", d. h. eine Befragung von lediglich ca. zehn Prozent aller Haushalte; alle übrigen Datensätze sollten aus den bereits existierenden Melderegistern sowie aus den Archiven von Arbeitsagenturen und Finanzämtern zusammengetragen werden. In Erinnerung an die Proteste der 1980er wurde dieses Mal Datensparsamkeit auf die Fahnen geschrieben.

Für die darüber hinaus stattfindenden Vollerhebungen wurde die Werbetrommel nicht ganz so laut gerührt: In diesem Rahmen wurden nämlich, wie man bei genauem Nachlesen auf der Zensus-2011-Webseite oder am eigenen Leibe erfuhr, auch die etwa 17,5 Millionen Gebäude- und Wohnungseigentümer postalisch zu ihren jeweiligen Objekten befragt. Ebenso waren „Sonderbereiche" von einer Datenerhebung in reduziertem Umfang betroffen. Hierzu zählen „Gemeinschafts-, Anstalts- und Notunterkünfte sowie Wohnheime und ähnliche Einrichtungen", wie z. B. Studenten- oder Altenheime. Dass die „recycelten" Daten aus den bereits bestehenden Datenbanken öffentlicher Einrichtungen nach ihrer Sammlung einer eindeutigen

„Ordnungsnummer“ zugeordnet und schließlich beim Bundesamt für Statistik zentral zusammengeführt wurden, war auch weniger bekannt. Die Ordnungsnummern durften laut Zensusgesetz zusammen mit den Erhebungsmerkmalen gespeichert und müssen erst vier Jahre nach dem Berichtszeitpunkt gelöscht werden.

Erinnert dies nicht doch an eine umfassende Erhebung? Und was sagte das Bundesverfassungsgericht noch mal in seinem Volkszählungsurteil von 1983? Es verwies auf das Anonymisierungsgebot des Grundgesetzes, das erfordere, „daß kein Zusammenhang zwischen erhobenen Daten und individualisierbaren Personen oder Personengruppen hergestellt werden könne“. Eine dauerhafte und anschriftengenaue Speicherung der im Rahmen einer Volkszählung erhobenen Einzeldaten ist damit nicht zulässig. Die Internationale Liga für Menschenrechte (ILMR) erachtete das Vorhaben daher als höchst fragwürdig. Neben der missbrauchsanfälligen Erstellung von Personenprofilen kritisierte die NGO diese „Volksvermessung“ zudem für die diskriminierungsträchtigen Fragen nach Religion und Migrationshintergrund. Auch Datenschützer, insbesondere vom Arbeitskreis Zensus, schlugen Alarm. Die im Sommer 2010 in Karlsruhe eingereichte Verfassungsbeschwerde führte schließlich nicht zum erhofften Erfolg. Nicht jedoch, weil das Bundesverfassungsgericht das Zensusgesetz als mit dem Grundgesetz vereinbar erachtete, sondern weil das Gericht die Beschwerde wegen ungenügender Begründung gar nicht erst zur Entscheidung annahm. Konkret könne nicht das gesamte Gesetz zum Beschwerdegegenstand gemacht werden, so die Richter in ihrem Beschluss (1 BvR 1865/10). Vielmehr sei eine „exakte Bezeichnung der mit der Verfassungsbeschwerde angegriffenen Bestimmungen“ erforderlich.

Insgesamt fand die kritische Gegenbewegung weder in den Medien noch in der Zivilbevölkerung sichtbaren Anklang – zumindest keinen, der mit den großen Boykottbewegungen gegen die Volkszählung von 1983 bzw. 1987 vergleichbar wäre. Was damals breite gesellschaftliche Gruppen auf die Straße trieb, wird heute nur noch mühsam wahrgenommen, wenn nicht sogar ignoriert. Zumindest wird nicht reagiert. Reines Unwissen wegen mangelnder Aufklärung? Abschreckung durch die den Auskunftsverweigerern drohenden Bußgelder? Oder desinteressierte Flucht ins (vermeintlich!) Private im Stil des Neo-Biedermeiertums?

SWIFT und PNR – Pakt mit den USA

Der 11. September 2001 hat unsere (Welt-) Gesellschaft nachhaltig verändert. Die Ereignisse rund um die Anschläge auf das World Trade Center brachten tiefe Einschnitte in zahlreichen Lebensbereichen mit sich. Sie werden als historische, religiöse, politische oder gar kulturelle Zäsur analysiert und diskutiert. Die seither in weiten Teilen der Bevölkerung kursierende, vielfach auch medial und politisch heraufbeschworene Angst vor Terroranschlägen hat beispielsweise einen weltweit zu beobachtenden Kurswechsel der nationalen Sicherheitspolitiken zur Folge gehabt. In der im Entstehen begriffenen Einschüchterungsgesellschaft wehten günstige Winde. Die Segel wurden vielerorts in Richtung Sicherheits- und Überwachungsstaat gesetzt.

Gestützt auf das Argument, die öffentliche Sicherheit wahren zu wollen, wurde schrittweise und schleichend begonnen, Freiheitsgrundrechte wie das Recht auf Privatsphäre oder das Recht auf informationelle Selbstbestimmung, das erst zwei Dekaden vorher vom Bundesverfassungsgericht als „Grundrecht auf Datenschutz" geprägt wurde, auszuhöhlen. Zu den Maßnahmen im Namen der Terrorbekämpfung gehören z. B. das verstärkte Abhören von Telefonen und Wohnungen sowie die Nachverfolgung elektronischen Schriftverkehrs wie SMS oder E-Mails durch die deutschen Geheimdienste. Die Videoüberwachung von Verkehrsknotenpunkten wie Bahnhöfen oder Flughäfen und anderen öffentlichen Plätzen wurde verschärft. Ausweise wurden um biometrische Daten ergänzt und Sicherheitskontrollen von Zivilpersonen erhöht.

Laurenz machte vor seiner Abreise nach New York zudem Bekanntschaft mit zwei weiteren EU-getragenen Anti-Terror-Projekten: Seit er seine Studiengebühr von seinem deutschen Konto aus an die NYU überwiesen hat, sind seine Finanzdaten auf Anfrage durch die USA abrufbar. Und mit seinem Online-Check-in wurden seine Flugpassagierdaten automatisiert ins Zielland übermittelt.

Dass Laurenz' Finanztransaktionsdaten nun zumindest indirekt für die US-Terrorfahnder verfügbar sind, hat er dem internationalen SWIFT-Abkommen zu verdanken, das in seiner überarbeiteten Version zum 1. August 2010 in Kraft trat. Dieser völkerrechtliche Vertrag zwischen EU und USA bildet seither die gesetzliche Grundlage für den schon seit beinahe einem Jahrzehnt praktizierten US-Zugriff auf die Daten des Rechenzentrums des internationalen Zahlungsverkehrsdienstes SWIFT (Society for Worldwide Interbank Financial Telecommunication). Im Rahmen ihres „Terror Finance Tracking Program“ hatten die Vereinigten Staaten bereits kurz nach den 9/11-Attacken Zugang zu dessen Datenbanken erhalten und konnten seither unkontrolliert Einsicht auch in europäische Finanztransaktionsdaten nehmen. Bei Entdeckung dieser langjährigen Praxis erfolgte ein großer Aufschrei. SWIFT strukturierte daraufhin seine Speichersysteme um und unterband den freien Zugang ab Anfang 2010. Bereits wenige Monate später jedoch wurde das umstrittene SWIFT-Abkommen in zweiter Fassung vom EU-Parlament gebilligt und trat kurz danach in Kraft. In der Theorie ist dieses mit zahlreichen Sicherungsmechanismen ausgestattet. Hierzu gehören z. B. die strenge Zweckbeschränkung auf die Terrorismusbekämpfung, die Erfordernis einer Genehmigung durch Europol oder die regelmäßige Rechtmäßigkeitskontrolle durch die Vertragsparteien. Auch existiert ein individuelles Recht auf Auskunft, Berichtigung, Löschung und Sperrung. Betroffene Bürger werden allerdings nicht automatisch informiert. Die vielversprechenden Vorkehrungen haben sich in der bisherigen Praxis zudem leider als wirkungslos erwiesen. Beispielsweise lässt der erste Überprüfungsbericht der EU-Kommission vom März 2011 erkennen, dass die US-Behörden bisher weder Auskunft über die Gesamtmenge der übermittelten Finanztransaktionsdaten gaben, noch über die Anzahl der tatsächlichen Zugriffe auf diese Datenpakete informierten. Auch wurden trotz unzureichend substantiierter schriftlicher Anfrage-Begründungen bislang sämtliche Anfragen von Europol durchgewinkt. Ein Selbsttest des Vizepräsidenten des Europäischen Parlaments Alexandro Alvaro zeigte zudem, dass ein privates Auskunftsersuchen auch nach mehrmonatiger Bearbeitungszeit durch deutsche Behörden und nach Preisgabe weiterer persönlicher Daten an die USA (*sic!*) nicht möglich war. Schließlich bereitet auch der praktische Umgang mit den auf SWIFT-Basis übermittelten Daten Bauchschmerzen: Technisch bedingt werden auf eine Anfrage hin jeweils die gesamten Tagesüberweisungsvorgänge der betroffenen Kreditanstalt übermittelt samt Bankverbindungen und Adressdaten von Auftraggeber und Zahlungsempfänger. Nach Herausfiltern der Informationen zu Verdachtspersonen werden die übrigen Daten, die laut US-Behörden über 90 Prozent der Datenmasse ausmachen, dann bis zu fünf Jahren gespeichert. Wie Alvaro treffend feststellte, funktioniert das SWIFT-Abkommen offenbar frei nach dem Motto „die

Sicherheit wird garantiert, die Grundrechte [der europäischen Bürger] werden ignoriert".

Die Übermittlung der Flugpassagierdaten, die Laurenz beim Online-Einchecken in die Datenmaske eingegeben hat, geht ebenfalls auf eine von den Vereinigten Staaten nach 9/11 geäußerte Forderung zurück. Danach sollten künftig alle in deren Territorium operierenden Fluggesellschaften die sogenannten „Passenger Name Records" (PNR) noch vor Abflug in Richtung USA an diese melden. Hierbei handelt es sich um private Datensätze, die über jene Informationen, die von US-Zoll- und Grenzschutzbehörden bei der Einreise erhoben werden, weit hinausreichen. Beispielsweise enthalten PNR neben den üblichen Reisepass- und Flugdaten auch sensible Angaben zur privaten Wohnadresse, Zahlungsmodus, Vielfliegerstatus oder besonderen Essens- und Servicewünschen, die Rückschlüsse auf Religion und Gesundheitszustand des Fluggastes erlauben. Diese wie auch die unschuldig klingende Kategorie „allgemeine Eintragungen" kann zu unangenehmen Verdächtigungen argloser Reisender führen. Ursächlich können hier z. B. Anmerkungen über Banalitäten wie das von Laurenz im Handgepäck vergessene Schweizer Taschenmesser oder die als Gastgeschenk gedachte, konfiszierte Hamburger Kochmettwurst sein.

Trotz datenschutzrechtlicher Brisanz wurde 2004 eine rechtliche Basis für diese Forderung geschaffen. Nach scharfer Kritik des Europäischen Parlaments wurde das PNR-Abkommen aber schon Mitte 2006 vom Europäischen Gerichtshof für nichtig erklärt, da es auf einer falschen Rechtsgrundlage beruhte (Verb. Rs. C-317/04 u. C-318/04, 30.5.2006, ABl. C178 v. 29.7.2006). Seither galt ein im Sommer 2007 unterzeichnetes Interimsabkommen, das schließlich Mitte 2012 durch ein neues Abkommen zur Weitergabe von EU-Fluggastdaten an US-Behörden ersetzt wurde, nachdem letzteres erfolgreich das EU-Zustimmungsverfahren durchlaufen hatte. Es legalisiert nun den ebenfalls schon längst ausgeübten Zugriff der US-Sicherheitsbehörden auf immense Datenvolumen.

Leider sind die datenschutzrechtlichen Schwächen des Abkommens mannigfaltig: So wurde die Speicherdauer von dreieinhalb auf insgesamt 15 Jahre erhöht – bestehend aus sechs Jahren in einer aktiven und bis zu zehn Jahre in einer passiven Datenbank. Danach werden die PNR „gänzlich anonymisiert" – nicht aber gelöscht. Die Weitergabe an Drittstaaten ist „im Einklang mit diesem Abkommen" weiterhin möglich. Die vermeintliche Reduktion der zu übermittelnden Datenelemente von 34 auf 19 wurde schlicht durch deren Zusammenlegung erreicht. Schließlich dürfen die gespeicherten Daten durch das US Department of Homeland Security auf vorab festgelegte Merkmale durchsucht werden. Diese Form des Aufspürens von Verdachtspersonen ist nichts anderes als eine Rasterfahndung. Selbst die Erzeugung neuer Kriterien, sogenanntes „Datamining“, ist hierfür erlaubt.

Von einer materiellen Schutzerhöhung zum Vorgängerabkommen kann also keine Rede sein. Die EU-weit stark umstrittene Vorratsdatenspeicherung wird anlasslos, massenhaft und gänzlich ungeniert praktiziert. Änderungen im Vergleich zum Vorgängerabkommen sind überwiegend kosmetischer Natur. Hoffnung weckende Rechtsbehelfe für Betroffene erweisen sich als zahnlose Papiertiger.

Wen diese US-Praktiken seit den Terroranschlägen im Jahr 2001 schon gar nicht mehr verwundern, der sei nun noch auf die jüngsten Pläne der EU hingewiesen, denn auch diese will nach amerikanischem Vorbild künftig die Daten von Reisenden im innereuropäischen Flugverkehr für insgesamt fünf Jahre speichern – davon zwei Jahre aktiv und drei Jahre passiv, d. h. anonymisiert, aber rekonstruierbar. Das PNR-Datensammelfieber ist nun also auch bei uns angekommen. Wir empfehlen feuchte Wickel. Vielleicht können so die fiebrigen Wahnvorstellungen, die verfassungsrechtlich geschützte Grundrechte wie das Recht auf informationelle Selbstbestimmung aushebeln wollen, therapiert werden.

2. Datensammler Unternehmen

Datensammler Nr. 2, der ja eigentlich von Datensammler Nr. 1 in die datenschutzrechtlichen Schranken gewiesen werden sollte, ist auf der Unternehmensseite zu finden. Formell existiert zwar eine Fülle von einschränkenden Regelungen in Datenschutzgesetzen auf Bundes- und Länderebene. Diese sind aber meist sehr allgemein gehalten und mit zahlreichen Schlupflöchern gespickt.

Beispielsweise haben Datenschützer vielfach scharf kritisiert, dass sich auch die jüngste Novellierung des Bundesdatenschutzgesetzes (BDSG) von 2009 in weiten Teilen lediglich auf Grundsatzregelungen beschränke und es an Detailregelungen und Schärfe fehle. Diese staatlichen Versäumnisse werden oft scham- und maßlos durch die Privatwirtschaft ausgenutzt. Beispielsweise wird die gesetzlich geforderte

Zweckbindung durch die Ausdehnung des Begriffs der Verfolgung „berechtigter Interessen“ in Paragraph 28 Abs. 1 BDSG aufgeweicht. Dieser bildet die Zulässigkeitsvoraussetzung für das „Erheben, Speichern, Verändern oder Übermitteln personenbezogener Daten oder ihre Nutzung als Mittel für die Erfüllung eigener Geschäftszwecke“. Durch geschickte Verknüpfung der gesammelten Daten können dann umfangreiche Personenprofile erstellt oder durch Scoring-Verfahren Bonitätsklassifizierungen von Kunden vorgenommen werden. Schließlich lädt auch die große Bandbreite an Ausnahmetatbeständen in Paragraph 28 Abs. 3 BDSG förmlich zum Adresshandel und zur Werbenutzung ein.

In Bereichen der Datenverarbeitung, die nicht gesetzlich geregelt sind und daher rein im Ermessen der Unternehmen liegen, hat sich vielfach eine Praxis etabliert, die an Raubbau erinnert. Stetig wächst das Ausmaß an sensiblen Daten, die bei kommerziellen Vertragsabschlüssen und deren Durchführung – gezielt oder *en passant* – erhoben und verarbeitet werden. Von Telefon- und Internetanbietern, über Versandhäuser bis hin zu Banken und Versicherungen ist es Usus, aus dem Vollen zu schöpfen und sich privater, personenbezogener Daten zu bedienen. Will der Kunde nicht auf die neue Druckerpatrone aus dem Online-Shop verzichten, verbleibt keine Wahl: Er muss selbst solche Daten angeben, die für den Kauf völlig irrelevant sind – z. B. sein Geschlecht oder seine Handynummer. Warum? Und was geschieht damit?

Stellt man sich als Verbraucher überhaupt einmal diese Fragen, so tappt man meist im Dunkeln. In der Regel ist uns nämlich nicht einmal bewusst, welchen Datensammelstrategien wir tagaus, tagein überhaupt begegnen. Schauen wir aber dennoch mal genauer hin, so können belanglos erscheinende Dinge, wie die schnelle Besorgung im Drogeriemarkt oder das Posten eines Urlaubsfotos im sozialen Online-Netzwerk, schnell sehr heikel für all diejenigen werden, denen auch nur ein bisschen was an ihren persönlichen Daten liegt.

Payback und Google Analytics – Königswege zur personalisierten Werbung

Das alltägliche Einkaufen im Supermarkt nebenan und auch das sich immer weiter verbreitende Online-Shopping haben mehr Gemeinsamkeiten als vielleicht vermutet. Sowohl in der realen als auch in der virtuellen Konsumwelt wechselt eine Ware den Eigentümer: die Flasche Rotwein aus der Genussmittelabteilung im Kaufhaus wie auch die Vorratspackung Bürstenköpfe für elektrische Zahnbürsten aus dem virtuellen Einkaufsladen. Zudem kann die Bezahlung in beiden Fällen bequem per Kreditkarte erfolgen. Was weniger offensichtlich, beiden Kaufvorgängen dennoch gemein ist, lässt sich unter den Begriff der Marktforschungsstrategien fassen. Ob per Bonus-Kundenkarte oder per Online-Spurenlese – mithilfe modernster technischer Errungenschaften ist das Konsumentenverhalten zunehmend bis ins Kleinste nachvollziehbar.

Bonus-Systeme

„Beybäggadde?" – „Wie bitte?" – „Ham se 'ne Beybäggadde?" – „Ach so, äh, nein." Ein täglich wohl so oder in anderen dialektalen Variationen millionenfach geführter Kurzdialog an Deutschlands Tankstellen-, Kaufhaus-, Drogeriemarktkassen. Der arme Teufel von Kunde, der nicht im Besitz einer Payback-Karte ist, fühlt sich in dem Moment, wenn er die Frage verneint, meist leicht peinlich berührt. Die Situation ist fast vergleichbar mit dem verlegenen Gefühl, das einen beschleicht, wenn die Kassiererin beim Bezahlen der 95-Cent Packung Kaugummis mit dem 50-EURO-Schein genervt fragt, ob man denn wenigstens fünf Cent klein hätte.

Eine sich rasant verbreitende Form von Kundenbindungsprogrammen im Einzelhandel und auch bei Dienstleistungen ist in Deutschland die sehr beliebte Kunden- oder auch Bonuskarte. Von der schicken Vielfliegerkarte bis zum einfachen Sticker-Sammelheftchen, in Kombination mit emotionalen Anreizen oder im Rahmen von Multi-Partner-Programmen, sind hier der Fantasie kaum Grenzen gesetzt. Das Konzept sieht vor, dass König Kunde für seinen Einkauf per Punktegutschrift belohnt wird. Und prompt erwacht – wie von Marketing- und Marktforschungsexperten erhofft – dessen Jäger- und Sammlerinstinkt. Gilt es Prämien und Rabatte einzuheimsen, so geben viele eher kurz- bis mittelfristig denkende Konsumenten bereitwillig die Ihnen als lapidar erscheinenden Daten wie Name, Adresse, Geburtsdatum und Kaufvorlieben preis. Die dadurch erzielten Vorteile scheinen somit ganz mühe- und kostenfrei. In der Tat gaben 78 Prozent der befragten Kunden im Rahmen einer Umfrage von Arvato-

Services zu deren Erwartungen an derartige Programme das „Geld sparen“ als Teilnahmemotiv an. Dies zeigt deutlich, dass der Durchschnittskonsument nur den für ihn unmittelbar spürbaren Vorteil wahrnimmt. Er erachtet sich selbst – vor allem im Vergleich zu den Nicht-Systemteilnehmern – als besonders strategisch und ökonomisch agierend. Dabei ist ihm oft nicht bewusst, dass es erst durch seine Datenpreisgabe ermöglicht wird, sein Kaufverhalten einer umfassenden Analyse zu unterziehen. Unternehmen werden dadurch in die Lage versetzt, detaillierte Kundenprofile zu erstellen und gezielte Werbemaßnahmen zu initiieren. Dass der Datenschutz dabei oftmals auf der Strecke bleibt und die Sekundäreffekte längst nicht so begrüßenswert sind wie die zunächst als verlockend erscheinenden Boni und Prämien, wird – wenn überhaupt – oftmals erst erkannt, wenn bereits ein unumkehrbarer Grad an Transparenz hergestellt ist und der Konsument beginnt, sich in seiner Privatsphäre beschnitten zu fühlen.

Eines der am weitesten verbreiteten Bonusprogramme ist Payback. Auf seiner Website informiert das in München ansässige, 200 Mitarbeiter starke Unternehmen stolz, dass ein Anteil von 81 Prozent der deutschen Bevölkerung seine Marke kenne. Die Payback-Karte sei „die 3. Karte im Portemonnaie (nach EC- und Krankenversicherungskarte)“, die täglich rund 1,5 Millionen Mal an Kassen der Payback-Partner gezeigt werde. Allein im Geschäftsjahr 2010 betrug der Wert der gesammelten Punkte 160 Millionen Euro. Diese Zahlen verdeutlichen, wie sehr sich dieses Bonussystem innerhalb nur eines Jahrzehnts in unserer Konsumgesellschaft etablieren konnte. Die Funktionsweise ist simpel: Payback-Kunden legen ihre persönliche Karte beim Bezahlen vor, sodass die vorher zugewiesene Kundennummer, Kaufdatum, -preis, -ort und -gegenstand vom jeweiligen Partnerunternehmen gespeichert und auch an Payback weitergegeben werden können. Letzteres nutzt diese Daten dann zur Erstellung von Kundenprofilen, deren Einordnung in Zielgruppen und schließlich zur Versendung von Werbemitteln im Auftrag des jeweiligen Partnerunternehmens. Im Gegenzug werden dem Kunden je nach Kaufsumme und Umrechnungsschlüssel Bonuspunkte gutgeschrieben, die er ab Überschreitung einer gewissen Mindestpunktzahl gegen Gutscheine, Prämien oder sogar Bargeld einlösen kann. Obwohl der dem System zugrunde liegende Deal „Privates gegen Präsente“ somit bei genauerer Betrachtung recht einfach nachvollziehbar erscheint, zeugt die überwältigend große Masse an fleißigen Payback-Punktesammlern davon, wie gering das allgemeine Verständnis dieser Zusammenhänge ist. Da zumindest keine direkte, vordergründige Verknüpfung von gewährten Rabatten oder Prämien mit der kommerziellen Nutzung der in diesem Zuge gewonnenen Daten besteht, glauben viele Nutzer, Sinn und Zweck der Sammelkarte erschöpfe sich darin, den treuen Kunden für seine Einkäufe zu belohnen. Zwar informiert Payback auf seiner Website im Kleingedruckten über die von ihm verfolgten Zwecke der Werbung und Marktforschung. Ein Hinweis auf die Gefahr, dass der Kunde durch Akkumulation und Kombination der erhobenen Daten zum „gläsernen Konsumenten" werden kann, der dadurch ernstzunehmende Einbußen an seinem freiheitlichen Recht auf informationelle Selbstbestimmung erleidet, findet sich erwartungsgemäß nicht. Diese logische Schlussfolgerung wird dem Kunden überlassen, der im Zweifel gedanklich leider schon längst in die Welt der deutlich schillernder aufgemachten Prämien abgeschweift ist.

Online-Tracking

Wer sich wundert, warum nach dem Online-Shopping auf den „üblichen verdächtigen" Internetseiten nun plötzlich in fast allen Web-Werbeleisten die vorher beäugte Marken-Winterjacke mit Kunstfellaufsatz herumtanzt, dem sei an dieser Stelle noch das Online-Tracking als weitere modernere Marktforschungstechnik erklärt. Gemeint ist damit die Nachverfolgung der Aktivitäten eines Websurfers mit dem Ziel, verhaltensbasierte Internet-Werbung zu platzieren. Anbieter dieser Dienste protokollieren, wann und wie lange der User über Links gewisse Seiten einer Domain besucht hat und nehmen dann Analysen des B2C-Verhältnisses – Akronym für „Business to Consumer" – vor.

Die technische Funktionsweise kann sich auf vielerlei Weise gestalten. Die simpelste Variante des Online-Trackings arbeitet mit Log-Dateien. Ruft ein Internetsurfer eine Webseite auf, so erhält deren Webserver Informationen wie z. B. die Adresse der ihn dorthin verweisenden Seite oder die IP-Adresse des Seitenbesuchers. Agieren unter dieser IP-Adresse allerdings mehrere Computer, z. B. in einem Netzwerk, so ist eine exakte Zuordnung übermittelter Daten zu einzelnen Computern nur per sogenannten Tracking-Cookies möglich. Diese werden von dem jeweiligen Webserver der aufgerufenen Seite an den Browser des Nutzercomputers gesendet und dort in der Regel ohne Kenntnis oder Zustimmung des Computerinhabers permanent gespeichert. Von nun an übermittelt der Browser des Nutzercomputers diese Cookie-Informationen per http-Header bei jedem weiteren Zugriff auf selbige Internetseite. Ursprünglich sollte diese technische Finesse den Aufbau von wiederholt besuchten Webseiten erleichtern. Mittlerweile dienen Cookies leider vor allem der Ausspionierung von Bewegungsprofilen einzelner Computer. Einige Tracking-Cookies gehen noch einen Schritt weiter und verschaffen Zugriff auf andere schon auf dem Nutzercomputer gespeicherte Cookies, um weitere Userinformationen, wie z. B. dessen Konsum- und Surfverhalten, aufzuspüren. Noch unverschämter ist JavaScript: Mittels Skriptsprache können selbst die auf einer Internetseite vorgenommenen Aktivitäten, wie Mausklicks oder Scrollen, ausfindig gemacht werden. Zwar hat der Einzelne grundsätzlich die Möglichkeit, sich durch die Deaktivierung von Cookies und JavaScript vor dieser Form der Online-Spionage zu schützen, jedoch beeinträchtigt dies die korrekte Funktionsweise vieler Webseiten. Unbeschwertes Surfen würde dann der Vergangenheit angehören. Und vom Kompromissweg, den Browser so einzustellen, dass dieser die Cookies nur temporär speichert und nach Verlassen einer Internetseite wieder löscht, wissen die meisten leider nichts.

Der Promi unter den Web-Statistik-Diensten ist Google Analytics. Diese kostenlose Software kann mittels der Spuren, die ein Besucher einer Internetseite hinterlässt, Benutzerprofile anlegen. Verfügt der Surfer über einen anmeldepflichtigen Google-Account, ist sogar dessen Identifizierung möglich. Da diese Form der Verarbeitung personenbezogener Daten laut Telemediengesetz die vorherige Zustimmung des Benutzers erfordert, liefen die deutschen Datenschutzbehörden seit 2009 hiergegen Sturm und erklärten die Nutzung dieses Google-Tools für rechtswidrig. Nach langen und zähen Verhandlungen reagierte der Google-Konzern auf die Forderungen der Datenschützer und veröffentlichte 2010 ein Deaktivierungs-Add-on. Eine weitere von Google bereitgestellte Software führt zur Löschung der letzten acht Stellen einer IP-Adresse vor Verarbeitung und Speicherung, sodass der dahinterstehende Nutzer anonymisiert ist. Auch Google-Analytics-Nutzern ging es an den Kragen: Sie müssen künftig in einer Datenschutzerklärung auf ihrer jeweiligen Webseite über die beiden von Google bereitgestellten Schutzmöglichkeiten aufklären. So weit so gut. Zumindest formell ist damit ein großer Schritt in Richtung Datenschutz getan. Die Effektivität dieser Maßnahmen bleibt aber fraglich, denn Otto

Normalsurfer wird kaum vor der Nutzung einer Internetseite deren Impressum oder Datenschutzerklärung studieren, geschweige denn versiert im Umgang mit den genannten Add-ons sein. Unklar ist auch, was genau Google mit den durch Analytics gewonnenen Daten der Webseitenbesucher und auch der Webseitenbetreiber(!) anstellt. So schnell kann sich die Perspektive wandeln.

Soziale Online-Netzwerke – Das moderne Datensammlerparadies

Ob zum Aufspüren alter Klassenkameraden, zum Plauschen mit Freunden aus dem Erasmus-Studienjahr oder einfach nur so, um sich mit dem Arbeitskollegen aus dem Nachbarbüro auf eine Kaffeepause zu verabreden – die Möglichkeiten, die soziale Online-Netzwerke bieten, scheinen unbegrenzt. In nur wenigen Jahren haben sie sich zu gesellschaftlich fest etablierten Kommunikationsplattformen entwickelt und in den Alltag vieler Menschen eingeschlichen. Auch Laurenz ist überzeugter „Social Networker". Der Einstieg in diese virtuelle Welt war mit StudiVZ schnell gemacht. Damals hieß XING auch noch OpenBC. Weiter ging es mit Wer-Kennt-Wen, MySpace, LinkedIn. Und natürlich darf der Porsche unter den Online-Netzwerken nicht fehlen: Facebook, die größte Netzwerkplattform im World Wide Web. Seit ihrer Gründung in 2004 durch den damaligen Harvard-Studenten Mark Zuckerberg konnte sie sich rasant zunehmender Beliebtheit erfreuen und zählt nunmehr laut Wikipedia mehr als eine Milliarde Mitglieder weltweit. Alleine in Deutschland verfüttern mehr als 20 Millionen Menschen ihre persönlichen Daten an diese titanenhaft anmutende Webmaschinerie.

Leider ist nur den wenigsten bewusst, welch' weitreichende und dauerhafte Einblicke sie dem Unternehmen gewähren. Offenkundig ist für die meisten Nutzer lediglich, dass Facebook Daten sammelt und verknüpft, um ein soziales Netzwerken zu ermöglichen. Der einzelne User kann so bequem auf die Profilseiten seiner „Freunde" zugreifen, wo er sich – je nach digitaler Freizügigkeit – über deren Herkunft, Berufstätigkeit, Alter, Interessen und Vorlieben informieren, in virtuellen Fotoalben stöbern und deren Verknüpfungen zu Dritten begutachten kann. Zusätzlich laufen aktuelle Statusmeldungen, Kommentare und Postings über den News-Feed. Andi D. hat sich mit Tina W. verlobt.

Thor Sten backt Schoko-Cranberry-Kuchen. Der Ortungsdienst Facebook-Places hat Tante Astrid gerade am Brandenburger Tor markiert. Im Chat blinkt eine Anfrage des Kumpels von nebenan, wie es denn heute mit dem Feierabendbierchen aussehe. Und in der Mailbox warten noch drei ungelesene Nachrichten von Freunden aus aller Welt, die aus Bequemlichkeit keine „echten" E-Mails mehr versenden, sondern nur noch per Facebook-Account kommunizieren. Kurzum, Facebook bietet ein Rundum-Sorglos-Paket in Sachen Kommunikation, ein Paradies für Narzissmus & Voyeurismus 2.0.

Was aber darüber hinaus mit den preisgegebenen Daten passiert, ist eher nebulös und nur selten eine Rechercheanstrengung wert. Der durchschnittliche Facebook-Nutzer lebt im Hier und Jetzt und beschränkt sich auf das Online-Konsumieren, Präsentieren, Spionieren. Dass das von ihm selbst erzeugte Archiv seines Lebens in die unermesslich großen Datenbestände des Unternehmens eingeht, deren Löschung nicht mehr in seiner Hand liegt, wird erst auf den zweiten Blick erkennbar. Gelöscht bedeutet nämlich nicht gelöscht, sondern nur für den Profilinhaber nicht mehr sichtbar. Facebook bekennt zu diesem Thema in seinen Nutzungsbedingungen, dass bei Löschung von IP-Inhalten diese auf eine Weise entfernt werden, „die dem Leeren des Recyclingbehälters auf einem Computer gleichkommt. Allerdings sollte dir bewusst sein, dass entfernte Inhalte für eine angemessene Zeitspanne in Sicherheitskopien fortbestehen (...)". Facebook speichert aber nicht um des bloßen Backups willen, sondern verdient vielmehr sein Geld mit den gesammelten Daten, indem es diese für Werbezwecke nutzt. In den Nutzungsbedingungen, die bei Suchen und Scrollen auf der Facebook-Webseite zu finden sind, wird informiert, dass jeder Nutzer für alle „IP-Inhalte", die mit Rechten am geistigen Eigentum belegt sind, je nach Privatsphären- und Anwendungseinstellungen dem Unternehmen „eine nicht-exklusive, übertragbare, unterlizenzierbare, gebührenfreie, weltweite Lizenz für die Nutzung jeglicher IP-Inhalte, die [er] auf oder im Zusammenhang mit Facebook postet (‚IP-Lizenz')" überträgt. „Diese IP-Lizenz endet", so heißt es weiter, „wenn [er] [seine] IP-Inhalte oder [sein] Konto lösch[]t, außer [s]eine Inhalte wurden mit anderen Nutzern geteilt und diese haben die Inhalte nicht gelöscht".

Um dieser Lizenz zum Datenklau möglichst große Effektivität abzuringen, hat Facebook die Voreinstellungen eines neu angelegten Profils so ausgestaltet, dass möglichst viele Informationen öffentlich sichtbar und durch Suchmaschinen aufspürbar sind. Verfügt ein Nutzer auch nur über eine Handvoll Kontakte, mit denen er durch Verlinkung oder Posten auf seiner Profilseite ein Foto teilt, so hat er im Zweifel – wenn er nicht vorher die Grundeinstellungen verändert hat – im Moment des freigebenden Mausklicks seine exklusiven Rechte daran verloren. Nach einer späteren Löschung seines Benutzerkontos wird es kaum noch kontrollier- oder nachvollziehbar sein, wer innerhalb seines Netzwerkes welche der von ihm meist großzügig verteilten IP-Inhalte noch in seinem Account gespeichert hat und wer nicht. In der Regel erhält Facebook seine Daten somit auf ganz legalem Wege mit formeller Erlaubnis der Nutzer.

Ein fest etabliertes Werbetool sind die sogenannten Facebook-Ads, die der Internetriese im Auftrag diverser Werbekunden auf den Userseiten einblendet – darunter auch viele prominente deutsche Unternehmen. Zwar würden zu diesem Zweck laut offiziellem Facebook-Blog keinerlei private Nutzerinformationen, sondern lediglich anonymisierte Sammeldatensätze wie Geschlecht, Beziehungsstatus, Alter und auch Klickraten an die Werbekunden weitergegeben. Dennoch gibt das Internetunternehmen offen zu, dass Werbebanner auf Wunsch des Werbenden auch auf Grundlage von Kommentaren, die ein Nutzer auf seinem Profil hinterlassen hat, angezeigt werden. „We think this means you will get ads that are more personalized to your real interests and this makes your experience on Facebook even better." Surf- und Kommunikationsverhalten werden also zu Werbezwecken feinstens analysiert. Facebook wird dennoch nicht müde zu dementieren, dass es damit in die Privatsphäre seiner Nutzer eingreift.

Zankapfel in Sachen Werbemaßnahmen ist der sogenannte „Gefällt-mir-Button". Laut Datenschutz.de war diese Funktion zunächst nur auf Facebook-interne Inhalte beschränkt, wurde aber im April 2010 auch auf externe Bereiche erweitert und seither in über zwei Millionen Webseiten integriert. Klickt ein User auf diesen virtuellen Knopf, so erscheint auf seiner Profilseite und im Mini-Feed eine Meldung nach dem Schema „Erika Mustermann gefällt www.bundesdruckerei.de". Im Verborgenen geschieht aber noch einiges mehr: Beim Klick auf den Gefällt-mir-Daumen werden nämlich IP-Adresse, Cookie-Kennung, Browsertyp sowie Ort, Datum und die angesurfte URL übertragen. Ist ein Internetsurfer zeitgleich in einer Facebook-Sitzung angemeldet, werden diese Daten mitunter bereits beim bloßen Aufruf einer Webseite mit integriertem Gefällt-mir-Button übermittelt. Indem die Cookie-Verzeichnisse anschließend ausgelesen werden, können Facebook-Nutzer erkannt und identifiziert werden. Facebook betreibt also mittels des harmlos wirkenden blauen Knopfes keinen altruistischen Freundschaftsdienst für Webseitenbetreiber, sondern nutzt diesen durchaus eigennützig für ein ausgefeiltes Online-Tracking. Das Unternehmen macht nicht einmal Halt vor den Daten von Nicht-Mitgliedern. Denn durch das Einfügen der aktiven Anwendung in eine externe Webseite wird ein „inner frame"-Fenster erzeugt, durch das Facebook zumindest die IP-Adresse eines jeden Besuchers erhält – unabhängig davon, ob der die Seite nur ansurft oder besagten Knopf tatsächlich betätigt.

Die Litanei an datenschutzrechtlich kritischem Verhalten von Facebook könnte nun noch anhand von Gesichtsscanner, Freundefinder oder Smartphone-Adressbuchsynchronisierung fortgesetzt werden. Damit soll – Gott bewahre – keine Verteufelung von Facebook oder anderen sozialen Netzwerken bezweckt werden. Diese haben durchaus ihre berechtigte, unserem Zeitalter angemessene Funktion. Sie helfen beim Schritthalten mit dem Globalisierungsprozess. Sie dienen zuweilen sogar als wichtiges gesellschaftspolitisches Vehikel. Es sei nur an den arabischen Frühling gedacht, der ohne diese modernen Kommunikationswege undenkbar gewesen wäre. Im gleichen Maße, wie neue soziale Medien für „das Gute" genutzt werden, lassen sie sich jedoch leider auch für „das Böse" instrumentalisieren. Vor Überschätzung sei also gewarnt. Zudem berechtigt deren Potenzial als Multiplikator edler Gesinnung nicht dazu, Datenschutzrechte mit den Füßen zu treten. Der Zweck heiligt nicht immer die Mittel.

IV. Status Quo – Von Nutzen und Risiken

Klar ist, dass beide Akteure, Staat und Unternehmen, unterschiedliche und nicht pauschal zu verurteilende Motive verfolgen, nämlich gesteigerte Sicherheit via Überwachung zum einen und Konsum- und Profitankurbelung via gezielter Werbung zum anderen. Kurzum: Der Staat möchte Sicherheit gewährleisten, die Unternehmen den Konsum antreiben. Diese beiden Triebfedern, so unterschiedlich sie auch sein mögen, haben beide eines im Visier: unsere Daten. Aber was ist daran eigentlich so schlimm? Bringen staatliche und unternehmerische Datenkollektionen nicht in erster Linie Vorteile bzw. zumindest keine greifbaren Nachteile mit sich?

Der Zensus hilft bei der volkswirtschaftlichen Planung, SWIFT und PNR stehen im Dienste der Terrorismusbekämpfung. Würde man den Datenschutz noch weiter ausbauen, so laufe man Gefahr, die Kriminalitätsbekämpfung zu behindern, ja sogar Verbrechen Vorschub zu leisten. Die Formel „Opferschutz gleich Täterschutz“ wird von Datenschutz-Gegnern oft gemeinsam mit der Standardparole gebracht, dass, wenn man doch nichts zu verbergen habe, man seine Daten ruhig preisgeben könne. Im Umkehrschluss werden damit implizit alle Überwachungskritiker als getroffene und daher bellende Hunde an den Pranger gestellt. Dieses Totschlag-Argument ist nicht leicht zu entkräften. Wie Michael Lohmann im seinem Heise-Online-Artikel aus dem Jahr 2006 zu diesem Thema treffend schreibt, wird dadurch „Kontrolle [als] unabdingbar und deren Verhinderung als Ausbremsen des Staates bei der Erfüllung seiner Aufgaben angesehen (…), [auch] wird der Widerstand gegen die Aushebelung der Bürgerrechte selbst unter Verdacht gestellt.“

Das Blatt wendet sich allerdings meist schnell, wenn diejenigen, die eben noch gegen den Datenschutz wetterten, selbst unbescholten ins Visier der Datenfahnder gelangen. Beispielsweise äußerte sich der ehemalige baden-württembergische Ministerpräsident Günther Oettinger 2007 vehement für einen Ausbau der Terrorismusbekämpfung. Er unterstützte den damaligen Vorstoß des Bundesinnenministers Wolfgang Schäuble zur Verschärfung der Anti-Terror-Gesetze (Online-Durchsuchung, Rasterfahndung, Fingerabdruck-Datenbanken, vereinfachter großer Lauschangriff) und erwog sogar eine Änderung des Grundgesetzes. Einige Jahre zuvor jedoch, Anfang der 1990er, war ein parlamentarischer Untersuchungsausschuss (UA) gegen ihn eingeleitet worden wegen Ermittlungsbehinderungen in einem Fall, in den er selbst involviert war. Als Stammgast und Duzfreund eines italienischen Pizzabäckers in Stuttgart, dessen Restaurant-Telefon monatelang wegen Mafia-Verdachts abgehört wurde, waren so einige seiner nicht immer druckreifen, teilweise sehr pikanten Äußerungen über Politikerkollegen dokumentiert worden. Nachdem er vom damaligen baden-württembergischen Justizminister und Parteifreund Thomas Schäuble über die Ermittlungen informiert worden war, sollte er, so der damalige Vorwurf, diese kompromittiert haben. Letztlich bescheinigte ihm der UA im Jahr 1994 seine Unschuld. Dennoch zeigt dieses Beispiel, dass selbst Verfechter von Überwachungsmaßnahmen die damit einhergehenden Gefahren für die eigene Privatsphäre nicht ganz wegreden können. Allen, die nach dieser Geschichte aus dem Ländle noch von der Unhaltbarkeit der „Nichts zu verbergen-Formel" überzeugt sind, sei hier noch ein Fingerzeig auf ein weiteres, deutlich schwergewichtigeres Gegenargument gewidmet: die Stasi-Verbrechen in der DDR und die damit einhergehende Kriminalisierung unzähliger, unschuldiger Bürger.

Sicherheit ist – wie wir seit 9/11 alle wissen – ein hohes und schützenswertes gesellschaftliches Gut. Deren Aufrechterhaltung und Ausbau sollte hohe Priorität zukommen. Außer Zweifel steht, dass ein Mindestmaß an objektiv existierender Sicherheit und noch vielmehr ein Minimum an subjektivem Sicherheitsgefühl ein Schlüsselelement zu Erhalt und Steigerung von Lebensqualität sind. Der Wunsch nach größtmöglicher Absicherung und Abwehr jeglicher Gefahren ist daher gesellschaftlich weit verbreitet, tief verwurzelt und auch verständlich. Dieses grundlegende und durch Medien befeuerte soziale Sicherheitsanliegen birgt jedoch ein nicht zu unterschätzendes Missbrauchspotenzial in sich. Gerade in als unsicher empfundenen Zeiten neigt der einzelne Bürger verstärkt dazu, staatliche Sicherheitsmaßnahmen, die kritische Eingriffe in die persönlichen Freiheitsrechte beinhalten, klaglos hinzunehmen. So ist es ein Leichtes, unter dem Deckmantel der Terrorismusbekämpfung immer einschneidendere Maßnahmen durchzusetzen und grundlegende Bürgerrechte zu schwächen. Kriminalprävention wird oftmals als globales Argument herangezogen, um die Einschränkung von elementaren freiheitlichen Grundrechten zu rechtfertigen.

Im starken Spannungsverhältnis zu diesen Sicherheitsinteressen stehen die mindestens genauso schützenswerten, lang und beschwerlich erkämpften individuellen Freiheitsrechte, die keinesfalls pauschal hinter längst nicht immer differenziert und konkret zweckgerichteten Sicherheitsmaßnahmen zurücktreten dürfen. Durch die Geschichte hinweg waren Menschen damit beschäftigt, sich gegen Repressalien „von oben" zu wehren und zu schützen. Obwohl in der griechisch-römischen Antike noch nicht an politische Freiheit im Sinne eines Allgemeinguts zu denken war, erfuhr der individuelle Freiheitsbegriff zumindest schon im Rahmen der stoischen Philosophie Aufmerksamkeit und Reflexion. *Quod licet Iovi, non licet bovi – „Was Jupiter darf, steht einem Ochsen nicht zu"* war die allgemeingültige Maxime, die die faktische Ungleichheit der Menschen innerhalb des sozialen Gefüges zum Ausdruck brachte. Die herrschende Klasse konnte über Freiheit, Eigentum und sogar Leben der Unterworfenen willkürlich bestimmen. Wie schon im Altertum die

Sklaven wurden schließlich auch im Mittelalter die Leibeigenen und Hörigen von der Oberschicht dominiert. Das damals mächtige Instrument des *Habeas Corpus* – *„Du habest den Körper"* als uneingeschränktes Vorrecht der Krone, Haftbefehle zu erlassen, bringt die damalige Unterdrückung und die alles überschattende Unfreiheit der Menschen griffig zum Ausdruck. Erst das Zeitalter der Aufklärung läutete ein Freiheitsverständnis im modernen Sinne ein. Die Schriften von John Locke, Voltaire, Jean-Jacques Rousseau, Immanuel Kant und John Stuart Mill postulierten die Befreiung von veralteten und willkürgeprägten Dogmen und verlangten die Aufteilung und Kontrolle der Staatsgewalt. Die Revolutionen und Aufstände in Frankreich, den USA und in Deutschland im 18. und 19. Jahrhundert forderten die demokratische Legitimation von Staatsgewalt sowie Abwehrrechte gegenüber dem Staat für jeden einzelnen Bürger. Generell wurde ein Umbruch der bis dato über die Jahrhunderte zementierten Gesellschaftsordnung verlangt mit dem Ziel, dem Menschen zu weitreichenden Freiheitsrechten zu verhelfen.

Die nunmehr existierenden Menschen- und Bürgerrechtskataloge sind also keine Selbstverständlichkeit. Sie sind das Ergebnis eines jahrhundertelangen Kampfs gegen staatliche Übermacht und bedürfen daher besonderer Würdigung und Schutzmaßnahmen vor schleichender Unterwanderung im Namen der Sicherheit. Vor allem das allgemeine Persönlichkeitsrecht in seinen verschiedenen Ausprägungen, das aus Art. 1 Abs. 1 (Schutz der Menschenwürde) in Verbindung mit Art. 2 Abs. 1 (Freie Entfaltung der Persönlichkeit) des deutschen Grundgesetzes hervorgeht, ist der Schlüssel zum modernen, freien und selbstbestimmten Bürger. Als besonders weit gefasstes, dabei aber den gesetzlichen Schranken unterliegendes Grundrecht garantiert es u. a. die individuelle Privatsphäre des Einzelnen und schützt grundsätzlich gegen staatliche Eingriffe. Im Verhältnis zu Dritten, z. B. im Verhältnis zu Wirtschaftunternehmen, wird ein entsprechender Schutz durch generalklauselartige Vorschriften im bürgerlichen Recht gewährt, die letztlich auf grundrechtliche Wertungen verweisen.

2. Datensammler Unternehmen

Müssten sich die Datensammlungen von Unternehmen angesichts dieser Drittwirkung des allgemeinen Persönlichkeitsrechts also in der Regel nicht rechtlich im „grünen Bereich" bewegen? Und wenn dem so ist, wo genau, mag man sich fragen, liegen dann die konkreten datenschutzrechtlichen Risiken? Durch Payback bekommt man ja schon sehr nette Prämien, und Facebook macht einfach nur richtig viel Spaß. Das sind doch eigentlich sehr beachtliche Nutzen. Warum also sollte man auf diese Vorteile verzichten?

Dass unternehmerische Datenerhebung nicht ganz so harmlos und einträglich für „König Kunde" ist, wie es scheint, zeigt das jüngste Vorhaben des O2-Mutterkonzerns Telefónica, die Handy-Bewegungsdaten seiner Kunden an die Werbeindustrie zu verkaufen. Letztere wüsste dann, wann sich potenzielle Kunden wo aufhalten und könnte durch strategische Werbemaßnahmen reagieren. „Big Brother Shopping mit O2" titelte Stern.de sehr treffend. Zwar sollen die Daten vor deren Weitergabe anonymisiert werden, dennoch kann durch Verknüpfung verschiedener Datensätze schnell ein Personenbezug hergestellt werden. Und auch die Hürde der erforderlichen ausdrücklichen Kundenzustimmung ist über das Kleingedruckte schnell genommen, fürchten Daten- und Verbraucherschützer.

Auf der einen Seite der Waagschale liegen hier unbestrittene ökonomische Interessen der mit personenbezogenen Daten agierenden Privatunternehmen. Dass deren Bilanzen mit schwarzen Zahlen glänzen und sie satte Gewinne einfahren, gereicht nicht nur diesen selbst, sondern der gesamten Volkswirtschaft zum Vorteil. Zwar lässt sich das komplexe Gefüge zwischen den verschiedenen gesellschaftlichen Pfeilern mitnichten in die simple Formel pressen, dass wirtschaftliche Blüte *per se* zu gesteigerter sozialer Zufriedenheit und Lebensqualität oder gar individuellem Glück führe. Dies zeigte schon die 1972 veröffentlichte Studie „Die Grenzen des Wachstums" des Club of Rome, die u. a. in der Erkenntnis gipfelte, dass ein Umdenken weg vom rein quantitativen Wirtschaftswachstum hin zum qualitativen Wachstum angebracht sei. Jedoch lässt sich auch nicht abstreiten, dass eine gesunde Volkswirtschaft insofern im Interesse aller Staatsbürger steht, als dass diese die Steuerkasse klingeln lässt und damit die staatlich gesicherte Grundversorgung hiervon profitiert. Bruttosozialprodukt ist nicht gleich Bruttonationalglück, aber zumindest eine finanz- und realwirtschaftlich nicht zu unterschätzende Systemgröße. Auf der anderen Seite der Waagschale hingegen liegen wiederum die schon dargestellten, schwerwiegenden freiheitsrechtlichen Interessen des Verbrauchers, die nicht nur im Verhältnis zum Staat, sondern auch gegenüber der Privatwirtschaft Schutz genießen.

V. Blick in die Zukunft – Was muss getan werden?

Was genau muss, was genau kann getan werden? Die Zauberformel für Staat, Wirtschaft und auch Privatmann lautet Mäßigung. Mit Blick auf die modernen, hochkomplexen Problemfelder scheint dieser antike Begriff antiquiert. Ein Bremsklotz in einer Schneller-Höher-Weiter-Welt? Eine klassische Tugend als Handlungsanleitung für den Umgang mit digitalen Daten?

1. Mäßigung – Der uralte Kampf um das richtige Maß

Die Kardinaltugend Mäßigung, lat. *temperantia* und gr. *sophrosyne*, lässt sich am ehesten mit Selbstbeherrschung, Maßhalten oder mit Finden des richtigen Maßes übersetzen. Die Einübung dieser Tugend wird schon seit der Antike als immense Herausforderung wahrgenommen. Beispielsweise ordnete der griechische Lyriker Pindar (518-446 v. Chr.) jeweils eine Kardinaltugend einer gewissen Lebensstufe zu, wie z. B. dem Jüngling die Tapferkeit bzw. den Mut, dem Gereiften die Gerechtigkeit und dem Gealterten die Weisheit; allein die Fähigkeit zur Mäßigung schrieb er allen Phasen als übergeordnetes Gebot zu. Auch in der Lehre Platons (427-347 v. Chr.), insbesondere in seinen berühmten Werken „Politeia" und „Nomoi", fanden die vier Grundtugenden ihren Platz. Er bezeichnete die Mäßigung als die Mitte zwischen einem Zuviel und einem Zuwenig. In der Tugendethik des Aristoteles (384-322 v. Chr.) wurde neben den Verstandestugenden die Mäßigung als Teil der Charaktertugenden thematisiert. Zahlreiche Jahrhunderte später, im Mittelalter, fand das Primat des Maßhaltens durch Hildegard von Bingen (1098-1179) eine Fürsprecherin. In derselben Epoche beschäftigte sich auch Thomas von Aquin (1225-1274) in seiner theologischen Ethik mit den vier Kardinaltugenden und betrachtete das rechte Maß als Grundprinzip und Angelpunkt sittlicher Bewertung des Menschen und als dem göttlichen Gesetzeswillen entsprechend. Der Kirchenlehrer Franz von Sales (1567-1622) vergleicht die Mäßigung bildlich mit Salz, das – in maßvoller Dosierung – unabdingbar für den Lebenserhalt sei, und rät, dass man sich vor Übertreibung hüte, da diese „die Pest der heiligen Frömmigkeit" sei. Schließlich bleibt der klassische Tugendkatalog auch bis in die Neuzeit erhalten, wie konkret am Beispiel der „Virginia Bill of Rights“ (1776), der Grundrechteerklärung von Virginia, zu sehen ist, welche wiederum großen Einfluss auf die spätere „Bill of Rights“ (1789) besaß. Im Art. 15 heißt es: „Eine freie Regierung und die Segnungen der Freiheit können einem Volke nur erhalten werden durch strenges Festhalten an Gerechtigkeit, Mäßigung, Enthaltsamkeit, Sparsamkeit und Tugend und durch häufiges Zurückgreifen auf die Grundprinzipien“.

Anhand dieser langen Historie der Tugend Mäßigung ist leicht erkennbar, dass diese die Menschen seit Jahrhunderten beschäftigt. Sie streben danach, in allem den richtigen „goldenen“ Mittelweg zu finden und haben dieses oberste Ziel literarisch in den verschiedensten Formen verarbeitet und niedergelegt. Bis heute stellen sie sich in ihrer Weltlichkeit dieser überweltlichen Herausforderung und müssen dabei die Hürden der Lust, Leidenschaft, Affekte, Gefühle, Süchte, Sehnsüchte und Triebhaftigkeit überwinden. Diese begegnen ihm in den verschiedensten Lebenskontexten. Der Kampf um das richtige Maß ist zeitlos und somit aktueller denn je.

2. Maß und Maßregelung – Wir fordern Aufklärung, (Selbst-) Zügelung und Boykott!

Der erste Schritt zu einem maßvollen, gemeinverträglichen Umgang mit Daten, sei es auf Geber- oder Nehmerseite, ist Aufklärung. Nur der aufgeklärte und informierte Akteur ist überhaupt in der Lage, sein Handeln zu reflektieren und umzudenken. Ohne Information ist kein bewusstes und selbstbestimmtes Handeln möglich. Wir fordern im Einklang mit der Konferenz der Datenschutzbeauftragten des Bundes und der Länder, dass „Datenschutz (…) als Bildungsaufgabe verstanden und praktiziert werden [muss]. Es genügt nicht, allein auf rechtliche Regelungen sowie auf datenschutzfreundliche technische Voreinstellungen und Anwendungen zu setzen. Die digitale Aufklärung ist unverzichtbarer Teil der Datenschutzkultur des 21. Jahrhunderts. Sie beinhaltet zum einen die Vermittlung von Wissen und zum anderen die Entwicklung eines wachen, wertebezogenen Datenschutzbewusstseins. So wie Bildung eine gesamtgesellschaftliche Aufgabe ist, so ist auch die Bildung im Hinblick auf die Datenschutzfragen unserer Zeit eine Aufgabe, die nicht nur dem Staat, sondern ebenso der Wirtschaft und der Zivilgesellschaft (…) obliegt.“

Bei unserer zweiten Forderung kommt die althergebrachte Tugend der Mäßigung ins Spiel. Kurzzeitig aus der Mode geraten, besitzt diese mittlerweile in gewissen Kontexten wieder einen legitimen Platz und bedeutenden Stellenwert innerhalb des gesellschaftlichen Wertekanons. Maßvoller Datenumgang ist ein wichtiges Element von „enduring freedom", von nachhaltiger Freiheit. Da der bekanntlich lasterhaften Menschheit diese Fähigkeit nicht von Natur aus innewohnt, gilt es, diese zu üben. Während uns der (Daten-) Konsum sozusagen mit in die Wiege gegeben scheint, muss das richtige Maß erst trainiert werden.

Der Staat in seiner Vorbildfunktion sollte mit gutem Beispiel vorangehen und seine Zugriffe auf personenbezogene Daten im Über- und Unterordnungsverhältnis kritisch auf deren Verhältnismäßigkeit überprüfen. Er muss sich auf die grundgesetzlich verankerten Abwehrrechte seiner Bürger rückbesinnen und an kritischen Stellen zum rechten Maß zurückfinden. Auch im Hinblick auf die Privatwirtschaft sollte er nicht länger in Untätigkeit verharren und seinen Schutzpflichten, etwa in Form einer umfassenden Reformierung des BDSG, nachkommen. Hierbei ist mehr Schärfe in Regelungsgehalt, Durchsetzung und Kontrolle angebracht, ohne jedoch eine drakonische, wirtschaftliche Aktivitäten erdrosselnde Wirkung mit sich zu bringen. Neben der Maßregelung sollte auch die Wirkkraft sanfter Methoden nicht unterschätzt werden. Moderne Datenschutzkonzepte haben sich statt Repression vielmehr der Stimulation verschrieben. Beispielsweise durch die Einführung eines reputationsfördernden Datenschutzsiegels, das vom Bundesdatenschutzbeauftragten Peter Schaar vorgeschlagen wurde und das nach Durchführung eines Datenschutzaudits verliehen würde, könnten für die Unternehmen wirtschaftliche Anreize zum verantwortlicheren Umgang mit Daten geschaffen werden. Nicht zuletzt ist es in deren Interesse, das Vertrauen ihrer Kunden zu gewinnen und zu erhalten.

Auch die Unternehmen selbst müssen sich ihrer sozialen Verantwortung stärker bewusst werden und in Eigeninitiative Maßnahmen ergreifen, um die Datenschutzkonformität ihres Verhaltens sicherzustellen. Wie viel Online-Spionage quer durch das Web, sogenanntes „Targeting", kann man einem Internetnutzer zumuten? Wo liegen die ethisch-moralischen Grenzen einer systematischen Analyse von Kaufverhalten oder gar des Sammelns und Handelns mit Verbraucherdaten? Im Rahmen freiwilliger Selbstverpflichtungen zu Mäßigung und Transparenz könnten sie zumindest innerhalb ihrer jeweiligen Branche symbolisch der Privatsphäre ihrer Kunden Respekt zollen und als Leitbild für erwünschte Nachahmer fungieren. Übermaß im Datenkonsum würde damit langfristig über die gesellschaftliche Toleranzgrenze hinweg ins moralische „Aus“ befördert werden.

Schließlich kann auch die aufgeklärte Privatperson etwas tun. Schluss mit dem Neo-Biedermeierdasein! Schluss mit dem indifferenten Rückzug ins Private! Es gilt, wachsam zu sein und nicht müde zu werden, Vater Staat wie auch die Unternehmen in ihre datenschutzrechtlichen Schranken zu weisen.

Als Inhaber bürgerlicher Freiheitsrechte müssen wir auf deren Schutz- und Abwehrcharakter pochen und dürfen auch in modernen, freiheitlich-demokratischen Zeiten nicht müde werden, unverhältnismäßigen staatlichen Eingriffen in diese die Stirn zu bieten. Auch wenn wir im Alltag, so wie Laurenz, oft keine konkrete Wahl haben, weil die Banküberweisung oder der Flug in die USA nun mal anstehen, so können wir uns in Politik und Zivilgesellschaft engagieren oder zumindest informieren und nachhaltig an der Verbesserung des Datenschutzes mitwirken.

Als Inhaber persönlicher Daten müssen wir uns der Verfügungsmacht bewusst werden, die wir innehaben. Nur wenn wir diese unreflektiert und ungemäßigt – geblendet durch Payback-Prämien oder vermeintliche Anerkennung von Facebook-„Freunden“ – preisgeben, können wir für Unternehmen zum „gläsernen Bürger“ werden. Wenn wir unser Verhalten aber hinterfragen und uns dessen Konsequenzen vor Augen führen, werden wir aufhören, unsere persönlichsten Daten auch nur beim geringsten Anreiz bereitwillig und freizügig zu verramschen. Ein Anfang wäre gemacht mit einem Boykott von kommerziellen Bonusprogrammen oder mehr Zurückhaltung bei sozialen Online-Netzwerken. Nachhaltige Datenwirtschaft auf der Datengeberseite, selbst im Kleinsten, kann Datenmissbrauch vorbeugen oder zumindest begrenzen. Der Erhalt des hart erkämpften Freiheitsrechts auf informationelle Selbstbestimmung liegt nicht allein in der Verantwortung von Staat und Unternehmen, sondern auch in der Hand jedes Einzelnen.

Literaturempfehlungen

- Peter Schaar, Das Ende der Privatsphäre – Der Weg in die Überwachungsgesellschaft, Goldmann, 2009.
- Ilija Trojanow und Juli Zeh, Angriff auf die Freiheit – Sicherheitswahn, Überwachungsstaat und der Abbau bürgerlicher Rechte, DTV, 2010.
- Dieter Witschen, Menschen-Tugenden, Ein Konzept zu menschenrechtlichen Grundhaltungen, Schöningh, 2011.
- Online-Lexikon des Franz-von-Sales-Verlag, Stichwort „Maßhalten", http://www.franz-sales-verlag.de/fsvwiki/index.php/Lexikon/Ma%DFhalten.

MÄSSIGUNG

Kapitel 3

MUT

Mut, der (m.), lat. animus

Von
Christopher Wickert &
Santa Meyer-Nandi

Vom Wutbürger zum Mutbürger – Der Mensch als Gestalter der Gesellschaft

„Habe Mut, dich deines eigenen Verstandes zu bedienen."

Immanuel Kant

I. Story: Warum wir mutig sein müssen!

Peter, 26, Student der Politik- und Wirtschaftswissenschaften, kommt aus einem kleinen Dorf inmitten der Schwäbischen Alb. Er verbringt gerade ein Austauschsemester in London. Obwohl Peter die Natur liebt und auch gerne mal mit seinem Vater auf die Jagd geht, genießt er seine Zeit in der aufregenden großen Stadt. In der letzten Woche hat er in einem Seminar mit seinen Kommilitonen über die deutsche und die britische Energiepolitik diskutiert. Dabei ging es auch um den Netzausbau, also die neuen Stromtrassen, die Energie aus Wind- oder Wasserkraft quer durchs Land befördern sollen. Peters Meinung dazu ist gespalten: Eigentlich findet er das alles ganz in Ordnung mit der Energiewende, aber als entschiedenen Atomkraftgegner oder Super-Öko würde er sich nun auch nicht wirklich bezeichnen. Was ihn allerdings in letzter Zeit wirklich nervt, ist die Diskussion um eine Überland-Trasse, die genau zwischen seinem Heimatdorf und dem Nachbarort entlangführen soll. Die Pläne kamen ganz überraschend; als er letzte Weihnachten noch zu Hause war, wussten seine Eltern noch nichts von den Plänen. Mit der Jagd im nahen Waldgebiet ist es dann wohl vorbei, klagt sein Vater. Peter ist wütend darüber, mal wieder von der Politik überrumpelt worden zu sein. Außerdem hätte man die Trasse doch auch woanders bauen können. Manchmal denkt er, man müsste viel öfter und energischer auf die Straße gehen und gegen so etwas protestieren. Dann erinnert sich Peter aber, dass es vor vier Jahren mal ein Bürgerforum in Stuttgart gab, auf dem allgemein über den bevorstehenden Netzausbau diskutiert wurde. Auch seine Eltern hatten per Post eine Einladung bekommen. „Da ist doch eh keiner hingegangen", erinnert er sich, „denn wir dachten ja, die bauen die Trasse schon irgendwo anders." Plötzlich realisiert Peter, dass sich das alles irgendwie auch nicht so gut zusammenreimt. Auf der einen Seite hält er die Energiewende grundsätzlich schon für notwendig. Dass man dazu eben auch die Stromnetze ausbauen muss, ist wohl unvermeidbar. Auf der anderen Seite fragt er sich, warum es denn gerade beim ihm im Dorf sein muss. Abgesehen davon hätten er und seine Familie ja Gelegenheit gehabt, sich in die Diskussion über den Trassenverlauf einzubringen …

Peter lässt das Thema nicht mehr los, und eigentlich möchte er etwas tun, zumindest sobald er in zwei Monaten wieder zurück in Deutschland ist. Aber so richtig fällt ihm kein guter Plan ein. Für die Trasse, aber dann bitte woanders? Gegen die Trasse? Da erinnert er sich an eine Freundin, die ihm vor ein paar Wochen etwas von einem Pfarrer erzählt hat, der einen, wie sie sagte, „total inspirierenden" Vortrag zum Thema Mut und Gemeinschaft gehalten habe. Mut, nun gut, denkt Peter, den kann man bestimmt immer brauchen. Nur wie kann mir mehr oder weniger Mut helfen, eine bessere Entscheidung zu treffen? Wann ist eine Entscheidung eigentlich eine bessere Entscheidung? Auch wenn Peter eigentlich nicht in die Kirche geht und nicht ganz sicher ist, wie ihm ein Geistlicher konkret weiterhelfen kann, siegt letztlich doch seine Neugierde: Er macht sich auf, Pater Barnes, dem katholischen Pfarrer in Holborn bei London, einen Besuch abzustatten. Peter erzählt ihm kurz von seinen Gedanken zum

Trassenausbau und fragt: „*Pater Barnes, ich habe von Ihrem Vortag über Mut und Gemeinschaft gehört. Bitte erzählen Sie mir mehr darüber.*“

Pater Barnes nickt wissend und verständnisvoll und holt Luft: „*Als Jesus zu den Aposteln sprach: ‚Habt Mut, ich bin es! Habt keine Angst!‘, da verstand er uns vollkommen. Es ist so viel Angst in uns über die Zukunft, die Erderwärmung, den Raubbau an unserer Ressourcen, über unsere Familien und nächsten Generationen. Angst verkrüppelt uns. ‚Habt Mut! Habt keine Angst!‘*“ bedeutet, so Pater Barnes, „*dass Mut von Gott kommt. Alles, was wir für diese Realität brauchen, steckt in uns.*“ „*Aber wie sieht unsere gesellschaftliche Realität aus?*“, fragt Pater Barnes laut. „*Einerseits gibt es Hunger, Krieg, die Finanzkrise, Angst, dass alles im allgemeinen Chaos untergeht. Das Risiko, dass wir uns dem gesellschaftlichen Leben entziehen, ist allgegenwärtig: Sich nur mit seinen unmittelbaren Interessen zu befassen – essen, trinken, fröhlichsein und nirgendwo sonst hinschauen – ist leicht. Und doch können wir auch anders. Wir haben die Kraft und Tapferkeit, uns all dem zu stellen. Wir sind niemals alleine, wir tun es durch Gott. Es gibt diesen Konflikt in uns und den starken Impuls wegzuschauen. Und wieder gibt es etwas in uns, das sagt ‚Habt Mut! Habt keine Angst!‘*“

„*Danke, Pater Barnes*“, fragt Peter weiter, „*und was bedeutet das jetzt für mich?*“

„Zu Mut gehört einerseits, für das aufzustehen, woran man glaubt und was man für richtig hält. Der Weg zu einer nachhaltigen Entwicklung zum Beispiel kostet uns viele Mühen, Opfer, Überwindung und Nerven. Dazu muss man gegen viele Vorurteile ankämpfen, und man muss oft eigene Gewohnheiten verändern, die nicht immer bequemer sind als Altbekanntes. Angst davor, in eine neue Aktivität zu gehen, lässt uns dabei menschlich zusammenschrumpfen. Nachhaltigkeit, und der Mut, für sie aktiv zu sein, ist Teil von Gottes Umwelt. ‚Habt Mut! Habt keine Angst!‘“

Mut brauchen wir in jedem Bereich unserer Gesellschaft und auf fast allen Ebenen des menschlichen Tuns, sei es im Glauben, wie Pater Barnes es fordert, oder in Politik, Wirtschaft und Wissenschaft. Und gleichzeitig mangelt es überall daran! In der Universität – einem der wichtigsten Fundamente einer aufgeklärten Gesellschaft – ist das „Handeln“ und damit der Ort für Mut von anderer Natur als anderswo. Es werden keine Menschen gerettet, und selten werden Entscheidungen mit unmittelbaren politischen oder wirtschaftlichen Konsequenzen gefällt. Zumindest wenn man dem Humboldt’schen

Bildungsideal konsequent folgt, geht es stattdessen eher darum, den Dingen auf den Grund zu gehen und das, was man lernt, zunächst einmal kritisch zu hinterfragen. Viele junge Menschen verbringen wie Peter hier die vermutlich prägendste Zeit ihres Erwachsenwerdens. Eine mutige Universität, genauer: mutige Lehrende, haben also einen nicht zu unterschätzenden Einfluss darauf, wie sich die Einstellung junger Menschen zum Mutigsein entwickelt oder verändert.

In einem Artikel in der Universitätszeitschrift, erinnert sich Peter, wurde von der Universität Witten-Herdecke ein Preis für „mutige und innovative WissenschaftlerInnen" ausgerufen. Der Aufruf, findet Peter, befasst sich äußerst kritisch mit seiner eigenen Disziplin, der universitären Forschung und Lehre. Er postuliert, dass Handeln in der Wissenschaft vor allem „Denken" ist – und zwar nicht privates Denken, sondern Denken vor und mit einer sowohl wissenschaftlichen wie auch allgemeinen Öffentlichkeit. Für Forschende und Lehrende stellen sich Fragen wie etwa: Welche Richtung soll ich meiner Forschung geben? Soll ich einer kritischen Idee oder Frage nachgehen? Soll ich ein hergebrachtes Modell verwenden oder eher einen Paradigmenbruch wagen? Was bringe ich meinen Studierenden bei und wie kann ich sie zu kritischem Hinterfragen anregen?

Peter denkt an seine eigenen Studienjahre zurück. Oft hat er als Student verschiedene Denkmuster oder Paradigmen kennengelernt und geübt, diese möglichst effizient anzuwenden und in die Praxis umzusetzen. Die Wirtschaftswissenschaften mit ihrem ökonomistischen und damit komplexitätsreduzierenden Weltbild sind für solche Lehrmethoden ein Paradebeispiel. Peter fragt sich, ob es nicht genauso oft auch den Lehrenden an Mut fehlt, gemeinsam mit den Studierenden diese Denkmuster nicht nur anzuwenden, sondern auch deren Sinn und Zweck zu hinterfragen! Auf welchen Annahmen beruht der eine oder andere Ansatz? Welche Konsequenzen hat die Umsetzung und wer ist davon betroffen?

Peter kommt zu dem Schluss, dass Mut in der Wissenschaft viel eher darin bestehen müsste, Paradigmen stets konstruktiv zu kritisieren und weiterzuentwickeln. Dennoch treibt ihn die Frage, inwiefern eine solche kritische Haltung überhaupt eine Frage von Mut ist. In dem Artikel steht weiterhin etwas von „Mut gegenüber Anderen": Mit einem neuen Ansatz oder Modell sind Forschende sogleich in der Rechtfertigungspflicht und werden nicht selten an den Pranger gestellt – ganz im Gegensatz zur Arbeit innerhalb eines Paradigmas oder Modells. Daher fehlt selbst im eigentlich reflektierten wissenschaftlichen Umfeld oftmals das Hinterfragen etablierter Ansätze. Neben „Mut gegenüber Anderen", so liest Peter weiter, ist auch eine andere, weniger offensichtliche Form des Muts erforderlich: der „Mut gegenüber einem selbst", den Wissenschaftler haben müssen, um überhaupt frei und kritisch denken zu können. Jedes Denkmodell oder Paradigma entfaltet seine eigene Anziehungskraft, die mit seiner Anwendung stetig ansteigt. Man könnte hier von Gewöhnung sprechen, doch dieser Begriff ist noch verharmlosend. Es beginnt mit dem schrittweisen Erlernen des Denkmodells: Es bereitet vielen Wissenschaftlern nicht selten eine stille Genugtuung, immer gewandter mit dem Modell umgehen zu können, es immer vielseitiger anwenden zu können, immer schneller auf jede Frage eine Antwort zu haben, wobei sie schleichend darin verfallen, nur noch solche Fragen zuzulassen – ja zu verstehen – die innerhalb des Modells sinnvoll formuliert und gestellt werden können. Es handelt sich also um eine Gefahr für das freie Denken, der geistigen Verengung und letztlich Ausblendung für alles, was außerhalb des eigenen Tunnelblickes passiert. Die wachsende Fähigkeit, innerhalb des Modells zu denken, geht leider oft einher mit einer schrumpfenden Fähigkeit, *über* das Modell nach-, also außerhalb des Modells zu denken.

Peter versucht, diese beiden Ansichten, die religiöse und die wissenschaftliche, zusammenzubringen. Was also tun, um mutig zu sein? Peter fragt sich, ob er gottesfürchtig oder etwa Wissenschaftler werden muss. Ist nur mutig, wer religiös ist oder über das Denken sinniert? Das allein wäre natürlich zu wenig, findet Peter. Dennoch verdeutlichen ihm diese beiden Beispiele von Mut in Religion und Wissenschaft, worauf es ankommt. Auf der einen Seite zeigt das Beispiel Wissenschaft, dass Mut bedeutet, bequeme Gewohnheiten zu überwinden. Das Beispiel Religion weist darauf hin, dass Mut den Glauben an eigene, unter Umständen selbstlose Ziele bedeutet: Mutig ist, wer geistig souverän ist und aus der Gewohnheit auszubrechen wagt!

II. Mehr Mut als Baustein zur Lösung aktueller gesellschaftlicher Probleme

Sind wir denn nun alle nicht mehr mutig und war früher alles besser? Das gilt so natürlich nur bedingt. Was wir jedoch beobachten können, ist, dass in den letzten 100 Jahren das Leben in Deutschland grundsätzlich viel sicherer geworden ist: Wir müssen weniger hungern, haben das Netz des Sozialstaates unter uns und sind rechtlich verhältnismäßig gut abgesichert. Die wenigsten Menschen sind tagtäglich lebensbedrohlich gefährdet, selbst wenn sie ihre Arbeit verlieren oder weil das Geld für die Behandlung einer Krankheit fehlt. Durch diese Zunahme an allgemeiner Sicherheit sind wir nicht mehr permanent von massiven Ängsten begleitet und unser Alltag erfordert seltener Mut als früher – wir sind bequemer geworden. Überspitzt gesagt bleiben wir mit i-Phone, Notebook und Facebook in der geistigen und physischen Komfortzone und können virtuell unsere eigene Identität modellieren. Von daher sind die meisten Menschen auch weniger gewohnt, mutig zu handeln. Das täuscht uns allerdings darüber hinweg, wie sehr wir Mut immer noch brauchen, nur in einer anderen Form. Konfrontiert mit einem Informations- und Marketing-Overkill müssen wir den Mut haben, nicht alles zu glauben, was irgendwer uns weismachen will. Wir müssen lernen, in einer Gruppe zu widersprechen und unsere eigene Position argumentativ zu vertreten. Dazu gehört auch der Mut, eigene Fehler einzugestehen, was uns oft genug schwerfällt. Man denke an so manche politische Affäre und die oft beschriebene „Salami-Taktik": immer nur so viel zugeben wie gerade nötig, anstatt wirklich zu einem Fehler zu stehen.

Nicht nur, um in der Gesellschaft zu bestehen, sondern auch, um als selbstbestimmte Bürger durchs Leben zu gehen, sind diese Fähigkeiten essenziell. Mut ist wie kaum etwas anderes gefragt, gerade da, wo das Persönliche wichtig wird. Wie kann uns eine Rückbesinnung auf alte Tugenden wie die des Mutes helfen, mit den großen Herausforderungen des Alltags besser zurechtzukommen? Dazu gehört eben auch, sich mit ein paar in die Jahre gekommenen Weisheiten auseinanderzusetzen, zum Beispiel damit, was uns schon Sokrates und Aristoteles vorschlugen, oder was seit Jahrhunderten in religiösen Schriften wie der Bibel steht. Wir müssen nicht einmal an Gott glauben, um zu erkennen, dass „alte" Werte und Tugenden wie eben Mut uns einen Orientierungsanker geben und als Inspiration dienen können für unsere Ziele und unser Handeln auf dem Weg dorthin. Mut und Vision, Mut und furchtloses Nachvorneschauen sind unweigerlich miteinander verbunden.

Eine der über lange Sicht wichtigsten gesellschaftlichen Fragen ist die Zukunft der Demokratie. Mut ist dabei notwendiger denn je! Eine wesentliche Herausforderung ist die Beteiligung von Bürgern an der

Zivilgesellschaft, in der jeder Einzelne den Mut hat, sich als aktiven Bestandteil darin zu sehen.

Auf den ersten Blick scheint es, als wäre es geradezu angesagt, sich als Bürger in die Gestaltung unserer Gesellschaft aktiv einzubringen, seine Rechte auf Mitbestimmung einzufordern und nicht bloß andere – Politiker oder Lobbyisten – für sich entscheiden zu lassen: Der Protest ist salonfähig geworden in Deutschland. Die meisten von uns können sich wahrscheinlich noch gut erinnern, wie sie in letzter Zeit für oder gegen eine Sache auf die Straße gegangen sind. Die Demonstrationen für oder meistens eigentlich gegen Großprojekte wie Stuttgart 21, den Berliner Großflughafen, die Hamburger Elbphilharmonie, oder auch der oben erwähnte Ausbau der Energienetze in vielen Teilen Deutschlands waren mehr als die Ansammlung von einer Handvoll Protestierenden. Zu allem Überfluss beunruhigt uns auch noch die nicht enden wollende Finanz- und Eurokrise. Die aktive Beteiligung von Bürgerinnen und Bürgern an der Gestaltung der Gesellschaft ist gut und wichtig. Doch allzu oft haben sie eines gemeinsam: Proteste, Aufmärsche, Demonstrationen und nicht zuletzt der gerade bei Nutzern von sozialen Medien angesagte „Shitstorm“ sind mehr geprägt von Wut und einer Stimmung *gegen* etwas, als von dem Mut, *für* etwas einzustehen.

Der Wutbürger nimmt also den Platz ein, den eigentlich der Mutbürger innehaben sollte. Mit Wut meinen wir Kritik am Status quo, ohne eine alternative Richtung oder einen besseren Weg aufzuzeigen. Wut bedeutet aber auch, Angst zu haben, einen anderen, möglicherweise risikoreicheren Weg zu gehen. Daher lähmt Wut die Fähigkeit, Ideale und Visionen konstruktiv zu entwickeln und ihnen zu folgen. Die Verleihung des Friedensnobelpreises an die Europäische Union im Oktober 2012 hat eindrucksvoll daran erinnert, dass es für ein Europa des Friedens und der Verständigung mehr braucht als Wut über die Eurokrise, über die Griechen oder über Angela Merkel. Das Nobelkomitee mahnt mit dieser Ehrung, dass es Mut braucht, für eine gemeinsame Vision einzustehen, für sie zu leben und sie zu verteidigen. Jeder Bürger kann und muss diesen Mut als Teil einer aufgeklärten Zivilgesellschaft zeigen. Doch was umfasst eigentlich das Mutigsein?

Mut hat viel damit zu tun, nicht nur mitzulaufen, sich nicht nur um seine eigenen unmittelbaren Interessen oder Bedürfnisse zu kümmern. Mutig ist, wer dafür und nicht nur dagegen ist. Für eine Alternative die vielleicht auch mehr Risiko und Abkehr von Gewohntem bedeutet, für eine Idee oder Vision, und für das transparente und selbstkritische Diskutieren dieser Idee mit anderen. Das bedeutet für jeden Einzelnen auch, sich daran zu machen, nicht nur sich selbst zu verwirklichen, sondern sich auch als Teil einer Gesellschaft zu sehen, die auf die Partizipation aller Bürger angewiesen ist.

Peter ist immer noch nicht ganz klar, wie er die Tugend des Mutes auf seinen Alltag anwenden kann. Wir brauchen ein Verständnis von Mut, das uns zeigen kann, wie jeder Einzelne als aktiver Gestalter der Gesellschaft mitwirken kann und sollte. Es geht also um die Frage der Möglichkeiten und Formen der Mitwirkung und Partizipation als Teil einer aktiven Zivil- bzw. Bürgergesellschaft. Manch kritischer Wissenschaftler spricht vom „Mut gegenüber anderen und sich selbst". Pater Barnes sagt, dass wir den Mut und die Tapferkeit in uns tragen, die uns ermöglicht, an uns selbst zu glauben. Diesen Mut müssen wir auch in unser Handeln integrieren, um der Welt mit Mut zu begegnen. Daraus ergibt sich ein, nennen wir es „progressives", Verständnis von Mut als ein zentraler Baustein für die Gestaltung der Demokratie der Zukunft.

Die Globalisierung und die Macht der Märkte, die Krise des klassischen Nationalstaats und sich immer stärker integrierende und voneinander abhängige Gesellschaften in Europa sowie im Rest der Welt stellen uns vor die gewaltige Herausforderung, unsere Demokratie zukunftsfest zu machen. Viele bekannte und weniger bekannte Philosophen haben dieses Phänomen beschrieben. Der deutsche Philosoph und Sozialkritiker Jürgen Habermas beispielsweise verwendet den Begriff der *postnationalen Konstellation* und versucht damit die Verschiebung der Machtverhältnisse zu erklären von einzelnen Nationalstaaten hin zu staatsähnlichen postnationalen Organisationen wie den Vereinten Nationen, aber auch privaten Unternehmen. Der französische Soziologe Tourraine fordert vor diesem Hintergrund neue Impulse aus der Mitte der Gesellschaft durch eine Zivilgesellschaft „von unten".

Seit dem Ende des Zweiten Weltkrieges und besonders nach dem Fall des Eisernen Vorhanges hat uns die Geschichte eine dramatische Lektion erteilt: Viel deutet darauf hin, dass in einer globalisierten Wirtschaft einerseits ökonomische Entscheidungen ein immer größer werdendes Gewicht und Auswirkungen auf den Rest der Welt-Gesellschaft haben und sich andererseits diese Entscheidungsprozesse aus dem nationalen Rahmen lösen und immer häufiger der politischen Steuerung entziehen. Man denke dabei nur an multinationale Unternehmen, die über Landesgrenzen und Landesgesetze hinweg operieren und über einen größeren Umsatz verfügen als manches Staatsbudget. Gleichzeitig droht die parlamentarische und nationalstaatliche Demokratie in ihrer jetzigen Form zu einem politischen Markt zu verkümmern, auf dem Parteien wie Unternehmen agieren und dem Wahlvolk wie am Fließband produzierte Volksvertreter anpreisen. Das Primat der Politik gegenüber der Wirtschaft schwindet. Die Finanzkrise und die fortwährend notwendigen Kraftakte europäischer Regierungen gegen die Macht der Finanzmärkte haben uns schmerzhaft belehrt, dass die Politik im Zweifelsfall zwar dafür einstehen muss, Verluste aus unternehmerischen Fehlverhalten zu „sozialisieren", doch dem „business as usual" nach der Krise nicht viel entgegenzusetzen hat.

Wir sehen einen demokratischen Nationalstaat, der auf schwachen Füßen steht, dessen Institutionen erschöpft oder in ihrer Handlung beschränkt sind. Regierungen können nur bis hin zu ihrer Staats- und demnach Einflussgrenze hin regieren. Das bedeutet, dass die immer mehr global gewordenen Probleme – ökologische wie der Klimawandel, soziale wie Massenmigration, oder ökonomische wie ausufernde und unkontrollierbare Finanzmärkte – außerhalb ihrer Reichweite liegen. Außerdem wird es immer schwerer, die Komplexität dieser Herausforderungen alleine zu begreifen, geschweige denn gemeinschaftlich und auf globaler Ebene zu lösen. All das lässt sich zweifelsohne auch auf die lokale Ebene herunterbrechen, wenn es beispielsweise darum geht, lokale Interessen mit regionalen oder gar globalen Interessen abzuwägen – wir erinnern uns an Peters Gedanken zum Trassenausbau. Viel wichtiger ist aber, dass sowohl die Ursachen wie auch Symptome globaler Probleme oft auf der lokalen Ebene zu finden sind und auch dort gelöst werden müssen. Gerade hier kommt der Zivilgesellschaft und jedem einzelnen Bürger als Teil davon eine immer wichtiger werdende Rolle zu. Wir glauben, dass uns die Rückbesinnung auf die antike Tugend Mut entscheidend dabei helfen kann, diese Rolle konstruktiv auszufüllen. Ein historischer Rückblick hilft, um Antworten auf die oben aufgeworfenen Fragen zu finden.

III. Die antike Tugend Mut

Früher, in alten Zeiten, verband man Mut und Tapferkeit mit Kampf oder Gefahr. Mut war mehr körperlich als geistig zu verstehen. Ein Ritter galt als mutig, wenn er dem Feind ins Auge sah und ohne

Angst ins Gefecht zog. Wagemut hieß, sich etwas zu trauen und fähig zu sein, etwas zu wagen. Schon in der antiken Philosophie galt die Tugend Mut, eng verwandt mit der Tapferkeit, als Maßregel, die das menschliche Verhalten leiten und Handlungsanforderungen an jeden Einzelnen stellen sollte. Gepaart mit den Tugenden der Klugheit und Gerechtigkeit, verkörperte der Mut eine Grundhaltung und Bereitschaft, zugunsten höherer Werte Gefahren und Opfer auf sich zu nehmen. Er bildete den Gegenpol zu Furcht und Angst. Mutig sein bedeutete, persönliche Ängste zu kennen, ohne sich von ihnen bestimmen zu lassen, sie also zu überwinden und sich für einen guten Ausgang einzusetzen.

Aristoteles beschreibt 322 vor Christi sein Verständnis von Mut in seiner Nikomachischen Ethik. Er konzentriert sich dabei vor allem auf die Suche nach dem sittlich Schönen und der Ehre sowie das Überwinden von Gefahren. Aristoteles lehrt, dass der Mut die Tugend sei, die Mitte zwischen zwei Lastern finden zu können und in Balance zu halten. Ein Zuviel an Mut wäre Tollkühnheit oder Hochmut, ein Zuwenig wäre Feigheit. Während der Feige sich zu sehr von seiner Angst leiten lässt, geht der Tollkühne sorglos mit seinem Leben oder den Gefahren um. Mut bedeutet jedoch nicht bloß Freiheit von Angst. Er ist vielmehr die Fähigkeit, die Angst mit einem Willen zu überwinden, der stärker und selbstloser ist als diese selbst. Mut wird dann zur Tugend, wenn er einem selbstlosen Zweck dient – dem Nächsten oder der Gemeinschaft. In der antiken Erzählung ist Mut deshalb auch die herausragende Tugend aller Heldinnen und Helden. Angst schützt den Menschen, sie ist ein wertvoller Instinkt. Damit stellt die Angst eine Probe dar, denn nicht sie soll den Menschen beherrschen, sondern der Mensch sie.

Von der Antike beeinflusst schrieb Thomas von Aquin als wichtigster Vertreter der Philosophie des Hochmittelalters einige hundert Jahre später, dass die *fortitudo* – die Seelenstärke, der Mut – die Vorbedingung für jegliche Tugend sei und im Angesicht der körperlichen Gefahr gleichzeitig eine von ihnen. Demnach ist die Tugend Mut eine Kardinaltugend, Dreh- und Angelpunkt für die anderen Tugenden. Für Aquin zeugt eine mutige Handlung von einem hohen Maß an Beherrschung, Würde und innerer Freiheit. Der Mut zur Wahrheit bedeutet Risikobereitschaft und ist wesentlich für den geistigen Fortschritt.

Wie selbstverständlich wird die Tugend Mut seit der Antike auch mit einer ethischen Komponente verbunden, der Verantwortung für das Gemeinwesen. Wirklicher Mut erforderte also Verantwortung. Nur wer sein Handeln nicht nur vor dem eigenen Gewissen verantworten kann, sondern auch vor den Menschen dafür geradestehen kann, die davon betroffen sind, ist im ethischen Sinne mutig. In diesem Sinne beweist moralischen Mut, wer gegen Missstände vorgeht, eigenen Idealen folgt und sich dabei auch gegen die Mehrheit zu stellen traut. Die Geschichte ist voll von Persönlichkeiten, die den Mut hatten, für ihre Überzeugungen und Wahrheiten sogar das Leben hinzugeben, einige der bekanntesten sind vielleicht Sokrates, Giordano Bruno, Sophie Scholl oder Martin Luther King.

Auch heute noch gilt jemand als mutig oder tapfer, wenn er nicht zurückschreckt vor Gefahren, oder, um es in aktuellerer Sprache auszudrücken, vor Herausforderungen und widrigen Situationen. Das ist auch gut so! Auch Kants Aufforderung *sapere aude* wird in seiner Definition der Aufklärung zum Wahlspruch der Epoche: „*Habe Mut, dich deines eigenen Verstandes zu bedienen!*" Aufklärung im Sinne Kants ist demnach Ermutigung zu selbstständigem Denken durch das Überwinden von Faulheit und Feigheit. Davon abgewandelt wird Mut oft definiert als über der Norm liegender Einsatz zur Überwindung drohender Gefahr, der sich in aktivem oder defensivem Verhalten äußern kann.

Mit dem Leitbild des „aufgeklärten" Mutes als Basis können wir für die Gestaltung einer Gesellschaft, die nachhaltig, zukunftsfähig, demokratisch und transparent sein soll, ein moderneres, weiter gefasstes Verständnis von Mut entwickeln. Mut sollte heißen, sich aktiv an der Gestaltung einer guten Gesellschaft zu beteiligen. Aufgeschlossen auf Veränderungen einzugehen. Eigene Argumente zu formulieren, diese vorzubringen, und ebenso die des anderen zu hören, kritisch abzuwägen, zu akzeptieren oder mit einer guten Begründung einen konstruktiven Gegenvorschlag zu unterbreiten.

IV. Mut als Handlungsmaxime: Vom Wutbürger zum Mutbürger!

Wer sich mit dem Thema Partizipation und Zivilgesellschaft auseinandersetzen kann und will, ist mutig! Es dürfte nicht allzu fantastisch anmuten, wenn wir behaupten, dass ein Mangel an gesellschaftlicher Partizipation nicht einfach bloßem Egoismus oder dem alleinigen Interesse an den unmittelbar eigenen Belangen entspringt. Es scheint oft so, als wären wir in Deutschland in einer Art Winterschlaf – wie Peter, der nicht nur die Möglichkeit hatte, sondern sogar dazu aufgefordert wurde, sich aktiv an der Diskussion zum Netzausbau zu beteiligen. Er hatte nicht den Mut dazu und ist nun wütend über vollendete Tatsachen. Diese Trägheit betrifft nicht nur die Politik, sondern zieht sich durch das ganze Leben: eine gähnende, lasche Stagnation, die nirgendwohin führt außer in die Langeweile, und das, ja, schon für eine lange Weile.

Es reicht nicht aus, mit dem Finger auf „die Politiker" zu zeigen. Das wäre allzu einfach, und damit lassen sich Probleme nur sehr schwer lösen. Eine Kultur des Protestes hat sich in den letzten Jahren gerade in Deutschland hervorgetan, seien es die Debatten um Bahnhöfe, Flugrouten oder Atomkraftwerke. Diese Form der Bürgerbeteiligung an Prozessen der öffentlichen Willensbildung ist grundsätzlich gut und wichtig, wenn sie versucht, die Defizite einer parlamentarischen Demokratie auszugleichen und auch der Politikverdrossenheit eines großen Teils der Bevölkerung durch deren Einbindung entgegenzuwirken. Allerdings endet solches bürgerliches Engagement oft, sobald unsere unmittelbaren Interessen nicht mehr betroffen sind, etwa die Ruhe im eigenen Garten oder die schöne Aussicht auf den gegenüberliegenden Berg. Einen Schritt weiter zu gehen, sich für eine Sache, das Erkennen und Lösen von langfristigen und zum Teil globalen Problemen einzusetzen, die den Einzelnen nur mittelbar betreffen, das erfordert Mut!

Leider erleben wir nicht nur in Deutschland, sondern in vielen Teilen Europas allzu oft eine Kultur des Mitlaufens und des Gutheißens von oberflächlichen Parolen, die Probleme eher auf „die anderen" abwälzen, als sich wirklich mit deren Ursachen auseinanderzusetzen; den bequemen Weg also. Sei es die fortwährende Debatte um die Integration andersgläubiger Mitbürger, die zweifelsohne ein wesentlicher Teil unserer Gesellschaft geworden sind, unsere angeblich so ausufernden Sozialsysteme und die nur bedingt gerechtfertigten Vorurteile ihres exzessiven Missbrauchs durch bestimmte Bevölkerungsgruppen oder die Krise um Europa und den Euro, bei der die Schuldigen oft in möglichst weiter Entfernung gesucht werden. Nicht selten wird die scheinbar einfachste Lösung zur Behebung eines Problems präsentiert, ohne deren Vor- und Nachteile oder auch nur die Symptome näher zu analysieren.

Mutig kann nicht sein, wer stets dagegen ist, wer die Ursache für ein Problem zuerst beim anderen sucht oder fortwährend kritisiert. Wer mutig ist, hat eigene Argumente, ist sich des Für und Wider bewusst. Er hört auch auf andere, und er hat den Mut, am Ende das bessere Argument gelten zu lassen. Zu dieser Art von kontinuierlichem Diskurs gehört mehr Mut als zum bloßen Protest.

Die Idee einer mutigen Zivilgesellschaft und ihres aktiven Zusammenspiels mit Politik und anderen Akteuren aus Wirtschaft und Gesellschaft ist nicht grundsätzlich neu und soll hier auch nicht neu erfunden werden. Dennoch brauchen wir wieder mehr Mut, denn es gibt in unserer Gesellschaft noch zu viel Fingerzeigen auf „die da oben“, beispielsweise Manager oder Politiker, oder „die da unten“, beispielsweise Hartz-IV-Empfänger oder Immigranten. Dazu kommt eine Form des Protestes, bei dem sich Meinungen gebildet haben, ohne wirklich das Problem zu kennen, geschweige denn die Argumente der anderen Seite gehört, aber auch kritisch hinterfragt zu haben.

Mut wie hier verstanden soll sich nicht nur auf den einzelnen Bürger im Privaten beziehen. Es muss ebenso für Vertreter aus Politik, Wirtschaft und allen anderen Teilen der Gesellschaft gelten. Ein Politiker, der im Hinterzimmer Entscheidungen auskungelt und vor allem an seine Wiederwahl denkt, ohne sich mit den Argumenten der Betroffenen selbstkritisch auseinanderzusetzen, ist nicht mutig. Mutig ist eher, wer eine Vision hat und bestimmte Ideale vertritt, diese fortwährend transparent, kritisch und im offenen Diskurs hinterfragt und auch unter schwierigen Umständen für diese Ideale einsteht.

Unternehmer oder Manager, die nur nach ihren eigenen Interessen handeln, sind nicht mutig. Sie wären es, wenn sie sich mehr als bisher selbstkritisch mit den Argumenten der Interessengruppen oder Stakeholder auseinandersetzten, die von ihren unternehmerischen Entscheidungen im Guten wie im Schlechten betroffen sind oder die das Unternehmen zum Verwirklichen seiner eigenen Ziele benötigt. Zum Mut gehört die Erkenntnis, dass zum Erreichen von legitimen unternehmerischen Zielen nicht nur kaufkräftige Konsumenten, sondern auch eine intakte Gesellschaft und Dialog notwendig sind, für die sich ein Manager einsetzen muss. Alle Verantwortung zum Beispiel für fehlende Regulierung beim Umweltschutz auf den Staat abzuwälzen, reicht nicht mehr aus. Der an seinen nationalen Rahmen gebundene Staat ist in vielen Belangen nicht mehr in der Lage, eine nachhaltige Zukunft alleine und ohne die Mithilfe von Zivilgesellschaft und Wirtschaft sicherzustellen.

Auch ein Bürger ist nicht mutig, wenn er sich einer Welle des Protestes anschließt, ohne zu hören, worum es eigentlich geht, welche Argumente ausgetauscht werden zwischen Für und Wider, zwischen Interessen, die eher dem Gemeinwohl oder eher dem individuellem Wohl dienen. Insbesondere das Phänomen des sogenannten Wutbürgers hat in letzter Zeit verstärkte Aufmerksamkeit erfahren, auch durch eine Reihe von prominenten Protestwellen in Deutschland bestärkt. Doch Wutbürger sind nicht mutig, sie sind wütend. Nicht selten wehren sie sich gegen den Wandel hin zu einer nachhaltigeren Zukunft ihres Landes. Der Wutbürger will bewahren, was er hat und was er kennt, und ist oft nicht willens, die Interessen einer sich fortlaufend ändernden Gesellschaft über die eigenen Partikularinteressen zu stellen. Franz Walter umschrieb im SPIEGEL das Phänomen Wutbürger – obgleich etwas zugespitzt – recht passend: „Für den in der Regel hoch gebildeten, etwas älteren und meist gut situierten Wutbürger stehen seine persönlichen Vermögenswerte auf dem Spiel, wenn plötzlich Biogasanlagen, Windräder oder Stromtrassen in seinem bis dahin beschaulichen Örtchen den Blick auf eine malerische ‚Caspar-David-Friedrich-Landschaft' verstellen oder wenn Ferienflieger vom letzten Urlaub die Ruhe im Vorgarten empfindlich stören sollten". Mut und die Rolle eines aufgeklärten Bürgers in einer modernen Zivilgesellschaft müssen also Hand in Hand gehen.

Was können wir nun hierzu aus den Grundideen und der Entstehungsgeschichte der Zivilgesellschaft lernen? Schon Aristoteles prägte, neben seinen grundlegenden Gedanken zur Tugend Mut, den Begriff der *bürgerlichen Gesellschaft* (*politiké koinonia* oder *πολιτική κοινωνία*), einer Gemeinschaft von Bürgern, die gemeinsam das Gute „tugendhaft" verwirklichen sollten. Die Zivilgesellschaft bezeichnet er als einen Teil einer Gesellschaft, der zwischen dem staatlichen, wirtschaftlichen und privaten Raum entstanden ist – oder, in anderen Worten, zwischen Staat, Markt und Familie. Oft wird die Zivilgesellschaft im Sinne einer Art Dreiteilung des Gemeinwesens beschrieben, die sogenannte Trilektik: Parallel zur Sphäre des Staates und derjenigen der Wirtschaft kommt als dritte Sphäre die Zivilgesellschaft hinzu. In dieser Sphäre schließen sich Bürger zusammen, um Interessen zu vertreten, die über ihren eigenen unmittelbaren Interessen stehen.

Die Zivilgesellschaft wird also als ein öffentlicher Raum verstanden, in dem eine Vielzahl mehr oder weniger organisierter bzw. unabhängiger Vereinigungen Ziele verfolgt, die – den Idealen Aristoteles' folgend – in erster Linie dem Gemeinwohl dienen sollten. Nichtregierungsorganisation wie Greenpeace oder Amnesty International setzen sich weltweit für Umweltschutzziele oder die Einhaltung von Menschenrechten ein. Global gesehen hat sich die Zahl solcher Organisationen seit Anfang der neunziger Jahre nahezu verdoppelt. Viele davon setzen sich für die verschiedensten gemeinnützigen Belange ein. Implizit wird das Ziel verfolgt, die Bedeutung der Zivilgesellschaft auf globaler Ebene zu erhöhen, ihr einen institutionellen Rahmen zu geben und Themen wie Umweltschutz, soziale Gerechtigkeit und Menschenrechte zur Sprache zu bringen. Auch Nichtregierungsorganisationen und ihre Vertreter sind nicht zwangsläufig mutig, wenn sie ihre Partikularinteressen nicht mit denen ihrer Gegenüber sorgsam abwägen. Auch von ihnen bedarf es Mut, sich dem kritischen Dialog zu stellen und eigene Positionen mit anderen gegenüberzustellen und zu balancieren. Sie müssen genauso demokratischen Legitimationsprozessen unterworfen sein wie die anderen gesellschaftlichen Akteure – Wirtschaft, Politik oder Wissenschaft – unabhängig davon, für welche Sache sie sich nun im Speziellen einsetzen.

Für eine funktionierende Zivilgesellschaft und für aktive Nichtregierungsorganisationen als ein wichtiger Bestandteil davon, ist die Partizipation aller Bürgerinnen und Bürger an wichtigen gesellschaftlichen Entscheidungen unabdingbar. Dass so etwas funktionieren kann, zeigt uns – zumindest in abgewandelter Form – beispielsweise die Schweiz mit ihren Formen der Basisdemokratie oder der partizipativen Demokratie. Das Idealbild einer funktionierenden Zivilgesellschaft lässt sich deshalb auf zwei elementare Aktivitäten herunterbrechen: Einerseits das gemeinsame Engagement von Bürgern zur Lösung kleinerer oder größerer Probleme, die weder der Staat noch der Markt noch die Familie zufriedenstellend lösen kann oder will. Andererseits das aktive Mitbestimmen, also die kontinuierliche politische Einflussnahme von Bürgern auf Staat und Markt. Eine moderne Zivilgesellschaft ist demnach eine Art politischer Ordnung, in der Demokratie ausgehend von der Eigeninitiative der Bürger wahrgenommen und gestaltet wird.

Die Beteiligung an demokratischen und meinungsbildenden Prozessen gerade auch über die Teilnahme an Wahlen und Abstimmungen ermöglicht nicht „nur" die Mitwirkung an karitativen und wohltätigen Aufgaben. Sie erhebt darüber hinaus auch den Anspruch, systematisch auf die gesellschaftliche Entwicklung gestalterisch Einfluss zu nehmen. Dafür soll keineswegs eine demokratisch gewählte Regierung abgelöst oder in ihren ohnehin schrumpfenden Handlungsspielräumen noch weiter beschnitten werden. Ganz im Gegenteil kann eine aktive Zivilgesellschaft die wichtige Aufgabe übernehmen, konstruktive Antworten gerade in solchen Bereichen zu finden und ergänzen, wo Regierungen aus den oben erläuterten Gründen nicht mehr ausreichend in der Lage dazu sind.

Wir stehen vor der Herausforderung, eine demokratische, transparente und nach den Prinzipien der Nachhaltigkeit ausgerichtete Zivilgesellschaft im Sinne der Tugend des Mutes zu gestalten und zu leben. Dabei müssen die drei Teilbereiche der Gesellschaft, Politik, Wirtschaft und Zivilgesellschaft, nicht gegeneinander arbeiten, sondern Gemeinsamkeiten aktiv suchen und kommunizieren. Was bedeutet das also für jeden Einzelnen, insbesondere für den aufgeklärten und mutigen Bürger? Nicht ein Wutbürger, sondern ein Mutbürger sorgt dafür, als aktiver Gestalter der Zivilgesellschaft seine Aufgabe zu übernehmen, mit einem Gefühl der Selbstbestimmtheit und Verantwortung. Mutbürger haben keine Angst vor Neuem oder vor Veränderung. Sie wollen lernen und die Zukunft gestalten, nicht aufhalten. Sie schaffen es, den alten Gegensatz von „uns da unten" gegen „die da oben" aufzulösen. Mutbürger sehen ein, dass es im Wesen der Demokratie liegt, allen Beteiligten unter allen Umständen eine gleiche Stimme geben zu müssen. Auch sehen sie ein, dass dieses Vorgehen nicht zwangsläufig dazu führt, dass jeder jeden Kompromiss oder jede Lösung immer als gleichermaßen ideal empfindet. Anzuerkennen, dass dieses Verhalten langfristig eine lebendige Demokratie und nachhaltige Gesellschaft festigen kann, erfordert zweifelsohne Mut.

Literaturempfehlungen

- Mut statt Wut: Aufbruch in eine neue Demokratie. Claus Leggewie, Edition Körber Stiftung, 2011.
- Die Tugend des Mutes – Nietzsches Lehre von der Tapferkeit. Alexander-Maria Zibis, Königshausen & Neumann Verlag, 2007.
- Mut. Kardinaltugend der Menschenführung. Richard Egger, 2007. Orell Füssli Verlag.
- Wieviel Gemeinschaft braucht die Demokratie? Aufsätze zur politischen Philosophie. Charles Taylor, Suhrkamp Verlag, 2001.
- Mut: Lebe wild und gefährlich. Osho, Allegria Taschenbuch Verlag, 2004.
- Zivilgesellschaft: Theorie und politische Praxis. Frank Adloff, Campus Verlag, 2005.

Kapitel 4

GERECHTIGKEIT

Gerechtigkeit, die (f.),
lat. iustitia

Von
Wolfgang Gründinger

Gerechtigkeit für Generationen – Der Mensch als Teil einer Generation

„Si vis pacem, cole iustitiam“ (lat.)
„Wenn du Frieden willst, pflege die Gerechtigkeit“
Inschrift über dem Haager Friedenspalast

I. Story: „Meine Kinder sollen es einmal besser haben"

Ein Besuch bei einer ganz normalen WG in Berlin. Patrick ist 23 Jahre alt, mit ihm teilen sich die beiden Mädels Marie, 24, und Jennifer, 28, eine schöne Altbauwohnung im Samariterkiez. Sie sind jung, sie haben Träume. Es sind drei Biografien junger Menschen, die typisch für ihre Generation sind.

Alles schien gut zu laufen. Patrick hat in Windeseile seine Ausbildung zum Friseur durchgezogen, er ist stolz darauf, wie oft die Kunden sein Talent loben. Seinen Job beim Billigfriseur – Haarschnitt acht Euro, Stundenlohn 4,50 Euro netto – hat er an den Nagel gehängt, um in einem Nobel-Hotel den Schönen und Reichen die Haare zu schneiden. Das gibt mehr Geld, obwohl er weniger arbeiten muss. Eine solche Chance bekommt er kein zweites Mal, das weiß er. Zwar kann er dort nur zwei Tage pro Woche arbeiten, aber der Lohn reicht, um die Miete für das WG-Zimmer zu bezahlen und das Bier am Wochenende. Den Rest der Woche nutzt er, um sich ein zweites Standbein als freiberuflicher Fotograf aufzubauen. Die Traumkarriere flackert am Horizont.

Marie hat ihr Germanistik-Studium abgebrochen. Jetzt kellnert sie, nicht ihr Traumjob, aber man muss ja von irgendwas leben. In der Freizeit tippt sie auf einer alten Schreibmaschine, sie will ein Drehbuch schreiben, in ihrem eigenen Film die Regie führen, vielleicht ja mal ganz groß rauskommen, aber auf jeden Fall Kunst machen. Es passt irgendwie.

Vollbeschäftigt, unbefristet, glücklich: der Dreiklang aus einem Lied der Hamburger Indie-Band *Kettcar* trifft am besten auf Jennifer, die älteste der WG-Bewohner. Sie ist Verkäuferin in einem Buchladen, 40 Stunden die Woche, unbefristeter Vertrag, und fühlt sich ganz wohl. Es ist kein fetter Scheck, den sie einstreicht. Aber sie kommt gut über die Runden, und sie fühlt sich wohl in ihrem Job.

Dann bricht für Patrick auf einmal eine Welt zusammen. Das Hotel verlängerte seinen befristeten Vertrag nicht, wider alle Erwartungen, entgegen allen Versprechungen. Auf einmal steht er auf der Straße. Er bewirbt sich bei einem anderen Friseursalon, arbeitet dort einen halben Tag zur Probe. Der Chef ist zufrieden, alles top. Aber dann heißt es, er sei zu jung, signalisiere daher nicht die nötige Kompetenz. Patrick versteht: Wer zu jung ist, den bringen auch Talent und Fleiß nicht weiter. „Geringfügig, befristet, raus“, heißt das bei *Kettcar.*

Doch er gibt nicht auf, bewirbt sich als Kellner in dem Restaurant, in dem auch Marie jobbt. Auch hier ist der Chef zufrieden mit dem, was Patrick schafft, wie er mit den Kunden umgeht. Trotzdem wird er abgelehnt. Als Marie nach den Gründen fragt, antwortet der Chef: Patrick ist schwul, und das wolle er hier nicht. Im Zorn über den homophoben Chef kündigt Marie auf der Stelle. Jetzt stehen beide auf der Straße, ohne Arbeit. Auf Facebook wird Patrick später selbstironisch schreiben: „Hartz IV ist keine Selbstständigkeit, Leute!“. Träume, Schäume.

In der Zeitung liest Patrick ständig über die „Generation Praktikum“: also die Ausbeutung junger, arbeitseifriger Praktikanten, die mit „Aufwandsentschädigungen“ von 50 Euro pro Woche abgespeist werden, während die Unternehmen im selben Atemzug reguläre Vollzeitjobs wegrationalisieren. Doch die „Generation Praktikum", ein inzwischen vieluntersuchter und immer wieder nachgewiesener Trend, ist nur die Spitze des Eisbergs, ein Problem eher für Studierende brotloser Künste wie Soziologie oder Germanistik. Dass ein junger, talentierter Mensch Probleme bekommen könnte, eine Arbeit zu finden, von der er leben kann – das hatte Patrick lange nicht gedacht. Er war in dem Glauben aufgewachsen und erzogen worden, dass Leistung sich lohnt. Jetzt ist er arbeitslos. Lebt von Hartz IV. Mit 23.

Sein Scheitern begreift Patrick als persönliches Scheitern, als sein eigenes Versagen. Er ist aber auch in eine Zeit hineingeboren, in der es heißt: Hilf dir selbst, weil dir sonst keiner hilft. Keine Arbeit? Selbst schuld! Für die Rente? Selbst sparen!

Patrick lässt sich seinen Mut nicht nehmen. Seine Generation ist in materieller Sicherheit groß geworden. Es gab immer genug zu essen, eine warme Wohnung und schnelles Internet. Es herrscht Frieden, die Grenzen sind offen. Die junge Generation hat allen Grund, zufrieden zu sein. Patrick weiß das. Er jammert nicht. Er wird seinen Weg finden, da ist er sich sicher.

Zwei Monate später sieht die Welt denn auch wieder ganz anders aus. Marie hat einen neuen Job als Kellnerin in einer kleinen Bar gleich um die Ecke gefunden, für die Abendschicht von 19 Uhr abends bis 1 Uhr morgens. Bei Patrick sieht es zwar schlechter aus, aber das Arbeitsamt (er weigert sich, das neue Wort „Arbeitsagentur" zu verwenden) hat ihm eine Fortbildung zum Makeup-Artist vermittelt. Seine Mutter, alleinerziehend, unterstützt Patrick mit allem, was sie kann. Das hilft, über die Durststrecke hinwegzukommen. Ihr Wunsch war doch immer gewesen: „Meine Kinder sollen es einmal besser haben."

Als die Bankenkrise ausbricht, hat der Staat plötzlich Milliarden übrig hat für Bankenrettung und Abwrackprämie. Politiker und Wirtschaftsexperten jonglieren mit Zahlen, die sich Patrick nicht im Traum vorstellen kann. Wie viele Millionen? Oder Milliarden? Zwei, drei, dreihundert? Hieß es nicht bisher immer, der Staat habe kein Geld – für Bildung, für Kinderbetreuung, Sozialstaat oder Umweltschutz? Manager, die das Land in die Scheiße geritten haben, bekommen eine Abfindung in Millionenhöhe; marode Banken bekommen einen Rettungsfonds; die Autoindustrie bekommt die Abwrackprämie; die Alten bekommen eine Rentengarantie. Patrick bekommt – nichts. Ist das noch gerecht?

II. Ein faires Miteinander

Patrick gehört zu einer Generation, die ein schweres Erbe antreten wird. Die junge Generation muss die Folgen der Bankenkrise tragen, die ihr in Form von Zinsen und Zinseszinsen des staatlichen Schuldenexzesses ins Haus stehen. Zusätzlich muss die nachrückende Generation die Folgen des Klimawandels und der Rohstoffverknappung ausbaden. Patrick wird auf einem aufgeheizten Planeten mit versiegenden Bodenschätzen, überfischten Meeren und vernichteter Artenvielfalt leben, während die heute dafür verantwortlichen Entscheidungsträger in Politik und Wirtschaft längst aus dem Amt – und unter der Erde – sind.

Klar: Seine Generation erbt auch das Vermögen seiner Elterngeneration. Doch das Vermögen ist ungleich verteilt: Wer hat, dem wird gegeben. Und obendrein führt die Verlängerung der Lebenserwartung dazu, dass die Menschen immer älter sind, wenn sie von der Erbschaft ihrer Eltern profitieren. Wenn jemand neunzig Jahre alt wird, bekommt der Sohn oder die Tochter das Erbe erst, wenn er oder sie selbst bereits sechzig oder siebzig ist. Das Erbe wird also von „sehr alt" zu „alt" verteilt, und nicht von „alt" zu „jung".

Einem Politiker fällt es oft schwer, ethisch richtig zu handeln. Erst recht, wenn die Verantwortungsethik auch die künftigen Generationen respektieren soll. Eine Legislaturperiode dauert vier bis fünf Jahre. Aktiengesellschaften müssen sich häufig an Quartalszahlen ausrichten. Klimakrise, Atomkrise und Rohstoffkrise prägen unseren Planeten aber für Jahrtausende. Kurzzeitdenken und Zukunftsverantwortung passen oft nicht zusammen.

„Allgemein gesagt ist jede parlamentarische Demokratie auf einem Strukturproblem aufgebaut, nämlich der Verherrlichung der Gegenwart und der Vernachlässigung der Zukunft", so die Einsicht von Altbundespräsident Richard von Weizsäcker. „Es ist nun einmal so, dass wir nicht anders regiert werden können und regiert werden wollen als durch auf Zeit gewählte Vertreter, die mit ihrem Angebot zur Lösung der Probleme gar keinen weiteren Dispositionsspielraum zur Verfügung gestellt bekommen als den ihrer Legislaturperiode. Damit will ich nicht behaupten, dass die gesamte politische Repräsentanz keinen Sinn für langfristige, zukünftige Aufgaben hätte. Nur steht sie vor der Notwendigkeit, sich Mehrheiten zu beschaffen."

Bei dieser Mehrheitsbeschaffung können allerdings die künftigen Generationen nicht mitwirken – selbst nicht einmal die erste nachrückende, also die heute junge Generation, da alle unter 18-jährigen vom Wahlrecht ausgeschlossen sind. Der Berliner Demokratieforscher Prof. Wolfgang Merkel schreibt: „Reformen, die erst in weiterer Zukunft ihre Früchte tragen, sind für Politiker, die wiedergewählt werden wollen, auf dem Wählermarkt irrational. Das Interesse an der Maximierung von Stimmen und der Durchsetzung einer bestimmten Politik kollidieren unter solchen Bedingungen."

Der Begriff der Generationengerechtigkeit hat sich daher nicht ohne Grund in den letzten Jahren im politischen und gesellschaftlichen Sprachgebrauch etabliert. Generationengerechtigkeit ist ein Schlagwort, das in der Diskussion um Rentenreformen ebenso verwendet wird wie in Debatten um Jugendarbeitslosigkeit, Umweltschutz oder Staatsverschuldung. Oftmals mag der Vorwurf zutreffen, das Schlagwort „Generationengerechtigkeit" werde als „neoliberaler" Kampfbegriff instrumentalisiert, um soziale Konflikte zu kaschieren und politische Projekte mit einer moralischen Legitimationsfassade zu versehen, die eigentlich aus ganz anderen Gründen gewollt sind – nämlich zur Umverteilung von „unten" nach „oben".

Dennoch ist Gerechtigkeit zwischen Generationen – also zwischen Jung und Alt, zwischen Heute und Morgen – eine Sphäre der Gerechtigkeit, die immer mehr an Bedeutung gewinnt. Denn noch nie hatte der Mensch eine so große Macht, die Zukunft zu beeinflussen und künftigen Generationen ihre fundamentalen Lebensbedingungen zu diktieren.

Gleichzeitig sorgt der demografische Wandel dafür, dass es immer mehr Alte gibt und immer weniger Junge. In einer Demokratie übersetzt sich Masse in Macht. Wer wählt, der zählt. Die Alten geben den Ton an: in Parteien, Gewerkschaften, Verbänden. Innerhalb der Familien mag sich die Omi liebevoll um ihre Enkeltochter kümmern, aber auf gesellschaftlicher Ebene spitzen sich die Verteilungskonflikte zu. Eine empirische Studie des ideologisch unverdächtigen Max-Planck-Instituts für demografische Forschung räumt mit der Lebenslüge auf, die Älteren würden sich um das Wohl der jungen Generation sorgen. Die großangelegte, repräsentative Befragung von 14.000 Menschen belegt: Je älter ein Bundesbürger, desto weniger familienfreundlich ist die Politik, die er sich wünscht – und desto eher ist er einverstanden mit einem Rentensystem, das die Jungen stärker belastet. Dass ein 65-Jähriger eine Erhöhung des Kindergeldes befürwortet, ist um 85 Prozent weniger wahrscheinlich als das Einverständnis eines 20-Jährigen. Die Zustimmung zu flexibleren Arbeitszeiten für Eltern ist bei Alten nur halb so groß wie bei Jungen. Auch die Zustimmung zu öffentlicher Kinderbetreuung nimmt ab dem 60. Lebensjahr radikal ab. Zugespitzt formuliert: Sobald sie ihr eigenes Portemonnaie bedroht sehen, ist es den Alten plötzlich ziemlich gleichgültig, wie es jungen Familien, Teenagern und Studenten geht.

Die Rechte und Interessen der jungen Generation drohen unterzugehen, wenn die Themen der Alten die Agenda dominieren und den Diskurs bestimmen. Auch ohne den „Krieg der Generationen" an die Wand zu malen, täte eine ruhige Auseinandersetzung mit der Gerechtigkeit zwischen den Generationen daher ganz gut.

Wie ist es nun um die Generationengerechtigkeit in Deutschland bestellt? Wir möchten drei Bereiche herausgreifen, in denen wir die Generationengerechtigkeit als gefährdet sehen: Arbeitsmarkt, Rente und Staatsfinanzen.

1. Arbeitsmarkt und Sozialstaat: Die fetten Jahre sind vorbei

Patrick und seine Mitbewohnerinnen sind nicht allein. Wie ihnen geht es vielen in ihrer Generation. Jeder dritte Arbeitnehmer unter 35 Jahren ist „prekär" beschäftigt, d. h. in Leiharbeit, in ABM-Stellen oder befristeten Verträgen. Bei Berufseinsteigern sind es noch mehr. Viele hatten noch gar keinen unbefristeten Arbeitsvertrag. Mehr als jeder dritte jüngere Beschäftigte musste den Arbeitsplatz bereits ungewollt wechseln. Knapp ebenso viele waren schon einmal sechs Monate oder länger arbeitslos. Auch die Folgen der Bankenkrise mussten die Jungen ausbaden: Im Konjunkturabschwung haben die Jungen ihren Job sechsmal häufiger verloren als Ältere.

Was Ökonomen an Statistiken zusammengetragen haben, ergänzt sich zu einem Bild sozialer Spaltung. Die Mittelschicht zerfasert, die Kluft zwischen Arm und Reich driftet auseinander. Selbst wirtschaftlicher Aufschwung geht an den meisten Arbeitnehmern nahezu spurlos vorbei, weil der Beschäftigungszuwachs vor allem im Niedriglohnsektor stattfindet und Lohnerhöhungen durch die Inflation aufgefressen werden. Eine Studie der Bertelsmann-Stiftung belegt ein wachsendes Lohngefälle und eine bedenkliche Zunahme von Niedriglohnjobs, Zeitarbeit, geringfügiger und befristeter Beschäftigung.

Die Lohnungleichheit ist inzwischen auf dem Niveau Großbritanniens und ähnlicher Länder, die bei ihrer Beschäftigungspolitik weniger auf sozialen Ausgleich achten. Niedriglöhne wurden in den letzten zehn Jahren in Deutschland sogar so stark beschnitten wie in keiner anderen Industrienation. Obwohl Unternehmensgewinne und Vermögenseinkünfte explodieren, wurden Körperschaftssteuer und Spitzensteuersatz laufend gesenkt, die Vermögenssteuer wurde gestrichen. Zugleich wurden Sozialleistungen gekürzt und Massensteuern wie z. B. die Mehrwertsteuer erhöht, obwohl die Löhne stagnieren. Wer nichts hat, dem hilft die Gesellschaft immer weniger. Sorgen um die wirtschaftliche Zukunft greifen um sich. Und das gilt für einen größer werdenden Anteil der nachrückenden Generation.

Guter Lohn für gute Arbeit – das war einmal. Früher reichte ein Gehalt, um eine ganze Familie zu ernähren. Heute brauchen viele Menschen zwei oder sogar drei Jobs, um über die Runden zu kommen. Mehr als ein Viertel aller Beschäftigten arbeitete im Jahr 2010 für Niedriglöhne, etwa 1,2 Millionen Menschen erhielten sogar nur fünf Euro Stundenlohn. Mini-Jobs, Leiharbeit und Werkverträge breiten sich aus. Die sogenannte Konzessionsbereitschaft steigt: Immer mehr Menschen sind immer mehr bereit, für Hungerlöhne zu schuften und gesundheitlich schädliche Arbeitsbedingungen hinzunehmen. Die Hälfte aller Berufsteinsteiger bekommt nur noch einen Job mit Ablaufdatum. Probezeit bis in alle Ewigkeit.

Gesetze und Tarifverträge tun ein Übriges: Sie bestimmen, dass Ältere häufig mehr Gehalt beziehen, besseren Kündigungsschutz genießen und länger Arbeitslosengeld bekommen. Das Tarifarchiv des Wirtschafts- und Sozialwissenschaftlichen Instituts der Hans-Böckler-Stiftung (WSI) hat beispielsweise ermittelt, dass der Kündigungsschutz „zweifelsohne einen starken Altersbezug" aufweist – teilweise bis zur Unkündbarkeit für Ältere. Im Zweifelsfalle fliegt ein junger Mensch ohne Vermögen, der gerade eine Familie gründen will, raus – während ein gut abgesicherter Älterer im Unternehmen bleiben darf. Das „Senioritätsprinzip" altersgestaffelter Löhne besitzt im öffentlichen Dienst immer noch faktische Gültigkeit, aber auch so manche Tarifverträge in der Privatwirtschaft beinhalten Regelungen, die indirekt an das Lebensalter geknüpft sind. Nicht immer sind die höheren Löhne jedoch durch Berufserfahrung gerechtfertigt.

Vielleicht hilft ja der demografische Wandel, dass sich die Probleme auf dem Arbeitsmarkt von alleine lösen, weil die Babyboomer in den Ruhestand gehen und weniger Junge nachrücken. Aber noch ist das nur eine Hoffnung, denn auch sinkende Arbeitslosenzahlen bedeuten nicht automatisch bessere Arbeit. Selbst frisch gebackene Hochschulabsolventen werden schlechter bezahlt als ihre Vorgänger – schließlich dauert ein Bachelor-Abschluss nur sechs Semester statt neun oder zehn Semester, wie das alte Diplom oder der Magister. Arbeit ist heute weniger wert. Nur eine glückliche Elite schachert sich gegenseitig die großen Gehälter zu. Ein Aufstieg aber ist schwierig, weil jeder fromme Wunsch der Chancengleichheit eben nicht mehr als das ist – ein frommer Wunsch, auf dem Papier. Wer nicht das Kind reicher Eltern ist, hat schlechte Karten. Der Tübinger Generationenforscher Prof. Jörg Tremmel sagt daher: „Die fetten Jahre sind vorbei – für die Jungen."

2. Rente: Der Generationenvertrag wird demontiert

„Die Rente ist sicher" – dieses Diktum von Norbert Blüm klingt in den Ohren der heutigen Zuschauer nur noch abwegig. Das Vertrauen in den Generationenvertrag ist erodiert. Kein junger Mensch glaubt heute daran, dass er später eine Rente bekommt – so selbstverständlich es für die alte Generation war, ihre sichere Rente verdient zu haben, für so selbstverständlich halten es die heute Jungen, dass sie keine Rente mehr bekommen werden. Sobald das erste Gehalt da ist, wird nach einem Riester-Sparvertrag Ausschau gehalten. Für die Jungen ist das ganz normal.

Der Generationenvertrag besagt, dass die mittlere Generation für den Unterhalt sowohl der noch nicht erwerbstätigen Jungen als auch der nicht mehr erwerbstätigen Alten sorgt, in dem Wissen, ihrerseits in der Jugend versorgt worden zu sein, und im Alter ebenfalls auf eine entsprechende Versorgung vertrauen zu können. Grundlage des Generationenvertrags ist ein Austausch von Ressourcen, der weder auf strikter Äquivalenz von Leistung und Gegenleistung noch auf voller Reziprozität beruht. Dieser Vertrag ist freilich nie schriftlich niedergelegt oder unterzeichnet worden; aber er bildet die ideelle, normative Grundlage des sogenannten „Umlageverfahrens" unseres Rentensystems.

Die Rentenversicherung ist ein Symbolthema für Gerechtigkeit zwischen Alt und Jung. Wenn in den Medien zum „Krieg der Generationen" getrommelt wird, dann heißt es meistens: Die Renten der Alten müssen gekürzt werden, damit für die Jungen auch noch was übrig bleibt. Der jungen Generation würde das aber nicht helfen.

Das eigentliche Problem ist nicht, dass die heute Alten zu gut versorgt wären. Andersherum wird ein Schuh daraus: Die heute Alten sind gut versorgt durch eine solidarische Rente. Die junge Generation kann aber nicht mehr darauf vertrauen, auch selbst im Alter gut versorgt zu sein, obwohl sie doch die Renten der heute Alten finanziert.

Der Generationenvertrag wird demontiert. Das Umlageverfahren, demzufolge die mittlere, arbeitende Generation die Rentner finanziert, um im Gegenzug selbst von der dann mittleren Generation ebenso versorgt zu werden, wurde durch viele Reformen in den letzten Jahren mehr und mehr aufgeweicht. Die Riester-Reformen senken das Rentenniveau in den kommenden zwei Jahrzehnten erheblich ab. Ökonomen sagen voraus, dass die Altersarmut für die heute Jüngeren zurückkehren wird.

An die Stelle der gesetzlichen Rente sollen private Sparverträge treten, die sogenannte „Riester-Rente". Sie hat, wegen der vergleichsweise strengen Regulierung, die Finanzkrise gut überstanden. Aber ob die Renditen wirklich höher sind als beim Umlageverfahren, kann bezweifelt werden. Gesetzlich festgeschrieben ist nur, dass zumindest so viel ausbezahlt werden muss, wie einbezahlt wurde. Außerdem wird die Riester-Rente aus dem Staatssäckel subventioniert. Wer Geld hat, der widmet einfach seine bisherigen Sparvermögen aus nichtgeförderten Anlagen in geförderte Anlagen um. Das Sparvermögen der Gesellschaft wird dann zwar nicht größer, aber die Reichen haben sich Staatsgelder abgegriffen. Dass ein Riester-Vertrag im Übrigen so kompliziert ist, dass ihn nicht einmal viele Experten durchschauen – geschweige denn ein junger Mensch, der für sich den „besten" Vertrag ausfindig machen soll –, kommt noch dazu.

Die Jungen sollen sparen, doch die heute Alten bekommen außerplanmäßige Rentenerhöhungen und eine Rentengarantie, im Vorwahlkampf von der Großen Koalition beschlossen. Die Rentengarantie war dabei ein sehr herber Verstoß gegen den Generationenvertrag. Nach der bisherigen Rentenlogik stiegen die Renten, wenn die Löhne stiegen; umgekehrt müssten folgerichtig die Renten sinken, wenn die Löhne sinken. Doch die Rentengarantie schuf eine einseitige Privilegierung für die Alten auf Kosten der Solidargemeinschaft. Kaum ein Wissenschaftler hielt die Rentengarantie für angebracht, geschweige denn für fair. Aber Rentnerlobbyistin Ulrike Mascher, Chefin des größten deutschen Sozialverbands VdK, drohte: „Wer die Rentengarantie infrage stellt, muss damit rechnen, bei der Bundestagswahl abgestraft zu werden."

Not für die Rentenkürzung – die, wie gesagt, nicht in erster Linie die heute Alten trifft, sondern hauptsächlich die heute Jungen – hätte nicht bestanden. Die steigenden Beitragssätze lagen nämlich nicht an der demografischen Alterung, sondern daran, dass die Rente aus Beiträgen auf abhängige Arbeit finanziert wird. In Zeiten stagnierender Löhne, prekärer Beschäftigung und hoher Arbeitslosigkeit reißt dieses System zwangsläufig große Löcher in die Rentenkasse. Während die Beitragssätze stetig anstiegen, blieb der Anteil am Bruttoinlandsprodukt, der für die Altenversorgung aufgewendet wird, hartnäckig konstant bei rund zehn Prozent des BIP. Auch bei einer älter werdenden Gesellschaft muss das nicht anders werden: Denn für die Finanzierbarkeit der Sozialversicherungen zählt nicht, wie alt eine Gesellschaft ist, die den Wohlstandskuchen backt, sondern wie groß der Wohlstandskuchen ist, der verteilt werden kann. Wenn genug investiert wird in Kinderbetreuung, Bildung, Integration, Forschung und Entwicklung, dann kann die Wirtschaft auch in einer älteren Gesellschaft sogar produktiver sein als heute. Demografischer Fatalismus ist falsch, weil die Altersstruktur nur einen Faktor unter vielen für das Finanzierungsgleichgewicht der sozialen Sicherungssysteme darstellt.

Das heutige Rentensystem ist besser als sein Ruf. Die Umlagefinanzierung muss auch weiterhin die mit Abstand wichtigste Säule der Altersversorgung bleiben, ergänzt durch private und betriebliche Kapitalvorsorge. Es kann aber nicht einfach alles so bleiben, wie es ist. Die Einnahmebasis muss dringend auf breitere Beine gestellt wird. Auch Spitzenverdiener, Beamte, Notare, Anwälte und Apotheker müssen in die Solidargemeinschaft einbezogen werden. Wird die einseitige Fixierung auf die abhängige Erwerbsarbeit beibehalten, dann gräbt sich das Rentensystem das Wasser ab. Durch eine Erneuerung des Generationenvertrags hin zu einer wirklichen Solidargemeinschaft und durch konsequente Investitionen in Produktivitätssteigerungen kann die Last des demografischen Wandels geschultert werden.

Anstatt das Umlageverfahren zu diskreditieren, steht eine Grunderneuerung des solidarischen Generationenvertrags an. Viel steht auf dem Spiel: für die junge Generation die Hoffnung auf eine sichere Versorgung im Alter, die es auch ihr ermöglicht, vom zukünftigen

Wohlstandsfortschritt zu profitieren; für die ältere Generation die Frage, ob sie auch in Zukunft am Wohlstandsfortschritt in gerechter Weise teilhaben kann, oder ob sie von der Gesellschaft zum Almosenempfänger degradiert wird; für unseren Sozialstaat die Frage, ob er weiterhin seiner Funktion für die freie Entfaltung der Individuen gerecht werden kann oder ob er endgültig als Relikt des vergangenen Jahrhunderts verabschiedet wird. Es gibt alle Hände voll zu tun. Der Generationenvertrag muss nicht „gekündigt", sondern erneuert werden!

3. Staatsfinanzen: Sparen an der Zukunft

Die Finanzkrise hat den staatlichen Schuldenberg auf ein Rekordniveau von über zwei Billionen Euro befördert. Die Vergangenheit wurde in Form von Rentengarantie, Abwrackprämie und HypoRealEstate teuer gerettet. Rund 400 Milliarden neue Schulden wurden in der Finanzkrise aufgenommen, plus 15 Milliarden Zinsen jährlich. Ein immer größerer Anteil des Staatshaushalts wird von den Zinszahlungen aufgefressen, ohne dass dadurch der Schuldenberg auch nur um einen Cent abgetragen würde. Die Gestaltungsfreiheit der Politik wird sich unter dem Zinsdiktat des Schuldenbergs weiter verschmälern. Das Parlament wird zum Insolvenzverwalter der Republik degradiert. Immer öfter muss es heißen, dass dieses oder jenes so dringend gewünschte und gebrauchte Projekt „nicht finanzierbar" ist.

Neue Schulden sind nur dann verantwortbar, wenn sie die Grundlage für den Wohlstand der Zukunft schaffen – also für Investitionen in die Zukunftsfähigkeit der Gesellschaft verwendet werden. Mehrwertsteuersenkung für Hotels, Abwrackprämie und die Rettung maroder Banken gehören sicherlich nicht dazu. Im Handumdrehen wurden fünf Milliarden auf Pump für eine Abwrackprämie locker gemacht, die keinerlei nennenswerte ökologische Kriterien kannte – um den Ausbau der Kinderbetreuung, der mit 2,5 Milliarden viel weniger kostet, musste hingegen jahrelang gerungen werden. Unser Bildungssystem ist im Vergleich mit anderen Industrieländern mit 20 Milliarden Euro strukturell unterfinanziert – gemessen wohlgemerkt am Durchschnitt, nicht an den Spitzenreitern.

Während für Bildung, Jugend und Umwelt um jeden Cent gekämpft werden muss, traut sich die Politik nicht an die Privilegien der Alten und der mächtigen Wirtschaftslobbys. Bei den internen Regierungsverhandlungen über das jüngste Sparpaket waren einzig und allein die Steuerzuschüsse zur Rentenkasse von vornherein von Kürzungen ausgenommen. Als der damalige hessische Ministerpräsident Roland Koch empfahl, bei Bildung und Kinderbetreuung dürfe es keine Spar-Tabus geben, ging zwar ein Sturm der Entrüstung durchs Land – doch genau dort wurde im gleichen Atemzug allerorts gekürzt: Schleswig-Holstein legte das versprochene kostenfreie dritte Kita-Jahr auf Eis, Hamburg sattelte auf die Kita-Gebühren bis zu hundert Euro pro Monat drauf, die Bundesregierung kürzte Alleinerziehenden in Hartz IV das Elterngeld und schob die versprochene Verlängerung der Vätermonate auf die lange Bank. Die Kommunen kündigten an, den angekündigten Ausbau der Kinderbetreuung finanziell wohl nicht mehr stemmen zu können. „Frauen und Kinder zuerst!" – Diese Losung wird vor allem dann beachtet, wenn es ums Einsparen geht.

Die deutschen Hochschulen sollen in der ersten Liga spielen, doch gleichzeitig wird die Bildung kaputt gespart. Auch das unbeugsame Bayern lebt von der Substanz, wie der Bauzustand der Uni Regensburg für jeden deutlich sichtbar offenbart. Von „Bayerns größter Bruchbude" spricht die Süddeutsche Zeitung: „Staatliche Gebäude verfallen zusehends, weil die Regierung am Unterhalt spart." Kein Einzelfall: Undichte Dächer, kaputte Heizungen, bröckelnde Wände und Decken, defekte Feuermelder – die Mängelliste deutscher Hochschulen ließe sich ellenlang fortsetzen. Das Knausern bei den Bildungsinvestitionen verschiebt gewaltige Lasten in die Zukunft. In einem Land, dessen wichtigster Rohstoff bekanntlich seine Köpfe sind, leidet die junge Generation unter sich verschlechternden Studienbedingungen. Kürzungen bei der Bildung verschieben eine versteckte Staatsschuld in die Zukunft. Denn noch schlimmer als leere Kassen sind leere Köpfe. Das Sparen an der jungen Generation kann sich unsere Volkswirtschaft nicht länger leisten.

III. Die antike Tugend: Gerechtigkeit

Gerechtigkeit ist ein weit gespannter Begriff: Gerechtigkeit zwischen Arm und Reich, Jung und Alt, Mann und Frau, Nord und Süd, Gegenwart und Zukunft. Gerechtigkeit (lateinisch: *iustitia*) meint einen Zustand des Miteinanders, in dem Interessen, Güter und Chancen angemessen verteilt sind. Kein Wunder, dass seit Jahrtausenden darüber gestritten wird, was eigentlich als „gerecht" anzusehen ist, von Platons *Politeia* bis zu John Rawls' modernem Gesellschaftsvertrag.

Bereits in der griechischen Antike war *dikaiosyne* ein Leitgedanke der Tugend- und Staatslehre. Platon vertrat ein Verständnis von Gerechtigkeit, das modernen Anschauungen fremd sein dürfte: Die menschliche Seele beinhaltet demnach die Tugenden Weisheit, Tapferkeit und Besonnenheit. Wenn die drei Seelenteile in einem ausgewogenen Verhältnis zueinander stehen, folgt daraus Gerechtigkeit. Wie die Seele besteht auch der ideale Staat der platonischen Utopie aus drei Teilen: den Philosophen, den Wächtern (Kriegern) und den Arbeitern. Gerechtigkeit besteht nun darin, dass jeder „das Seine tut" – also die Philosophen herrschen, die Krieger kämpfen und die Arbeiter arbeiten. Für freie Selbstentfaltung bleibt in diesem Gesellschaftsentwurf wenig Spielraum; die Aufgaben eines jeden Bürgers sind naturgegeben und werden im Kindesalter durch eine Talentprüfung ermittelt. Die materielle Güterverteilung ist ebenfalls kaum veränderbar; die Philosophen und Wächter leben dabei in einer Art Kommunismus und besitzen kein Privateigentum.

Sein Schüler Aristoteles entwickelte bereits Gerechtigkeitstheorien, die den modernen Ideen ähnlich sind. Das Gerechte ist demnach nicht nur eine persönliche Tugend, sondern muss stets als eine Beziehung zwischen Menschen gedacht werden. So müsse sich die Verteilung von Gütern, Ämtern und Ehre nach den Verdiensten eines Menschen richten. Wer sich um die Polis besonders verdient gemacht habe, dem stünden auch Geld und Ehre zu. Von der Staatsutopie Platons hält Aristoteles nicht viel. Er plädiert für eine Mischverfassung zwischen Demokratie und Aristokratie, die Bestrebungen nach Gleichheit und Reichtum ausbalanciert und Ämter nach Klassen verteilt. Das sei der beste Weg, um Glück zum Nutzen vieler zu stiften und politischen Erschütterungen vorzubeugen.

Bis ins Mittelalter hinein wurde Gerechtigkeit metaphysisch begründet, d. h. als natürliche oder göttliche Ordnung diskutiert. Erst mit Thomas Hobbes kam in der Moderne die Idee des Gesellschaftsvertrags auf: eine (fiktive) Abmachung zwischen allen Mitgliedern einer Gesellschaft, die sich selbst aus Vernunft eine gemeinsame Ordnung geben. Mit der Industrialisierung und der Entstehung einer verarmten Arbeiterklasse entbrannte die Frage nach der sozialen Gerechtigkeit, die heute unter den veränderten Vorzeichen von Globalisierung, demografischem Wandel und Prekarisierung an Aktualität gewonnen hat. Bis zur Gegenwart haben sich verschiedene Strömungen herausgebildet, die jeweils andere Aspekte der Gerechtigkeit in den Vordergrund stellen: Der Egalitarismus stellt die Gleichheit in den Mittelpunkt, der Liberalismus betont die Bedeutung der individuellen Freiheit, der Kommunitarismus hingegen die Verpflichtung des Individuums gegenüber der Gemeinschaft.

Die über zweitausend Jahre währende Debatte über das Wesen von Gerechtigkeit kann hier unmöglich umfassend referiert werden, ohne etliche Aspekte unter den Tisch fallen zu lassen. Bis heute ist die philosophische Frage nach dem, was gerecht ist, nicht endgültig geklärt. Wir möchten daher einen Aspekt herausgreifen und tiefer beleuchten: die Idee der Generationengerechtigkeit, also der Verantwortung für kommende Generationen.

Wir möchten dabei von der Annahme ausgehen, dass – trotz der im Detail strittigen Lesart –Gerechtigkeit nur auf der Basis einer gewissen Gleichheit gedacht werden kann. Diese Ansicht teilt auch das deutsche Grundgesetz: Jeder Mensch hat die gleiche Würde und die gleichen Rechte. Niemand darf wegen Geschlecht, Religion, Hautfarbe oder Herkunft diskriminiert werden. Der Staat soll außerdem darauf hinwirken, dass tatsächliche Ungleichheiten beseitigt werden: Gleichartiges soll gleich behandelt werden, und Ungleiches soll entsprechend seiner Eigenheiten ungleich behandelt werden. Diesen Gleichheitsgedanken finden wir etwa bei der Geschlechtergerechtigkeit: Frauen und Männer sind gleichberechtigt, dürfen (und sollen) aber in objektiven Unterschieden ungleich behandelt werden, um so durch „positive Diskriminierung“ tatsächliche Gleichberechtigung herzustellen, beispielsweise durch Frauenquoten in den Parteien oder Unternehmen.

Wenn niemand wegen des Zeitpunkts seiner Geburt bevorzugt oder benachteiligt werden darf, dann folgt daraus, dass keine Generation vorsätzlich oder fahrlässig besser oder schlechter gestellt werden darf. Um eine unbeabsichtigte Schlechterstellung nachrückender Generationen zu vermeiden und weil eine Verbesserung der Lebensqualität fraglos wünschenswerter ist als ein Stillstand, ist allerdings eine Besserstellung nachrückender Generationen zumindest anzustreben. Unter diesen Prämissen gelangt man zu folgender Definition von Generationengerechtigkeit, wie sie der Tübinger Politikwissenschaftler Jörg Tremmel vorschlägt: „Generationengerechtigkeit ist erreicht, wenn die nachrückende Generation sich ihre Bedürfnisse mindestens im gleichen Ausmaß erfüllen kann wie ihre Vorgänger-Generation." Das ist nichts anderes als der alte Wunsch aller Eltern: Unseren Kinder sollen es einmal besser gehen, keinesfalls aber schlechter als uns.

Freilich haben seit jeher verschiedene Generationen verschieden große Chancen, sowohl generell im Leben als auch beispielsweise speziell auf dem Arbeitsmarkt – und somit auch verschieden große Chancen auf Einkommen, Lebensstandard und Selbstverwirklichung. Dies resultiert schon allein aus der sich ändernden Kohortengröße, aber auch aus sich wandelnden sozioökonomischen Rahmenbedingungen: Heute stellen sich angesichts der Globalisierung der Weltwirtschaft andere Herausforderungen als etwa in der Nachkriegszeit, sodass ein direkter Vergleich der Arbeitsmarktchancen zwischen damals und heute sicherlich nicht unproblematisch ist.

Doch sind diese Unterschiede einfach als Unglück hinzunehmen oder sind sie tatsächlich ein Verstoß gegen das Gebot der Generationengerechtigkeit? Nicht alle Lebensumstände können vom menschlichen Handeln beeinflusst werden, sondern sind teilweise einfach unabänderbare Folge externer Faktoren, also höherer Gewalt. Von Unglück kann man sprechen, wenn solche externe Ursachen vorliegen, die von der Gesellschaft nicht zu ändern sind. Für die Herausforderungen der Globalisierung wäre das, zumindest teilweise, wohl bestimmt der Fall.

Wenn aber beispielsweise Tarifverträge oder Gesetze zu Altersdiskriminierung führen oder diese zulassen, aber nicht korrigiert werden, handelt es sich nicht mehr um Unglück, sondern um wirkliche Ungerechtigkeit. Denn es wäre eine Möglichkeit vorhanden, die Generationen gleichzustellen – aber diese Möglichkeit wird nicht genutzt.

Generationengerechtigkeit gehört übrigens nicht zu den neumodischen Erfindungen unserer Tage. Der Kern dieses Leitbilds ist steinalt und lässt sich in der menschlichen Geschichte über Jahrtausende zurückverfolgen.

Der britische Philosoph John Locke notierte bereits 1690 in seinem berühmten *Second Treatise of Government*, künftigen Generationen solle ein Erbe „mindestens so viel und so gut" wie im heutigen Zustand zurückgelassen werden. Immanuel Kant befasst sich in seiner Kritik der Urteilskraft mit der Zerstörung der einst ausgedehnten Fichtenwälder, „wegen deren unvernünftiger Ausrottung wir häufig unsere Vorfahren anklagen". Der Dichter Novalis schrieb in seinem *Blüthenstaub*-Fragment: „Allen Geschlechtern gehört die Erde; jeder hat Anspruch auf alles. Die Frühen dürfen diesem Primogeniturzufalle keinen Vorzug verdanken." In seinem Hauptwerk *Das Kapital* notierte Karl Marx: „Selbst eine ganze Gesellschaft, eine Nation, ja alle gleichzeitigen Gesellschaften zusammengenommen, sind nicht Eigentümer der Erde. Sie sind nur ihre Besitzer, ihre Nutznießer, und haben sie als *boni patres familias* den nachfolgenden Generationen verbessert zu hinterlassen."

Auch außerhalb der Philosophie lässt sich Zukunftsverantwortung bereits in uralten Zeiten in allen Kulturen rund um die Welt nachweisen, wie Ulrich Grober in seinem Buch *Die Entdeckung der Nachhaltigkeit* ausführlich dokumentiert: Der Gedanke der Zukunftsverantwortung findet sich im „Sonnengesang" des Franziskus von Assisi ebenso wie bei den Bergbauern im Mittelalter, in der biblischen Schöpfungsgeschichte der Genesis ebenso wie in der jahrtausendealten Terrassenkultur Chinas. Schon vor Jahrhunderten hielten sich die russischen Walfänger an Schonzeiten, um den Bestand zu schützen, und die Bäuerinnen der Sahelzone versteckten einen Lederbeutel mit Saatgut für das nächste Jahr, um ihn vor kurzfristigem Verzehr zu bewahren.

Die ökologische Zerstörung durch die römischen Silberbergwerke in Spanien kritisierte bereits der griechische Geschichtsschreiber Strabon zur Zeit von Jesus Christus. Achtzig Jahre später klagte der römische Schriftsteller Plinius, die gesamte Vegetation sei vernichtet worden. Die Wälder waren als Brennholz gerodet worden, die Schwefelsäure der Silberverhüttung löste Nährstoffe aus den Böden, und die fehlende Vegetation ließ die Böden erodieren. Als Holz verknappte, war dies auch das Ende der Erzverhüttung. Die vor 2000 Jahren angerichteten Schäden sind bis heute deutlich sichtbar. In den Augen unserer heute lebenden Generation ist das Tun der Römer, die eine gesamte Landschaft für Jahrtausende vernichteten, gewiss nicht zu rechtfertigen.

Die Formel des „nachhaltigen Wirtschaftens" taucht explizit erstmals in der Forstwirtschaft auf, mit gutem Grund: Holz lieferte die wichtigste Energiequelle, und so wurde die Erhaltung des Waldes zu einer ökonomischen Überlebensfrage, die man durch ein Denken in Generationen sichern musste. Im England des 17. Jahrhunderts plädierte der Gartenplaner John Evelyn in seiner Abhandlung *Sylva or Discourse on Forest Trees*, die er im Auftrag der Royal Society verfasst hatte, für die großflächige Wiederaufforstung des Landes, um die englische Flotte dauerhaft mit genügend Bauholz versorgen zu können. Jede Generation sei „non sibi soli natus" (lat.: „nicht für sich allein geboren"), sondern „born for posterity" (engl.: „geboren für die Nachwelt"). Nur wenig später ließ sich der französische Finanzminister Colbert von der Formel der „bon usage de la nature" (franz.: „guter Nutzung der Natur") inspirieren und legte 1669 eine umfassende Verordnung für die Reform des Forstwesens vor.

Als Begründer der Nachhaltigkeitslehre in Deutschland gilt der kursächsische Oberberghauptmann Hans Carl von Carlowitz, der Verfasser der ersten geschlossenen Abhandlung über Forstwirtschaft. Angesichts einer drohenden Holzkrise formulierte er in seinem Werk *Sylvicultura oeconomica* (erschienen 1713) den heute jedem Kind bekannten Grundsatz, dass nicht mehr Holz geschlagen werden soll, als wieder durch planmäßige Anpflanzungen nachwachsen kann: „Wird derhalben die größte Kunst, Wissenschaft, Fleiß, und Einrichtung hiesiger Lande darinnen beruhen, wie eine sothane Conservation und Anbau des Holzes anzustellen, daß es eine continuirliche beständige und nachhaltende Nutzung gebe, weiln es eine unentbehrliche Sache ist, ohnewelche das Land in seinem Esse (althochdeutsch: Wesen, Dasein) nicht bleiben mag."

Generationengerechtigkeit ist als ethische Verpflichtung und ökonomisches Gebot lange bekannt und anerkannt. Man kann sie nicht als eine neumodische Hypermoralisierung oder als „neoliberalen" Kampfbegriff abtun, ebenso wenig, wie man soziale Gerechtigkeit als „linken" Kampfbegriff oder vorgestrig betiteln darf.

In der Moderne hat John Rawls, der berühmte US-amerikanische Gerechtigkeitsphilosoph, die Idee des Gesellschaftsvertrags wieder belebt und auf die Generationengerechtigkeit übertragen. In seiner *Theorie der Gerechtigkeit* beschäftigte er sich 1971 damit, wie sich eine Gesellschaft auf ein gemeinsames Verständnis des erhabenen Leitbilds „Gerechtigkeit" einigen könnte. Um das herauszufinden, verwendet der Harvard-Philosoph das Bild eines fiktiven Urzustands. In diesem Urzustand sitzen alle Mitglieder einer Gesellschaft am Verhandlungstisch und debattieren über gemeinsame Prinzipien für ihr Zusammenleben. Aber: Sie alle sind mit dem „Schleier des Nichtwissens" umhüllt: Sie wissen nicht, wie ihre spätere Position in der Gesellschaft sein wird; sie haben keinen Schimmer davon, ob sie reich oder arm, schwarz oder weiß, Mann oder Frau, behindert oder gesund, Investmentbanker oder Friseur sind.

Rawls glaubt, dass sich in einer solchen Verhandlungssituation die Teilnehmer darauf verständigen würden, dass soziale und ökonomische Ungleichheiten nur unter zwei Bedingungen gerechtfertigt sind: „Erstens müssen sie mit Ämtern und Positionen verbunden sein, die unter Bedingungen fairer Chancengleichheit allen offenstehen; und zweitens müssen sie den am wenigsten begünstigten Angehörigen der Gesellschaft den größten Vorteil bringen". Das heißt: Alle Menschen müssen auch ökonomisch gleich sein – es sei denn, die Ungleichheit kommt auch denen zugute, die am wenigsten haben. Schafft der Investmentbanker also mehr Wohlstand, weil er klug investiert und dadurch auch die Ärmeren profitieren, soll er mehr verdienen. Reitet er das Land in den Ruin, dann gibt es keinen Grund dafür, ihm immense Abfindungen und Boni auszuschütten.

Der „Schleier des Nichtwissens" gilt auch für die intergenerationelle Perspektive. Denn die Parteien am Verhandlungstisch besitzen schließlich auch keine Kenntnis von ihrer zeitlichen Position in der Gesellschaft. Sie wissen nicht, ob sie in der Steinzeit geboren sind, zur Zeit von Jesu Christi oder in unserer heutigen Welt des 21. Jahrhunderts. Rawls denkt darüber nach, wie eine intergenerationell gerechte „Sparquote" aussehen kann, d.h. zu wie viel Zukunftsvorsorge jede Generation ethisch verpflichtet ist. Vieles spricht dafür, dass diese Verhandlung ergeben würde, dass keine Generation bewusst benachteiligt oder bevorzugt werden darf: also die Idee der Freiheit von Diskriminierung – auch zwischen Alt und Jung, Heute und Morgen, mit anderen Worten: die Idee der Generationengerechtigkeit.

IV. Der Aufstand der Jungen

Generationengerechtigkeit ist ein hoch brisantes Schlagwort. Keine Haushaltsdebatte im Bundestag vergeht mehr ohne Sparappell, um den kommenden Generationen keinen Schuldenberg zu hinterlassen. Kein Umweltgipfel verstreicht, auf dem nicht von allen Seiten eine „nachhaltige Entwicklung" beschworen wird. Keine Rentenreform wird beschlossen, die nicht eine gerechte Lastenverteilung zwischen Alt und Jung verkündet.

Je mehr rhetorische Sonntagsreden gehalten werden, desto schneller geht der Ausverkauf der Zukunft weiter. So, wie die Freiheit des einen bei der Freiheit des anderen Halt macht, so müsste auch die Freiheit einer Generation dort ihre Grenzen finden, wo die Freiheit der nächsten Generation verletzt wird. Bei der Debatte um Generationengerechtigkeit geht es nicht um Verjüngungswahn, sondern um Fairness zwischen den Generationen. In allen Lebensbereichen wird derzeit auf Kosten der Zukunft gewirtschaftet: auf dem Arbeitsmarkt, bei der Rentenversicherung, in Sachen Staatsverschuldung, in der Ökologie. Die junge Generation wird links liegen gelassen und mit Rhetorik und Symbolpolitik abgespeist. Unsere Kinder werden es uns nicht danken.

Gerade die demografische Verschiebung macht die Frage umso dringlicher, wie die Generationen miteinander umgehen und leben wollen. Ob sich Jung und Alt in Respekt und Solidarität begegnen, sich als Last oder Bereicherung begreifen, entscheidet sich im alltäglichen Generationendialog – und insbesondere auch dadurch, ob die Alten die Jungen ernst nehmen. Generationensolidarität ist keine Einbahnstraße. Allein dadurch, dass die Jugendlichen quantitativ weniger werden, wird ihre Position in unserer Gesellschaft geschwächt. Die Definition des Gemeinwohls wird älter. Bei allen guten und gut gemeinten Ansätzen: Wir müssen daher aufpassen, dass die Jugend in Zeiten des demografischen Wandels nicht zur „vergessenen Generation" wird.

Die Medien prophezeien bereits einen „Krieg der Generationen", wenn die Alten immer mehr werden. Das ZDF hat aus den Schreckgespenstern der demografischen Alterung einen Film produziert. Der „Aufstand der Alten" – so der Titel – droht demzufolge im Jahr 2030. Die Alten halten darin aber nicht das Zepter in der Hand und steuern die Geschicke des Staates, sondern werden in Massenheimen zusammengepfercht und mit Beruhigungsmitteln ruhiggestellt, weil der Staat das Millionenheer an Rentnern nicht mehr finanzieren kann. Am Ende des Films ziehen plündernde Alte durch die Straßen, überfallen Apotheken und rauben Banken aus. Der Demografie-Thriller war anscheinend so erfolgreich, dass das ZDF mit einem zweiten Film nachlegte: Diesmal tobte ein wütender Mob verelendeter Obdachloser, die vom Rückbau sozialer Sicherungssysteme und der Prekarisierung auf dem Arbeitsmarkt in die Hoffnungs- und Chancenlosigkeit abgedrängt worden waren und sich von dieser Gesellschaft nichts mehr versprachen.

Die Science-Fiction-Dokumentarfilme illustrieren, was im schlimmsten Extremfalle auf uns zukommen kann, wenn gegenwärtige Trends nicht korrigiert werden. Die finsteren Untergangsvisionen der ZDF-Filmemacher sind bewusst überspitzt. So schlimm wird es nicht kommen. Mit den düsteren Prophezeiungen wollen die beiden Filme aufrütteln und Alarm schlagen. Sie wollen eine Debatte anfachen, wie wir in Zukunft leben wollen. Damit es am Ende eben doch nicht so schlimm kommt, wie es prophezeit wurde.

Man kann schon deswegen beruhigt sein, weil die Natur des Generationenkonflikts sich fundamental von anderen sozialen Konflikten unterscheidet. Denn Alt und Jung sind keine lebenslang getrennten Kontrahenten. Ob man zu den Armen oder zu den Reichen gehört, entscheidet sich wesentlich bereits durch die soziale Herkunft aus der Elternfamilie. Ob man zu den Frauen oder Männern, zu den Schwarzen oder Weißen gehört, ist qua Geburt festgelegt. Hingegen werden die heute Jungen morgen alt sein, und die heute Alten waren früher selbst einmal jung. Die Psychologie der Generationen ist auf wechselseitige Harmonie angelegt. Deshalb glaubt der angesehene Altersforscher Paul B. Baltes, dass die Jugend im Alter die eigene Zukunft erkennen könne und daher entsprechend umsichtig handle. Die Jungen seien gar die Schutzmacht der Alten, weil sie selbst im Alter ebenso beschützt werden wollen. Die Alten dächten im Gegenzug „intensiv an die nachfolgenden Generationen“ und seien bereit, „durch Bescheidung zu deren Wohlfahrt beizutragen.“ Daher werde es „nie zu einem wirklichen Krieg der Generationen kommen“. Man könnte sagen: Stell dir vor, es ist Krieg, und keiner geht hin.

Die Generationen sind auch in sich selbst keine homogenen Gebilde mit gleichgerichteten Interessen. Die alleinerziehende Mutter, die in einem Gemüseladen in einer bayerischen Kleinstadt ihr Brot verdient, hat sicherlich andere Vorstellungen vom „Gemeinwohl“ als der schwerreiche Bankierssohn in Frankfurt. Generationen haben also nur begrenzt einheitliche Interessen. Die sozialen Konflikte innerhalb einer Generation können und dürfen durch das Leitbild der Generationengerechtigkeit nicht verdeckt werden.

Der Jugend von heute wird oft vorgeworfen, sie sei eine charakterlose Generation ohne Gesicht. Doch diese Generation ist mehr als nur eine Anhäufung von Individuen, die zufällig im gleichen Jahrzehnt geboren wurden. Sie verbindet mehr: Freiheit, Globalisierung, Internet, grenzenlose Mobilität, ein friedliches Europa. Aber auch: Orientierungslosigkeit, Leistungsdruck, Massenarbeitslosigkeit, Hartz IV, Klimawandel, der 11. September, Irakkrieg, Bankenkrise. Sie verbindet eine Schizophrenie aus Konsumismus und Postmaterialismus, eine bizarre Mischung aus materieller Sorglosigkeit, persönlichem Zukunftsoptimismus und diffuser Zukunftsangst, aus Wut und unaufgeregter Skepsis, Ohnmacht und Tatendrang.

Diese Jugend ist nicht unpolitisch. Sie hat nur ein radikal anderes Verständnis davon, wie sie „Politik“ macht und die Gesellschaft gestalten will. Denn das Vertrauen in die Parteien und ihre Vertreter hat die junge Generation längst verloren. Es gibt gute Gründe, warum sich die Jugend unverstanden und nicht ernst genommen fühlt. Von ihren Repräsentanten fühlen sich viele junge Menschen nicht repräsentiert. Deshalb gehen den Volksparteien die Mitglieder aus, und deshalb sind die Wahlbeteiligungen so niedrig. Sie suchen sich andere Wege des politischen Engagements.

Eine Viertelmillion Schüler und Studenten organisierten sich im Sommer 2009 zum Bildungsstreik. Sie besetzten Hörsäle, belagerten Banken, blockierten die Kultusminister-Konferenz. Ihre Forderungen: Geld für Bildung statt für die Banken, mehr Freiräume zum freien Denken, gerechte Bildungschancen für alle. Zehntausende gingen etwa zur selben Zeit gegen Überwachungsstaat und für liberale Bürgerrechte auf die Straße. Über das Internet organisierten sie den Aufstand der Netzbürger gegen die geplanten staatlichen Internetsperren. 140.000 Menschen unterzeichneten eine Online-Petition gegen das Zensurgesetz, so viele wie bei keiner Petition zuvor. Vor allem junge Leute machten gegen den G8-Gipfel in Heiligendamm mobil, der sich hinter einem kapitalistischem Schutzwall aus Stacheldraht abschotten musste. Und ohne die Jungen hätten auch die Castor-Blockaden und Anti-Atom-Menschenketten ziemlich blass ausgesehen.

Das Gerede von der Null-Bock-Generation ist endgültig Quatsch von vorgestern. Der Geist der Veränderung liegt in der Luft. Die Bereitschaft zu Widerstand wächst. Es braut sich was zusammen. Eine Bürgerbewegung für Bildung, Bürgerrechte und Nachhaltigkeit bahnt sich an. Und die Jugend wird ihre Zukunft einfordern. Die neue Jugendbewegung ist bunt und heterogen. Sie findet nicht in großen Massendemos vor dem Kanzleramt statt – jedenfalls nicht nur. An vielen kleinen Orten überall im Land bewegt sich was: ob das Mahnwache-Protestcamp in Bonn, mit der Azubis für ihre Übernahme bei der Telekom kämpften, oder die Hip-Hop-Bands, bei denen Menschen mit Zuwanderungsbiografie soziale Probleme beim Namen nennen. Der Aufstand der Jungen wird so vielfältig sein wie die Jugend selbst ist.

Der Protest richtet sich nicht gegen die Alten, sondern gegen ein zerstörerisches Wirtschaftssystem und gegen eine Politik, die das Leben der Jungen nicht begreift. Es geht um Gerechtigkeit, reloaded. Der Aufstand der Jungen hat gerade erst begonnen.

Literaturempfehlungen

- Grober, Ulrich: Die Entdeckung der Nachhaltigkeit. Kulturgeschichte eines Begriffs. Kunstmann Verlag, 2010.
- Gründinger, Wolfgang: Aufstand der Jungen. Wie wir den Krieg der Generationen vermeiden können. C.H. Beck Verlag, 2009.
- Gründinger, Wolfgang: Wir Zukunftssucher. Wie Deutschland enkeltauglich wird. Körber Edition, 2012.
- Heidenreich, Felix: Theorien der Gerechtigkeit. Eine Einführung. UTB Verlag, 2011.
- Munimus, Bettina: Alternde Volksparteien. Neue Macht der Älteren in CDU und SPD? transcript Verlag, 2012.
- Tremmel, Jörg: Eine Theorie der Generationengerechtigkeit. mentis Verlag, 2012.
- Wilkinson, Richard und Pickett, Kate: Gleichheit ist Glück. Warum gerechte Gesellschaften für alle besser sind. Tolkemitt Verlag, 2010.

Kapitel 5

HOFFNUNG

Hoffnung, die (f.),
lat. spes

Von
Catriona McLaughlin

Die Grüne Erleuchtung – Hoffen auf die Energiewende

You may say I'm a dreamer
But I'm not the only one
I hope someday you will join us
And the world will live as one.
John Lennon

I. Story: Mondschatten in Manhattan

Ein grüner Blitz, ein lauter Knall. „Schnell, die Kamera!", ruft Martin seiner Freundin Elisabeth zu. Er greift den Apparat und rennt zum Fenster. Martin lugt nach draußen, der Wind peitscht ihm ins Gesicht. Der Blitz kam von links, aus der Richtung des Elektrizitätswerks in der 14. Straße. Ein zweiter Blitz erhellt die Wohnung im New Yorker East Village, dann ist alles dunkel. Nur der Sturm „Sandy" bläst durch die Straßen von Manhattan, bringt in dieser Nacht im Oktober 2012 die Stadt, die niemals schläft, zum Stillstand. Im gesamten unteren Teil Manhattans, von der Südspitze des Finanzdistrikts bis zur 39. Straße wird es für die nächsten Tage keinen Strom geben, keine U-Bahn, keinen Handyempfang. Supersturm „Sandy“ legt zum ersten Mal seit 1888 zwei Tage hintereinander die Wall Street lahm, überflutet die tiefer gelegenen Bereiche von Manhattan und Umgebung, nimmt vielen Menschen an der Ostküste der USA ihr Hab und Gut und zerstört über eine halbe Millionen Heime und Geschäfte. Lange Wochen müssen die Menschen nach dem Sturm auf Energie warten – das alte Stromnetz ist störanfällig und nur die wenigsten Menschen hier sind energieautonom.

Geht man an diesen Tagen wie Elisabeth und Martin durch die dunklen, stillen Straßen von Manhattan, die nur von dem starken Vollmond erleuchtet werden, wird deutlich: Energie bedeutet Leben, Wärme, Licht, Sicherheit – und Hoffnung. Ohne Energie ist es dunkel, kalt und gefährlich. Die Menschen sind in Gruppen unterwegs, Taschenlampenlicht streift ab und zu die fragenden Gesichter. Es liegt eine beklemmende Stille über der dunklen Zone, nur gelegentlich unterbrochen von dem Motor und dem flackernden blauroten Licht einer Polizeistreife, oder den Geräuschen einer Bar, die mithilfe von überteuerten Generatoren und Kerzen geöffnet hat. Elisabeth überquert mit ihrem Fahrrad die Brücke ins erleuchtete Brooklyn, wo sie bei einer Freundin warm duschen kann. Sie erfährt von Freiwilligen-Einsätzen in Queens, wo Sandy mit seinen Fluten ganze Küstenstreifen aufs Schlimmste verwüstet hat. Kein Benzin, kein Nahverkehr, kein Telefonnetz – nicht einmal Zugang zu warmem Essen haben die Menschen dort, die komplette Versorgung ist zusammengebrochen. Der Wiederaufbau wird Jahre dauern.

Wir in den Industrienationen haben längst verlernt, unser Leben ohne Strom führen zu können. Unsere Gesellschaft, unsere Wirtschaft, unsere Innovationen sind eng mit der Währung Energie verbunden.

Am Wochenende macht Elisabeth sich mit Schaufel und Gummistiefeln auf, um den Menschen in Long Beach, NY beim Ausräumen der durchnässten, stromlosen Häuser zu helfen. Sie ist nicht allein: Aus der ganzen Stadt kommen Freiwillige, organisieren sich selbst und bringen warmes Essen und Schaufeln mit. Die großen Hilfsorganisationen sind zu langsam, können nicht an den vielen Verwüstungsorten gleichzeitig sein. Nachbarschaftsverhältnisse werden plötzlich sehr wertvoll. Es sind Vereine, Clubs und Einzelpersonen, die sich schnell zusammentun, um Hilfebedürftige zu unterstützen. Vor Ort geben sie

Bescheid, wer Hilfe braucht. Eine Adresse ist das Haus von Bill Park, einem 75-jährigen Rentner. Er saß in seinem Haus, in dem er seit 1940 lebte, als die Fluten es erreichten. Erst als das Wasser ihm bis zur Hüfte reichte, schwamm er nur mit Mühe zum Nachbarn, der ein zweites Stockwerk besitzt. „Niemand hatte damit gerechnet, dass das Wasser so hoch reichen würde. Toll ist es, dass so viele Menschen kommen, um uns zu helfen", sagt er, vor den Trümmern seines Hauses stehend und noch dabei zu begreifen, was geschehen ist. Er sieht auf den kleinen Haufen an Habseligkeiten, die er vor dem ätzenden Salzwasser und dem stinkenden Schlamm retten konnte: ein Paar gute Lederschuhe, ein Bild seiner verstorbenen Frau, ein paar Bücher. Er gibt einen kleinen Seufzer von sich, als freiwillige Helfer seinen nun unbrauchbaren Ledersessel nach draußen tragen, sieht ihnen einen Moment hinterher. Dann gibt er sich einen kleinen Ruck. „Die Hilfe ist so wichtig", sagt er. „Ausschlaggebend ist dabei nicht, was sie genau tun, sondern dass sie kommen. Das gibt uns allen hier die Hoffnung, die wir brauchen, um weiterzumachen und durch diese Sache durchzukommen." Er blickt die Straße herunter, auf deren Gehwegen sich – von der Anrichte bis zum Zeitungsständer – das gesamte Innenleben der Wohnhäuser stapelt. „Ohne Hoffnung geht es einfach nicht weiter."

Die Kraft der Hoffnung kennt auch US-Präsident Barack Obama. Er setzte nach dem Sturm seinen Wahlkampf aus, besuchte die Menschen vor Ort in New York und New Jersey, und gab ihnen Zuversicht. Ein guter Schritt: Der Umgang mit Sandy verhalf ihm zusätzlich zur Wiederwahl. Für seine Wahlkampagne 2008 verband er sich erfolgreich mit dem Wort „Hope". Obama schaffte es, dass die Menschen an ihn glaubten, an seine Fähigkeit, eine Wende zu bewirken. Auch in Deutschland brauchen wir angesichts versiegender Energiequellen und extremer werdender Klimabedingungen wie „Sandy" Hoffnung und Zuversicht für eine wichtige Wende: die Energiewende. Eine der größten Herausforderungen unserer Zeit ist die Gestaltung einer nachhaltigen energetischen Versorgung – für uns und die nachfolgenden Generationen.

II. Hoffnungsvolle Investitionen

Was ist die Energiewende? Warum und warum jetzt? Trotz der Entwicklung von neuen Technologien und der Erweiterung auf den politischen Bereich ist die Grundidee des Begriffs „Energiewende“ dieselbe, die 1980 das Freiburger *Ökoinstitut* in seinem gleichnamigen Bericht formulierte: die Umsetzung einer nachhaltigen Versorgung der Menschen mit den Zivilisationsbausteinen Strom, Wärme und Mobilität. Die nachhaltige Versorgung bedeutet eine Abkehr von den herkömmlichen Energieträgern aus Kernkraft und fossilen Brennstoffen und eine Zuwendung zu erneuerbaren Energien, deren Nutzung unbedenklicher und langfristig möglich ist. Unser Planet bietet zahlreiche Quellen der Energiegewinnung: Wind, Wasser, Biomasse, Sonne, Erdwärme – die Möglichkeiten sind vielseitig und bisher nur zum Teil erschlossen.

Ein wichtiger Bestandteil der Energiewende ist Energieeffizienz. Nicht alle der oft jungen Alternativen zur Energiegewinnung sind bisher effizient genug. Immer wieder hören wir Berichte über gescheiterte oder überteuerte Projekte, Etikettenschwindel und versteckte Kosten. Natürlich gibt es keine Entwicklung ohne Entwicklungsschritte, keine Geburt ohne Geburtswehen. Die ersten Schritte sind gemacht: Besonders Solartechnologie und Innovationen im Bereich der Kraft-Wärme-Kopplung haben sich in den letzten Jahren stark entwickelt. Wir alle – einschließlich der Bundesregierung – sind gefragt, die Entwicklung unserer energetischen Versorgung zu lenken und die Spieler am Markt konsequent zu hinterfragen.

Nur intelligente Energieproduktion und effizienter Energiekonsum werden langfristig eine Abdeckung unseres Energiebedarfs garantieren. Energiepolitisch bedeutet die Energiewende deshalb auch eine Abkehr von der nachfrageorientierten Energiepolitik, welche einen steigenden Energiekonsum nicht infrage stellt und sich auf Versorgungssicherheit konzentriert. Eine angebotsorientierte Politik nimmt stattdessen auch den Konsum ins Visier und unterstützt die effiziente Nutzung der Energie, z. B. durch optimierte Wärmedämmung. Ob Ausbau des intelligenten, reaktionsfähigen Netzes, auch Smartgrid genannt, oder volle Effizienz: Die grundlegende Veränderung eines gesamten Systems erfordert selbstverständlich an sich viel Energie und Ressourcen. Doch es ist notwendig und dringlich, die erneuerbaren Energien zu erforschen und zu nutzen!

Fossile Brennstoffe, genau genommen auch eine Form der gespeicherten Solarenergie, sind nur begrenzt verfügbar und die Nebenwirkungen ihrer Nutzung in Form von CO_2 für unseren Planeten unverträglich. Dieser Energieträger bringt nicht nur Umweltschäden, sondern auch die wirtschaftliche und politische Abhängigkeit von anderen Ländern wie dem Rohstoff-Giganten Russland, sowie eine voraussehbare, unkontrollierbare Verteuerung der Rohstoffe mit sich. Lange wurde die Kernenergie als „saubere Energie“ vermarktet. Doch ihre Risiken, besonders die lang anhaltenden Gesundheitsschäden bei Unfällen und die ungelöste Endlagerung, erwiesen sich spätestens seit Fukushima als nicht mehr tragbar. Der Reaktorunfall in Japan 2011 beschleunigte den geplanten Atomausstieg der Bundesregierung – eine einmalige Reaktion unter den großen Industrienationen. 2022 soll das letzte Atomkraftwerk in Deutschland abgeschaltet werden.

Währenddessen soll der Strombedarf nicht mehr steigen, sondern bis 2020 um mindestens 10 Prozent sinken. Der Anteil erneuerbarer Energien am deutschen Bruttostromverbrauch, also inklusive der Verteilungsverluste und dem Eigenverbrauch der Kraftwerke, soll bis dahin 35 Prozent betragen, während der Treibhausgasausstoß um 40 Prozent gesenkt wird. Bis 2050 soll der Anteil sogar 80 Prozent erreichen, bei einer Senkung der Treibhausgase um 80 Prozent. Insgesamt soll der Brutto-Endenergieverbrauch, also die gesamte Energienutzung des Landes von Strom, Wärme, Kraftstoff und Biomethaneinspeisung, bis 2020 mindestens 18 Prozent betragen, während die Energieeffizienz steigt und der Energiebedarf sinkt. Die notwendige Unterstützung der Energiewende in der Bevölkerung ist gegeben: 2012 hielten 93 Prozent der Bundesbürger laut TNS-Infratest-Umfrage den verstärkten Ausbau der erneuerbaren Energien für „wichtig“ bis „außerordentlich wichtig“.

Während das „Ob“ der Energiewende zumindest in Deutschland nicht mehr infrage steht, entstehen beim „Wie“, also bei der Erfüllung des energiepolitischen Zieldreiecks aus Umweltverträglichkeit, Wirtschaftlichkeit und Versorgungssicherheit, wichtige Fragen:

- Kann mit der Wende tatsächlich eine Demokratisierung der Energiewirtschaft einhergehen?
- Inwieweit kann es eine Bürgerbeteiligung geben?
- Wer trägt die Kosten der Umstellung? Ist die Verteilung sinnvoll und gerecht?
- Welche Technologien sind sinnvoll? Sind die derzeitig genutzten erneuerbaren Energien die besten Alternativen?
- Kann die Energiewende noch scheitern?
- Wie national kann eine Energiewende in einem globalen System sein?

Bisher wurde der Energiemarkt von wenigen großen Unternehmen dominiert, die Großkraftwerke betreiben. Die Energiewende beinhaltet eine Abwendung von diesem rein zentralistischen System zugunsten einer dezentralen Flächenabdeckung mit neuen Anbietern. Erneuerbare Energien können oft vor Ort produziert werden, zum Beispiel in Form von Bürgerwindparks oder durch Solaranlagen von Privathaushalten. Es gibt bereits zahlreiche Initiativen: Durch die Dezentralisierung wird es für Bürger auf kommunaler Ebene möglich, sich einzubringen und beteiligt zu werden. In ländlichen, benachteiligten Regionen kann ein neues Wertschöpfungsfeld erschlossen werden. Energieautonome Kommunen könnten nicht nur ihre Netze selbst kontrollieren, sondern auch selbst Strom in das Netz einspeisen – eine derartige Demokratisierung der Energiewirtschaft würde eine echte Bürgerbeteiligung ermöglichen. Zwar entstehen bei einer Vervielfachung der Akteure neue Herausforderungen an Anbindung und Logistik, doch gleichzeitig erhöht sich die Netzstabilität durch die geringe Störanfälligkeit dezentraler Smartgrid-Strukturen. Die effizienteste Nutzung von Energie wird aus einer Verbindung von dezentralen Wechselstrom-Netzen und einem europaweiten Netz aus Hochspannungs-Gleichstrom-Übertragung (HGÜ) bestehen, welches Strom über weite Strecken transportieren kann. Es muss darauf geachtet werden, dass alle den Ausbau der HGÜ-Netze anteilig mittragen und davon mitprofitieren. Eine direkte Bürgerbeteiligung ist möglich: Es sollte sie für die Flächen geben, welche für HGÜ-Leitungen genutzt werden.

Von einer echten Demokratisierung sind wir derzeit noch ein ganzes Stück entfernt. Die Bürgerbeteiligung zeigt sich im Moment besonders in der Finanzierung des Ökostroms. Zwar sind die Bürger mit großer Mehrheit bereit, in die Umstellung zu erneuerbaren Energien zu investieren. Allerdings zahlen sie im Moment nicht nur den eigenen Strom, sondern durch die Ausgleichsregel des Erneuerbare-Energien-Gesetzes (EEG) die Kosten der größten Verbraucher in der Industrie gleich mit. Das EEG selbst ist ein sehr wichtiges Mittel in der Umsetzung der Energiewende. Die EEG-Umlage garantiert den Produzenten von erneuerbaren Energien einen Fix-Preis, auch wenn die Preise auf dem freien Markt sinken. Die Differenz wird von den Verbrauchern getragen. Mit der Idee, energieintensive deutsche Unternehmen im internationalen Wettbewerb zu schützen, und aus Angst, den Standort Deutschland durch die Umstellung der Energienetze und die damit verbundenen Kosten wirtschaftlich unattraktiv zu machen, befreit eine umstrittene Ausgleichsregel des EEG viele Großunternehmen von den zusätzlichen Stromkosten – zulasten der Kleinunternehmen und Privathaushalte. Während die Großindustrie 18 Prozent des Stroms verbraucht, ist sie nur zu 0,3 Prozent an der Umlage beteiligt. Allein 2012 zahlten die Verbraucher eine Differenz von 17 Mrd. Euro, um den Fix-Preis des Ökostroms zu finanzieren, während an der Börse die Strompreise sanken. Besonders arme Haushalte sind benachteiligt. Ihr Stromverbrauch unterscheidet sich nur unwesentlich von dem der Reichen, und so ist der Anteil der Stromkosten am Haushaltbudget ungleich höher. Wohlhabendere Hauseigentümer können sich vom Stromnetz unabhängig machen, indem sie durch eigene Anlagen energieautonom werden. Das könnte bei zu stark steigenden Preisen durchaus zum Trend werden – zulasten der armen Haushalte. Experten, Medien und Verbraucherverbände beanstanden zu Recht diese Gerechtigkeitslücken. Ökostrom, der an sich nicht teurer sein muss als herkömmlicher Strom, erscheint durch die Ausgleichsregel sehr teuer. Ist es wirklich so, dass alle ausgenommenen großen Unternehmen die zusätzlichen Kosten für den eigenen Verbrauch nicht verkraften können? Würde dies wirklich zu einem Standortwechsel führen, obwohl eine Standortentscheidung wesentlich mehr Faktoren berücksichtigt als Energiekosten und in vielen Fällen sogar so gut wie unmöglich ist? Diese Ungerechtigkeit muss dringend beseitigt werden. Sie ist undemokratisch, unvertretbar und untergräbt die notwendige Unterstützung der Bevölkerung.

Ob Wasser, Sonne, Wind oder Erdwärme – in allen Bereichen der erneuerbaren Energien wird zurzeit noch geforscht. Welche Energiequelle stellt die beste Alternative dar und ist damit förderungswürdig? Leider gibt es bisher keine Supertechnologie, jede derzeitige Form der Energiegewinnung hat ihre Vor- und Nachteile. Derzeit ist es besonders die Kombination aus verschiedenen Energien, wie die Kraft-Wärme-Kopplung, welche sich als effizient und effektiv erweist. Windenergie an Land ist momentan die kostengünstigste Methode mit dem größten Ausbaupotenzial, während der Ausbau der Offshore-Windparks samt seiner Problematik der Anbindung ans Land nur sehr schleppend vorangeht. Die wirtschaftlichen Anreize zum Ausbau von Photovoltaik für den Strommarkt haben im Gegensatz dazu einen hyperaktiven Anlagenbau bewirkt. Dadurch wurde mehr Ökostrom als erwartet produziert, was den Endverbrauchern höhere Deckelungsbeiträge der EEG-Umlage beschert hat. Ob die in Reaktion darauf bereits erfolgte Senkung der Anreize zum Bau von Photovoltaikanlagen zu stark ist, wird sich erst zeigen. Experten zufolge sollte die Bundesregierung sich lieber auf einen nachhaltigen, also nicht explosionsartigen Ausbau konzentrieren, statt wie geschehen auf eine Obergrenze für die Stromerzeugung durch Photovoltaik zu setzen.

Im Wärmesektor verläuft die Entwicklung des Anteils an erneuerbaren Energien, allen voran Biomasse, wie geplant. Biomasse in ihrer jetzigen Form ist keine Patentlösung, denn es besteht Nutzungskonkurrenz mit Landwirtschaftsflächen und nur begrenztes Ausbaupotenzial. Auch im Verkehrsbereich gibt es Potenzialgrenzen für die derzeitigen Biokraftstoffe – hier sind weiter verstärkte Forschung und Entwicklung regenerativer Alternativen dringend erforderlich!

Wir können die Ziele der Energiewende nur mit angemessener Forschung und steter Innovation erreichen. Experten mahnen, dass vor allem der Bereich der Energieeinsparung, insbesondere die Wärmedämmung, bisher nicht ausreichend im Innovationsfokus der Entscheider stand. Das Einsparen von Energie spielt jedoch für den Erfolgsfaktor Energieeffizienz und damit beim Erreichen der Ziele eine fundamentale Rolle.

Ein weiterer wichtiger Faktor für das Gelingen der Energiewende ist der Ausbau der Übertragungsnetze. Der Ausstieg aus der Kernenergie und die neue, ortsgebundene Formen der Energieproduktion wie Windenergie machen die verlustfreie Energieübertragung der HGÜ über weite Strecken erforderlich. In Deutschland muss Strom damit besonders aus dem windigen Norden in den Süden geleitet werden. Dafür fehlen bisher die Leitungen. 2. 800 km Trassen sollen nun sogar per Gesetz schnellstmöglich gebaut und 2.900 km renoviert werden. Denn dieser Ausbau geht bisher viel zu langsam voran. An ein totales Scheitern der Energiewende glauben dabei selbst die lautesten der informierten Kritiker der Wende nicht, doch auch ein Verfehlen der Ziele würde durch zusätzliche Kosten und Verschmutzungen eine späte bzw. Nichterfüllung des Zieldreiecks aus Versorgungssicherheit, Wirtschaftlichkeit und Umweltverträglichkeit bedeuten.

Deutschland ist mit seinen Zielen zur Energiewende ein Pionier unter den großen Industrienationen und übertrifft mit seinen Zielen die Vorgaben der EU. Doch bei allen nationalen Plänen dürfen die Wechselwirkungen mit dem europäischen und globalen Klimaschutz sowie dem weltweiten Energiehandel nicht außer Acht gelassen werden. Deutschland ist trotz AKW-Abschaltungen weiterhin Nettostromexporteur, das heißt, es exportiert mehr Strom, als es importiert. Es ist trotzdem in seiner Versorgungssicherheit von anderen Ländern abhängig, wie zum Beispiel vom Erdgas aus Russland.

Auch der Ausbau des Stromnetzes muss im internationalen Kontext gesehen werden – wir brauchen nicht nur langfristig eine Kompatibilität mit dem ausländischen Netzausbau, sondern schon jetzt stimmige Konzepte. Nur so werden wir die internationalen Projekte wie das DESERTEC-Projekt, bei dem Solarenergie aus der Sahara nach Europa geleitet werden soll, und weitere ausländische Innovation auch nutzen können. Zum Beispiel machen mit nationalen Grenzen verbundene Anbindungen der Offshore-Windparks wenig Sinn. Würden die Offshore-Windparks direkt mit den großen norwegischen Wasserspeicherkraftwerken verbunden, könnten sie laut EU-Studien bis 2030 die 80 Atomkraftwerke ersetzen, die derzeit ein Viertel des europäischen Stroms liefern. Auch die Solaranlagenförderung in sonnenarmen deutschen Gebieten ist ineffektiver als nötig, wenn nur eine Landesgrenze weiter doppelt so viel Sonne zur Verfügung steht und die gleiche Förderung dort doppelt so viel Strom erzeugen würde. Wir brauchen also nicht nur die Leitung von Nord- nach Süddeutschland, sondern das sogenannte Supergrid: ein HGÜ-Netz durch ganz Europa. Erst wenn der Netzausbau und die Energieproduktion durch ein starkes länderübergreifendes Konzept koordiniert werden, können wir in Deutschland dem übergeordneten Ziel der Energieeffizienz wirklich gerecht werden. Je erfolgreicher wir unser Netz jetzt aufbauen, desto eher werden wir auch ein Vorbild und ein Berater für große und energetisch wenig entwickelte Nationen wie die USA sein, deren Energieverbrauch und Klimaschutzmaßnahmen starke Auswirkungen auf die Zukunft unseres Planeten haben. Nicht nur Supersturm „Sandy“ hat demonstriert, wie gefragt deutsches Wissen im Ausbau der erneuerbaren Energien im großen Maßstab sehr bald sein könnte.

III. Die Hoffnung ist Grün

„Alles, was in der ganzen Welt geschieht, geschieht in Hoffnung“, hat Martin Luther geschrieben. Wie kann die Tugend der Hoffnung uns bei einer riesigen Aufgabe wie der Energiewende helfen?

Die Hoffnung hat einen wichtigen Platz in unserer Gesellschaft inne, auch wenn ihre genaue Beschreibung schwerfällt: In den Geisteswissenschaften besteht kein einheitlich beschriebenes Verständnis der Hoffnung. Jeder von uns kennt ihre treibende Kraft, die uns besonders in ihrer Abwesenheit bewusst wird, wie Martin Luther King Jr. so treffend schrieb: „If you lose hope, somehow you lose the vitality that keeps moving, you lose that courage to be, that quality that helps you go on in spite of it all.“ Er fuhr fort: „And so today I still have a dream. “

Der Duden definiert die Hoffnung als „das Hoffen; Vertrauen in die Zukunft; Zuversicht, Optimismus in Bezug auf das, was [jemandem] die Zukunft bringen wird“ sowie die „positive Erwartung, die jemand in jemanden, etwas setzt.“ Das Wort „hoffen“ hat sich aus dem mittelniederdeutschen „hopen“ oder „hoppen“ entwickelt, was mit „hüpfen“ verbunden wird und den unruhigen Zustand der freudigen Erwartung zum Ausdruck bringen könnte. Einigkeit herrscht immerhin über die positive Besetzung des Begriffes, der die positive Erwartung eines zukünftigen Zustandes oder Ereignisses ausdrückt, das von dem Hoffenden als realistisch eingeschätzt wird.

Als Tugend wird sie von den Christen zu den antiken Kardinalstugenden hinzugefügt. Das paulinische Trias ist besonders aus dem 1. Korintherbrief bekannt: „Für jetzt bleiben Glaube, Hoffnung, Liebe, diese drei; doch am größten unter ihnen ist die Liebe.“ Diese Beschreibung weist auf die enge Verbindung der drei Tugenden in der christlichen Lehre untereinander hin.

“Lasst, die ihr eintretet, alle Hoffnung fahren!“ lautet die Inschrift auf dem Tor zur Hölle in Dantes *Inferno:* Die Tugend der Hoffnung wird im Christentum eng mit der religiösen Erlösung verbunden. Auch in den anderen Weltreligionen existiert das Prinzip der Hoffnung in Verbindung mit religiösen Versprechen. Im Judentum hofft man auf die Erscheinung des Messias, im Islam gilt die Aufgabe der Hoffnung auf die Erlösung durch Allah, genannt Qunut, als eine große Sünde. Selbst im Hinduismus und im Buddhismus, welche die Hoffnung nicht als Konzept benennen, gibt es die Hoffnung, durch die richtige Lebensweise einen Zustand der Vollkommenheit, das Nirwana, zu erreichen.

Schon die Römer betrieben einen Hoffnungs-Kult und verehrten die Göttin der Hoffnung, Spes, in einem eigenen Tempel. Die Griechen kannten sie als Elpis. Elpis ist die einzige, die der Büchse der Pandora nicht entweicht und so den Menschen erhalten bleibt. Während Elpis bei den Griechen eher einer Erwartung der Zukunft entspricht, ist die Hoffnung in ihrer heutigen Bedeutung eng mit Zuversicht verbunden, sie steigert die Ausdauer und die Bereitschaft, Schwierigkeiten zu überwinden. Welche Schlacht wurde jemals gewonnen, in der die Truppen die Hoffnung verloren? Schon deshalb ist die Hoffnung nicht nur eine religiöse Tugend, sondern findet sich auch unter den Tugenden der Kämpfer, wie der Samurai oder der Ritter des Mittelalters.

Philosophisch setzt sich im Mittelalter der heiliggesprochene Thomas von Aquin (1225 - 1274) mit der Hoffnung als eine der sieben Kardinaltugenden des Menschen auseinander. Er beschreibt vier Richtungen der Hoffnung: 1. Die Hoffnung auf das *bonum* (Gut), 2. Auf das *bonum futurum* (zukünftiges Gut), 3. Auf das *bonum arduum* (das schwer zu erreichende Gut) und 4. Auf das *bonum possibile* (das mögliche Gut). Erst das *bonum arduum* grenzt die Hoffnung von dem Wunsch ab, weil ihre Erfüllung nicht nur „begehrendes Strebevermögen", also Sehnsucht, verlangt, sondern auch „überwindendes Strebevermögen". Dabei hängt unser Erfolg maßgeblich davon ab, ob wir das *bonum arduum* richtig als *bonum possibile* einschätzen können: Das, so schrieb Thomas von Aquin, basiert auf unserer Erfahrung.

Spätere Philosophen und Psychologen weisen auf eine Erlernbarkeit der Hoffnung hin. „Es kommt darauf an, hoffen zu lernen", sagt der deutsche Philosoph Ernst Bloch in seinem Werk „Das Prinzip Hoffnung". Selbst Tiere funktionieren nach diesem Prinzip, wie ein ethisch umstrittenes Experiment des Forschers Curt Richter mit Norweger-Ratten von 1957 illustriert. Die Tiere wurden in einen Bottich mit Wasser geworfen und dazu gezwungen, um ihr Überleben zu schwimmen. War keine Rettung in Sicht, hielten sie etwa 17 Minuten durch, bevor sie ertranken. Wurde ihnen nach 15 Minuten ein Ausweg angeboten, retteten sie sich. Wurden diese Ratten nach einer Erholungsphase erneut in den Bottich geworfen, hielten sie in Erwartung der Rettung bis zu 37 Stunden durch. Richter schlussfolgerte, die Tiere hätten eine auf Erfahrung basierende Hoffnung entwickelt.

Erst unter der Erfüllung aller vier Punkte, also mit dem *bonum futurum arduum possibile*, könne man, so Aquin, allerdings von Hoffnung sprechen, die auch eine sittliche, also auf das menschliche Verhalten bezogene Tugend ist. Richtet sie sich schließlich auf Gott, wird sie zur göttlichen Tugend. Um tugendhaft hoffnungsvoll zu sein, so Aquin, muss der Mensch die richtige Mitte zwischen den Extremen der Verzweiflung, also der Abwendung von der Hoffnung und der Vermessenheit bzw. Selbstüberschätzung finden. Für die Energiewende hätte man keine bessere Handlungsaufforderung als die des Thomas von Aquin geben können. Denn die Verzweiflung bewirkt weniger Handlung, als möglich wäre, die Vermessenheit bewirkt schlecht durchsetzbare und somit ineffiziente Handlungsversuche.

Die tugendhafte Art der Hoffnung ist eine wichtige Komponente des Erfolges, wie es in der Lehre der Positiven Psychologie von Charles Snyder mit seiner Arbeit „Hope Theory" beschrieben wird. Nach seiner Beschreibung setzt sich Hoffnung aus Zielen, Motivation, und entsprechenden Strategien zur Zielerreichung zusammen. Sein Kollege Martin Seligman erklärt die Hoffnung bei seinen Betrachtungen der menschlichen Tugenden zu einer Charakterstärke und beschreibt sie als Teil der Grundtugend Transzendenz.

Hoffnungskompetenz ist auch Handlungskompetenz: Nicht nur Individuen, sondern auch gesellschaftliche Veränderung treibt die Hoffnung laut Vordenkern wie Ernst Bloch voran. Wo Thomas von Aquin die tugendhafte Hoffnung als Hoffnung die auf Erreichung des *bonum arduum* beschreibt, betonen Bloch und seine Nachfolger das aktive Element der Hoffnung, das mit der Ratio und wichtigen Ich-Qualitäten, wie zum Beispiel Realitätsprüfung, Urteilsfähigkeit und Willenskraft verbunden die richtigen Handlungsschritte einleitet. Mit der Tugend der Hoffnung geht also nicht nur wünschen, sondern auch wollen, können und tun einher.

Ist die Hoffnung auf die erfolgreiche Energiewende und eine grüne Zukunft also tugendhaft, die Aufgabe nicht nur ein *bonum arduum*, sondern auch ein *bonum possibile*? Tragen wir genug tugendhafte Hoffnung in uns, um die Energiewende gelingen zu lassen?

Nicht umsonst ist die Hoffnung grün. Die Göttin Spes trägt eine Blume als Zeichen für sprießendes Leben in der Hand. Grün symbolisiert die Erwartung kommender Ernte und im mittelalterlichen Minnesang die Hoffnung auf Liebe. In den theologischen Lehren des 12. Jahrhunderts steht grün für die Hoffnung auf die Unsterblichkeit, oft symbolisch durch den grünen Ölzweig im Schnabel der weißen Taube dargestellt. Heute verspricht erst die nachhaltige Lebensweise ein Weiterbestehen unserer Gesellschaft, ein Überleben unserer Spezies.

Im repräsentativen Hoffnungsbarometer 2013 sehen die Deutschen auch die Erschließung neuer Energiequellen und die erfolgreiche Bekämpfung des Klimawandels als wichtige gesellschaftliche Hoffnung an. Doch nur 13 Prozent sind persönlich hoffnungsvoll, was unser

Klima angeht, und 57 Prozent sind pessimistisch. Hinsichtlich der Entwicklung der Energiepreise sind sogar 92 Prozent pessimistisch. Dieser Pessimismus ist begründet: Zumindest kurzfristig ist allein aufgrund der Marktdynamiken keine Senkung der Energiepreise zu erwarten. Gelingt die Wende, besteht immerhin mittel- und langfristig Anlass zur Hoffnung. Die Energiewende und der Kampf gegen den Klimawandel sind langfristige Investitionen. Die Einführung von Energieeffizienz und Umstellung auf alternative Energiequellen, während diese noch entwickelt werden müssen, ist schwer. Sie stellt alle Akteure vor eine „Herkulesaufgabe", wie Bundeskanzlerin Angela Merkel die Energiewende bezeichnet hat. Für die Energiewende ist die Hoffnung immerhin nachweislich begründet: Experten bescheinigen der Bundesregierung, trotz einiger Verfehlungen, gute Chancen, ihre Ziele zu erreichen.

Auf dem langen steinigen Weg kann viel passieren: Die Innovation für die Energiewende muss nicht nur gegen den Klimawandel helfen, sie muss auch politisch und gesellschaftlich akzeptiert und anschlussfähig sein. Alte Technologien kreieren eine sogenannte „Pfadabhängigkeit", welche die Einführung neuer Systeme massiv erschwert. Jede Innovation birgt Chancen und Risiken. Immer bewegt sie sich in einem Umfeld der Unsicherheit. In diesem Moment brauchen wir die tugendhafte Hoffnung um diese langfristigen Vorhaben erfolgreich umzusetzen. Dabei gehören Fehlinvestitionen leider zum Innovationsprozess. Eine erfolgreiche Innovationsentwicklung hängt nicht nur mit der Innovation an sich, sondern auch mit dem nationalen Innovationssystem zusammen, in dem sie sich befindet. Auch lässt sich Innovation nur bedingt steuern. Wir müssen nicht nur neue Pfade gehen, sondern auch in der Lage sein, auf Fehlentwicklungen schnell und angemessen zu reagieren. Wir sind deshalb bei der Energiewende als Nation nicht nur technisch, sondern auch kulturell, politisch, institutionell und wirtschaftlich gefordert. Dafür werden wir alle tugendhafte Hoffnung brauchen, die wir in diesen Bereichen aufbringen können.

IV. Forderungen zur Energiewende

Große Ziele wie der erfolgreiche Kampf gegen den Klimawandel und die Umsetzung der Energiewende lassen sich nur mit Hoffnung erreichen. Mit einer Hoffnung, die Können-wollen und Wollen-können verbindet. Eigeninitiative ist gefragt: Als Individuum Strom sparen, bewusst einkaufen, das Heim energieeffizient ausrichten, Fahrrad fahren. Es gibt viele Möglichkeiten, unsinnigen Konsum zu beschränken und sich intelligent zu verhalten. Nicht nur als Einzelpersonen, auch als Gesellschaft müssen wir mit Hoffnung die Veränderung in unserem Energieverhalten vorantreiben. Wir brauchen nicht nur neue Technologien, sondern auch eine bewusste Denkweise, die Energie für uns alle zur Priorität macht. Dabei ist gerade die Generation gefragt, die nie Energiebeschränkungen erlebt hat: die des Think Tank 30. Nur mit tugendhafter Hoffnung wird uns das schwer Erreichbare und Mögliche gelingen. Come, join us.

Zur Diskussion wollen wir folgendes hinzufügen:

Die Tugend der Hoffnung als Mittel, um die anderen Tugenden einzusetzen und durchzuhalten!

Hoffnung ist erlernbar, und richtig eingesetzt ein machtvolles Instrument für den Erfolg. Angesichts der komplexen und fast überwältigenden Herausforderungen unserer Zeit, die oft unsichere Entwicklungen mit sich bringen, allem voran der Klimawandel, ist sie maßgeblich. Lasst uns die Hoffnung nutzen, um auch die anderen beschriebenen Tugenden für eine erfolgreiche Energiewende einzusetzen.

Nicht nur auf die Tugend der Hoffnung besinnen – sondern auch darauf, wie man ohne Energie auskommt!

Wir dürfen unser Wollen nicht nur auf aufregende neue Energiequellen richten, sondern müssen uns auch auf unsere Fähigkeiten besinnen, mit wenig Energie auszukommen. Wir müssen nicht nur neu entwickeln, sondern können auch Verlerntes hervorholen und optimieren. Wir müssen uns stärker auf Energieeffizienz und besonders die Energieeinsparung im Wärmesektor ausrichten!

Kosten und Lasten gerecht verteilen!

Die Kosten der Energiewende müssen gerecht verteilt werden. Ungerechtigkeit wirkt sich negativ auf Hoffnung und Zuversicht aus.

Die derzeitige Ausnahmeregelung für Großunternehmen im Emissionshandel und in der EEG-Umlage ist ungerecht! Es ist nicht nachgewiesen, dass die befreiten Großunternehmen zu stark unter der Beteiligung an der EEG-Umlage leiden würden. Es kann nicht sein, dass Kleinunternehmen und Privatpersonen, allen voran die Armen, anteilig mehr für die Subventionen zahlen müssen. Alle Akteure in diesem Prozess sollten ihn angemessen mittragen. Das Gleiche gilt für den Emissionshandel. Und nicht nur Kosten entstehen im Prozess – die Bürgerbeteiligung sollte auch hinsichtlich der Gewinne bestehen!

Ausbau der Wissensnetzwerke!

Informationen und Know-how verschaffen uns nicht nur einen großen Vorteil, sie bestimmen auch grundlegend unsere Chancen zur Gestaltung eines lebenswerten Standards für uns und unsere Nachkommen. Wir brauchen nicht nur in der Energiewende einen verstärkten Ausbau der Wissensnetzwerke, eine verbesserte Förderung der Forschung und die Bereitschaft, diese Erkenntnisse zu teilen.

Die Energiewende als Chance – für Deutschland als Hoffnungsträger!

Allen Unkenrufen zum Trotz zeichnet sich die Energiewende bisher insgesamt als erfolgreich ab. Wandel bedeutet Risiko, doch die Risiken der Unterlassung sind größer: Wenn wir den notwendigen Wandel nicht vollziehen, sieht es hoffnungslos für uns und unsere Nachkommen aus. Wir müssen uns unserer Verantwortung als führende Industrienation stellen – nur wer das Erreichbare auch versucht, beweist Hoffnungskompetenz. Sollte uns die Energiewende erfolgreich gelingen, winkt das *bonum arduum*, das schwer erreichbare Gut: eine zukunftsorientierte Vorreiterrolle Deutschlands und ein starker Wettbewerbsvorteil im Energie- und Technologiemarkt. Als Industrienation können wir mit einer gelungenen Energiewende Hoffnung spenden, die auch in anderen Ländern wie den USA positive Entwicklungen bewirkt.

Europäischer und globaler denken!

Wir sind globale Bürger. Rein national zu denken ist nicht mehr rational. Genau wie der Klimawandel und viele der anderen Herausforderungen unserer Zeit nicht vor Landesgrenzen halt machen, müssen wir auch in der Energiewende unser Denken auf die europäische und globale Ebene bringen. Natürlich müssen wir zur effektiven Umsetzung in unserem Wirkungsfeld beginnen. Doch bei der Planung, Zielsetzung, beim Entwickeln der Gesetze und Förderinstrumente dürfen die europäische und die globale Ebene nicht fehlen, wie zum Beispiel bei der dringenden Reform des Emissionshandels oder der Gestaltung des Supergrids: Erst ein stimmiges supranationales Konzept verleiht uns die berechtigte Hoffnung auf eine internationale und damit sinnvolle Energiewende!

Literatur- und Filmempfehlungen

- Carl A.-Fechner, Die 4. Revolution, Deutschland, 2010 (Film).
- Ralf Lutz, Der hoffende Mensch – Anthropologie und Ethik menschlicher Sinnsuche, Franke Verlag, 2012.
- Ernst Bloch, Das Prinzip Hoffnung, Aufbauverlag, 1954.
- Charles R. Snyder, The Psychology of Hope, The Free Press, 1994.
- Christopher Peterson und Martin E.P. Seligman, Character Strengths and Virtues – Handbook and Classification, Oxford University Press, 2004.

HOFFNUNG

Kapitel 6

GLAUBE

Glaube, der (m.),
lat. fides

Von
Marleen Triebiger &
Thomas Suermann de Nocker

Glaube und Vertrauen – Die Krise als Chance zu einer Ethik der Verantwortung

Der sittliche Mensch liebt seine Seele, der gewöhnliche sein Eigentum.
Konfuzius

I. Story: Das Märchen vom ehrbaren Banker

Es war einmal ein kleiner VWL-Student, Philipp, der träumte davon, die Welt aus den Angeln zu heben. All die Formeln, mit denen er den Hunger der Welt beschreiben konnte, mit denen er erklären konnte, warum in den Entwicklungsländern die Wirtschaft stagnierte, erfüllten ihn mit Stolz. Er machte alles richtig und einen guten Abschluss.

Nach vielen Praktika bei NGOs und ein paar kleinen Sparkassen, gelang Philipp der große Wurf – der erste richtige Job bei einer der großen Banken. Die Bank hatte eine tolle Vision, die in großen Lettern schon am Eingang prangte: „Wir gemeinsam für eine bessere Welt“ und damit konnte sich unser kleiner VWL-Student richtig gut identifizieren, hoffte er doch endlich seine Formeln anwenden und etwas für „eine bessere Welt“ tun zu können.

Ein toller Chef, Herr Schuster, ein hochglanzpoliertes Büro und tolle Kollegen, alle jung und gierig, gierig danach, die Welt zu erobern – mit den schönen Finanzmodellen aus dem Studium. Die After-Work-Partys und die noch besseren Projektabschlusspartys waren fast wie im Studium, nur etwas erwachsener und mit besserem Wein, und sie ließen ihn seine Formeln vergessen.

Unser einstiger VWL-Student macht schnell Karriere, wird bald ein richtiger Banker. Er arbeitet wie ein Pferd. Fleißig setzt Philipp seine Scheuklappen auf, wenn er Kreditrückforderungen prüft. Er bewertet Businesspläne nach Wirtschaftlichkeit, nach dem Gewinn für die Bank.

Bald hat er ein schönes Auto und eine schöne Wohnung – hochglanzpoliert wie sein Büro. Aber trotzdem bleibt er immer länger an seinem Schreibtisch, weil er immer noch glaubt, das Richtige für die Richtigen zu tun. Vielleicht glaubt er aber schon gar nichts mehr.

Seine Kollegen verändern sich, das alte Team und Herrn Schuster hat er schon längst hinter sich gelassen, die sitzen immer noch auf einer der unteren Etagen. Sein neuer Chef trägt nur Armani und sein Büro ist fast ganz oben.

Und dann bekommt unser VWL-Student von damals die Chance seines Lebens. Er soll einen wichtigen Deal für seine Bank abschließen.

Ein Entwicklungsland braucht einen Kredit für deutsche Panzer. Irgendwo in Afrika. Selbst Wikipedia hat nicht viel zu dem Land zu sagen, außer Bürgerkrieg, Hunger, Kindersoldaten, Regenwald und Öl.

Was soll er tun?

Soll er den Kreditvertrag ausarbeiten? Soll er Regenwald und Öl wie eine Immobilie nach ihrem Wiederverkaufswert bewerten? Soll er Krieg, Kindersoldaten und damit den Hunger finanzieren? Soll er seinen Glauben an die geheime Formel, die alles erklärt, verraten? Vielleicht sollte er dem Präsidenten des kleinen Landes, der den Kredit für die Panzer will, ins Gewissen reden? Sollte er seine Bank verraten und der Presse von den zweifelhaften Waffengeschäften berichten?

Weil es ein Märchen ist, weigert sich unser heldenhafter Banker. Er überzeugt den Präsidenten des kleinen Landes, das Geld für seine darbende Bevölkerung einzusetzen, und bringt den Vorstand seiner

Bank dazu, den Kredit mit einer langen Laufzeit zinslos und ohne PR-Kampagne zu vergeben. Das Land kann erfolgreich und sauber sein Öl fördern und alle Kindersoldaten in die Schule schicken. Der Waffenhersteller, dessen gutes Geschäft unser Banker verdorben hatte, war nicht traurig drum. Er schenkte dem armen afrikanischen Staat noch ein Minenräumfahrzeug, damit es auch bald alle Felder bestellen konnte, die durch seine Minen viel zu gefährlich für die Bauern waren und schon seit Jahren brach lagen. Und alle lebten glücklich und zufrieden in ihren schönen hochglanzpolierten Wohnungen.

Leider ist alles nur ein Märchen. Philipp würde seinen Job verlieren, wenn er sich weigerte, den Kreditvertrag nicht mit Gewinn für die Bank abzuschließen. Ein anderer würde an seine Stelle rücken. Also wird er wohl den Kreditvertrag ausarbeiten und sich später von seinem Chef im Armani-Anzug loben lassen. Jeder, der glaubt einen Panzer zu brauchen, wird höchstwahrscheinlich einen Kredit bekommen, wenn er über Erdöl und Regenwald verfügen kann. Selbst große Humanisten und Menschenfreunde verdienen mit Anteilen an deutschen Waffenschmieden ihren Lebensunterhalt. Ein Minenräumfahrzeug wird nie verschenkt.

II. Glauben in der Krise

Was bedeutet Glauben in Zeiten der Krise? Und was bedeutet das für unser Zusammenleben, unser Handeln und Wirtschaften? Was tun, wenn die Zahlen nicht stimmen, wenn die Rendite zu mager ausfällt? Wenn jeder Verantwortung abgibt, anstatt Verantwortung zu übernehmen? Wenn nur noch gilt, mehr Kapital für Anteilseigner, Aktionäre mit allen Mitteln anhäufen zu müssen, ganz egal, ob dabei die Integrität und der Glauben des Einzelnen auf der Strecke bleibt? Wenn die Wirtschaft nicht mehr dem Menschen dient, sondern der Mensch der Wirtschaft? Was passiert mit jenen Ungläubigen, den Nein-Nicht-Mit-Mir-Sagern, die sich weigern so weiter mitzumachen, die auf Rendite verzichten?

Ähnliche Geschichten spielen sich zu Tausenden in Unternehmen, Banken, Universitäten, Kirchen, Gewerkschaften, Verbänden und überall dort ab, wo Menschen in Abhängigkeit voneinander leben und arbeiten. Der Druck wird erhöht, die Verkaufszahlen müssen stimmen. Wie diese teilweise utopischen Ziele erreicht werden, spielt keine Rolle.

Die Verantwortung für die eigenen Entscheidungen und die eigenen Handlungen wird weggeschoben, weil das Ziel Gewinn über allem steht. Vertrauen in Kollegen, Vorgesetzte und das Unternehmen bzw. die Organisation wird beschädigt oder gar zerstört, wenn ein faires Miteinander zwar in der Unternehmensvision festgeschrieben sein mag, aber nicht gelebt wird.

Selbst Schuldgefühle können wir verdrängen, indem wir auf „die anderen“ verweisen; indem wir sagen: Wenn ich es nicht tue, tut es jemand anders; indem wir uns einreden, wir seien machtlos in einem System, das seiner eigenen Logik folgt. Oft hilft es moralisches Fehlverhalten zu ertragen, wenn wir mit Segen eines Vorgesetzten handeln. Manchen hilft die Religion. Wiederum andere setzen Scheuklappen auf und erobern die „Karriereleiter“, die sich dann doch nur allzu oft als Hamsterrad entpuppt. Jene Workaholics verbringen Freizeit in Meetings – sie können nicht mehr ihr Unternehmen infrage stellen, weil sie sonst ihre Daseinsberechtigung verlören. Angesichts unserer gefühlten Ohnmacht handeln wir auf Kosten anderer, weil wir glauben, uns allein gegen Ungerechtigkeit und Unfairness nicht wehren zu können und zu müssen. Was zählt also noch Vertrauen, was zählt der Glaube an übergeordnete Werte? Brechen die moralischen Grundlagen unseres Zusammenlebens weg? Dennoch lebt unsere Marktwirtschaft von eben jener gemeinsamen Grundlage des Zusammenlebens, von Voraussetzungen, die der Markt nur koordiniert, aber niemals selbst schaffen kann.

Obwohl wir von sozialer Marktwirtschaft reden und unsere gegenwärtige Epoche gern mit Postmodernismus und Informationszeitalter beschreiben, ist unsere Wirtschaftsform immer noch der Kapitalismus in seinen vielen Facetten. Basis unserer Gesellschaft und Wirtschaft ist immer noch das Streben nach Geld und Macht – genauso wie zu Beginn der Industriellen Revolution im 18. Jahrhundert. Zwar stellt sich für immer weniger Menschen die soziale Frage, jedoch gibt es immer noch zu viele, die in Anbetracht ihrer eigenen Perspektivlosigkeit wegen Krankheit oder Arbeitslosigkeit aufgeben. Kurz und gut, die nicht mehr wettbewerbsfähig sind. Unternehmen und andere Organisationen im Wettbewerb um die knappen Ressourcen sind die Triebfeder unserer Gesellschaft. Sie können nur durch diesen Wettbewerb innovativ sein. Sie übernehmen neben der Erwirtschaftung von Geld auch Aufgaben, ohne die unsere Gesellschaft nicht funktionieren würde. Sie geben dem überwiegenden Teil der Bevölkerung

Arbeit, zahlen Steuern sowie andere Abgaben. So finanzieren sie unseren Staat und dessen Aufgaben.

Grundlegende Daseinsberechtigung und oberstes Ziel jeder Unternehmung bleibt dennoch mehr Geld für einen einzelnen Unternehmer oder für eine Gruppe von Menschen, z. B. für Gesellschafter, zu erwirtschaften. Selbst gemeinnützige Organisationen, wie z. B. Kirchen, Universitäten oder Schulen, müssen wirtschaftlich arbeiten, um staatliche Zuschüsse so wenig wie möglich zu beanspruchen. Sie verfolgen in erster Linie ein Ziel, das dem Gemeinwohl dient, aber ihre Ressourcen sind nicht unbegrenzt und die Prinzipien der freien Marktwirtschaft finden auch dort Anwendung.

Im Kapitalismus wird das Unternehmensziel, gewinnträchtig und wettbewerbsfähig zu arbeiten, zum Ziel der Organisation, und damit gleichsam zum Glauben und zur Religion. Unsere Arbeit wird dann Religion und unser Unternehmen unsere Kirche:

- Wir richten unser Leben nach unserer Arbeitszeit aus. Wir sind vierundzwanzig Stunden im Dienst. Unsere Kollegen sind oftmals wichtiger als unsere Schul- und Studienfreunde, als unsere Kinder.
- Wir erfinden schöne neue Begriffe, die sich einem Ausstehenden verschließen, denn wir arbeiten nicht in einer Abteilung, sondern im „Alpha-Team“ oder im Directorate oder im Corporate Office.
- Wir entdecken unseren Team-Spirit in Hochseilgärten, denn wir brauchen Teambuilding-Maßnahmen, damit wir ein Zusammengehörigkeitsgefühl entwickeln, das uns in vielen Überstunden, in Workshops und Teammeetings hilft, unser goldenes Kalb – unser Unternehmensziel anzubeten.
- Wir bewerten Bewerber und Mitarbeiter danach, ob sie sich mit dem Unternehmen identifizieren, ob sie sich ihren Kollegen anpassen, oder ganz plakativ: ob sie Gläubige sind oder nicht.
- Unsere Vorgesetzten, Vorstände, Linienmanager sind Priester, die uns anleiten richtig zu handeln, im Sinne der Sache, im Sinne des Unternehmensziels.

Diese Analogie ist zugegebenermaßen sehr plakativ. Unsere Unternehmen sind komplexe Organisationen. Nicht jedes Unternehmen verlangt Überstunden, eine eigene Sprache und Teamspirit. In manchen Unternehmen werden Quergeister und -denker, also die „Ungläubigen“, geschätzt, gehegt und gepflegt. Jedoch gibt es noch viel zu viele, wo monetärer Gewinn über allem steht und der Bezug zum „Warum-tun-wir-das?“ schon lange nicht mehr sichtbar ist und um jene unglaubwürdigen Geflechte aus Macht und Streben nach Gewinn geht es.

Was ist Glaube?

Wir versuchen, uns der antiken Tugend Glaube anzunähern. Was kann Glaube in unserer modernen allzeit informierten Gesellschaft noch bedeuten? Ist Glaube nur Religion oder ist Glaube mehr? Können Atheisten glauben?

In der christlichen Theologie beinhaltet die Tugend Glaube den Glauben an Jesus Christus als Erlöser, *fides*. Man kann diese Definition auf andere Religionen, Weltanschauungen und auf den Glauben an alle Institutionen und Organisationen erweitern. Auf einer zweiten Ebene ist „glauben“ nicht theologisch zu übersetzen, sondern mit *credere*, nämlich einer anderen Person „sein Herz zu schenken“, also ihr zu glauben, ihr zu vertrauen.

In Art. 4 Abs. 1 Grundgesetz befinden sich die Begriffe Glaube, Weltanschauung und religiöses Bekenntnis in einem Atemzug. Das Bundesverfassungsgericht legt in seiner Entscheidung vom 8. November 1960 die Glaubensfreiheit aus als „einen Rechtsraum, in dem [jeder] sich die Lebensform zu geben vermag, die seiner Überzeugung entspricht, mag es sich dabei um ein religiöses Bekenntnis oder eine irreligiöse – religionsfeindliche oder religionsfreie – Weltanschauung handeln. Insofern ist die Glaubensfreiheit mehr als religiöse Toleranz, d. h. bloße Duldung religiöser Bekenntnisse oder irreligiöser Überzeugungen.“ Weltanschauungen oder Ideologien werden als Systeme von Ideen, Vorstellungen, Werturteilen und Begriffen definiert. Sie sind also alles das, was nicht Religion ist, woran wir glauben und das uns einen Sinn im Leben gibt. Glaube ist also das Auffangbecken, in dem sich Weltanschauung und Religion vermischen. Jeder Gedanke und jede Überzeugung darf wertungsfrei nebeneinander existieren. Solange die grundlegende Werteordnung und die Grundrechte anderer nicht verletzt werden, ist alles erlaubt, so zumindest die herrschende Meinung unserer Verfassungshüter.

Rund 6000 Jahre aufgezeichnete Menschheitsgeschichte spiegeln sehr viele unterschiedliche Religionen und Weltanschauungen wider: Theismus, Atheismus, Marxismus, Kommunismus oder Kapitalismus.

Diese Begriffe – sogenannte „Ismen“ – umschreiben komplexe Ideen und Glaubenssätze. Sie beschreiben den Glauben an Institutionen und Wertesysteme, an Götter oder an goldene Kälber. So glauben – plakativ und vereinfacht gesprochen – die Theisten an die Offenbarungsreligionen, also dass Gott auf die Erde steigt und uns von unserem leidvollen irdischen Dasein erlöst. Die Atheisten glauben das genaue Gegenteil, nämlich, dass es keinen Gott gibt. Marxisten sezieren die Schriften von Marx und Engels und glauben, dass die klassenlose Gesellschaft des Kommunismus zu erstreben sei. Der Kapitalismus glaubt an die Selbstheilungskräfte des Marktes durch den freien Wettbewerb.

Die ursprüngliche Form der Tugend Glaube ist der Theismus, der Glaube an Gott in Form einer Offenbarungsreligion.

Bereits Aischylos kennt in seinem Stück „Sieben gegen Theben“ (467 v.Chr.) die Frömmigkeit, eusebeia, als Tugend, die die Beziehung zwischen den Menschen und den Göttern im Olymp beschreibt. Platon streicht sie aus seinem Tugendkanon und ersetzt sie durch Klugheit bzw. Weisheit. Xenophon, wie Platon ein Schüler von Sokrates, hingegen vereinfacht die Lehre, indem er aus Sokrates' Lehren nur zwei Tugenden ableitet. Danach gibt es nur die Gerechtigkeit als Beziehung zwischen den Menschen untereinander und die Frömmigkeit als Beziehung zwischen Mensch und Gott. In der späteren Rezeption setzt sich Frömmigkeit als Tugend nicht durch.

Erst im Mittelalter durch die Arbeiten u. a. von Thomas von Aquin findet der Glaube wieder Eingang in die Tugendlehre und ergänzt die antiken Kardinaltugenden, mit Hoffnung und Liebe, zu den christlichen Tugenden. Im mittelalterlichen Verständnis wird Glaube als Religion, nämlich als Glaube an den christlichen Gott, gelesen. Die Tugend Glaube nach ursprünglich christlichem Verständnis ist die Hinwendung zu Gott und die Abkehr von sich selbst. Die Frage, ob zum Glauben noch das Tun gehört oder ob die Glaubensfestigkeit allein vor Gott entscheidet, führt im 16. Jahrhundert zur Trennung zwischen katholischer und evangelischer Kirche. Durch den Zweifel an der Schöpfungslehre der Bibel, begünstigt durch die Entwicklung der Naturwissenschaften, ändert sich dieses Verständnis. Der Begriff Glaube entfernt sich immer mehr von der institutionellen Religion. Nietzsche postuliert auf dem Gipfel dieser neuen atheistischen Bewegung „Gott ist tot.“ Aber der Glaube war nicht tot, sondern erfand sich in vielen Facetten und Weltanschauungen neu.

„Ismen" verursachen Reibung, gewinnen und verlieren an Bedeutung. Einige werden weiterhin zentrale Begriffe im Zusammenleben der Menschen bleiben, andere nicht.

Darum glauben wir, und das ist gut für uns

Unser Banker glaubt an seine Formeln. Er sah nie die Notwendigkeit, ihren Wahrheitswert im Studium und auch später wissenschaftlich zu überprüfen – genausowenig wie der Professor, der ihm einst alles erläuterte.

Christen glauben an die göttliche Dreifaltigkeit, an den Vater, den Sohn und den Heiligen Geist. Ein Rabbi glaubt an Jahwe, ein Muslim an Allah, ein Hindu an die Reinkarnation, Richard Dawkins glaubt an die Meme, die Pastafariani glauben ausdrücklich nicht an das fliegende Spaghetti-Monster und selbst die militantesten Atheisten können sich nicht dem Glauben an die Allmacht der Wissenschaft entziehen. Wir, alle, glauben und unterscheiden uns nur in dem, woran wir glauben. Es ist schwer sich vorzustellen, dass der Urknall nur Zufall war und wir alle nur eine zufällige Mutation einer kriechenden Kreatur aus der Ursuppe sind. Mag sein, dass das so ist. Andererseits ist die Vorstellung verlockend, dass ein höheres, uns allen überlegenes Wesen die Hand schützend über uns hält und Geschehnisse außerhalb unseres Einflussbereichs zu unseren Gunsten steuert.

Mit komplexeren Denk- und Beobachtungsvermögen der ersten Gesellschaften hielten auch Rituale, Traditionen Einzug in die Menschheitsgeschichte. Es ist unwahrscheinlich, dass die ersten Menschen sich Blitz und Donner als wiederkehrende Wetterphänomene erklärten. Wie konnte und kann man also Unerklärliches für sich annehmbar machen? Die treibende Kraft der Menschheit ist eine unstillbare Neugier. Sie ist der Motor, der uns jeden Tag die Frage nach dem Warum stellen lässt. So wurde der Glaube an höhere Wesen ein Schutzmechanismus, der uns davor bewahrt, an der Nichterklärbarkeit zu verzweifeln. Der Glaube an Gott oder an die Naturwissenschaften gleichermaßen lässt uns mit der Gewissheit schlafen gehen, dass die Sonne am nächsten Morgen aufgehen wird. Oft wird das deutlich, wenn ein Mensch stirbt. Es ist eine schöne Vorstellung, dass nach dem Ende eines Lebens der Weg weitergeht. Das Wohin spielt eine untergeordnete Rolle. Wir wollen nicht Nichts sein.

Wir können schneller an etwas glauben, als es kritisch zu hinterfragen und mühsam zu reflektieren. Der Nobelpreisträger Daniel Kahneman bezeichnet solche automatisierte Denkreflexe als „schnelles Denken“, im Gegensatz zum rationalen und hinterfragenden „langsamen Denken“. Dieses „schnelle Denken“ vereinfacht unser Leben immens. Es wäre schlimm, wenn wir uns von allem in endlosen Diskursen überzeugen lassen müssten und alles empirisch nachzuweisen versuchten.

Neben Sicherheit, Identität, Zusammengehörigkeitsgefühl und Halt geben uns Religionen und Weltanschauungen Spielregeln vor, an die wir uns halten, weil wir glauben, dass Nichtbefolgen mit Unzufriedenheit und einem unerfüllten unglücklichen Leben sanktioniert wird. Die meisten Religionen verstehen den Körper als Hülle, dem eine ewige Seele innewohnt, die es gilt, um jeden Preis vor dem Verderben zu schützen. Ihre Regeln dienen weniger dem Bezwingen äußerer Gewalten, sondern eher dem Bezwingen der inneren menschlichen Gewalt. Sie setzen sehr viel Willensstärke voraus. Um diese Regeln befolgen zu können, müssen wir uns einschränken, müssen wir auf unsere niederen Bedürfnisse zugunsten eines anderen verzichten. Erfolgreiche Religionen und Weltanschauungen haben immer dem Zeitgeist entsprechende Regeln vorgegeben, die das Zusammenleben der Menschen einfacher und würdiger gemacht haben.

Filtert man nun aus den wichtigsten Religionen, z. B. aus der Bergpredigt, aus den Zehn Geboten, aus dem Koran, dem Buddhismus und aus Weltanschauungen diejenigen Verhaltensregeln heraus, die den meisten gemein sind, und versucht den kleinsten gemeinsamen Nenner zu finden, so kommt man zu folgenden Maximen:

- Respekt gegenüber Leben, Körper und Gesundheit eines anderen Menschen
- Respekt gegenüber den sozialen Beziehungen eines anderen Menschen, z. B. der Ehe, Freundschaften, Familien
- Respekt gegenüber dem Besitz und dem Eigentum eines anderen Menschen
- Respekt gegenüber der Seele eines Menschen
- Glaube an das Gute im Menschen und Vertrauen auf sein Gegenüber

Diese Regeln lehren uns Verzicht zugunsten eines anderen, schwächeren Menschen und zugunsten unserer Seele. Das Mitgefühl, das unser Banker für die Bevölkerung des afrikanischen Landes empfindet, ist gut, es ist Barmherzigkeit. So gibt uns die Religion oder die Weltanschauung die Gewissheit richtig gehandelt zu haben. Jedoch viel wichtiger ist, dass sich unsere Seele wohlfühlt. Selbst in Dostojewskis „Schuld und Sühne“ erliegt die Hauptfigur Raskolnikov, der glaubte, über allem zu stehen, seinen Schuldgefühlen. Er konnte seine Morde vor sich selbst nicht mehr rechtfertigen.

Die meisten Menschen haben diese natürliche Hemmschwelle, zumindest beim ersten Mal, und haben Gewissensbisse, wenn sie wider besseres Wissen auf Kosten eines anderen Menschen handeln. Die Goldene Regel, die sich in vielen Religionen und Weltanschauungen wiederfindet, bringt dieses Ordnungsprinzip im menschlichen Zusammenleben auf den kleinsten gemeinsamen Nenner: „Behandle andere so, wie du von ihnen behandelt werden willst.“

Obwohl der Philosoph Immanuel Kant Religionen skeptisch gegenüberstand, basiert sein Kategorischer Imperativ auf der Goldenen Regel als grundlegendes ethisches Prinzip, das auch ohne Weiteres in jeder Rechts- oder Compliance-Abteilung Anwendung finden sollte: „Handle so, dass die Maxime deines Willens jederzeit zugleich als Prinzip einer allgemeinen Gesetzgebung gelten könnte.“ Allein aus logischen Gründen verlangt dieses Prinzip Allgemeingültigkeit. Ignorieren wir Gesetze oder andere gesellschaftliche Ordnungsprinzipien, funktionieren unsere Gesellschaften, unsere Organisationen nicht mehr. Wir versinken in Anarchie.

Stellen wir Gesetze und Regeln auf, die bestimmte Bevölkerungsgruppen benachteiligen oder gar ausschließen, scheitert unsere Gesellschaft ebenfalls, da wir nie sicherstellen können, nicht selbst irgendwann benachteiligt zu werden. So fraß die Französische Revolution ihre Kinder. Genauso wie viele Befürworter und Verfechter des Nationalsozialismus angesichts ihrer eigenen oder von fremden Greueltaten den Glauben in das System verloren und es dann bekämpften.

Glaube als Religion und Weltanschauung lehrt uns ein würdiges Miteinander, wenn wir die goldene Regel im zwischenmenschlichen Verhalten berücksichtigen und den Kategorischen Imperativ als oberstes Prinzip für jede Regel verstehen, ob nun als Gesetz oder als sonstige Norm.

Warum wir unglücklich und scheinbar hilflos sind

Was im Märchen schön und einfach klingt, ist in der Realität ein komplexes System aus Machtlosigkeit, Feigheit und Faulheit.

Formaljuristisch hätte unser Banker viele Möglichkeiten, sich zu wehren. Er könnte sich gegenüber seinem Chef weigern diesen Auftrag auszuführen, ohne direkt entlassen zu werden. Sein Chef wäre enttäuscht, würde ihn vielleicht unter einem anderen Vorwand abmahnen oder vielleicht mit langweiligen Aufgaben überschütten, bis unser Banker eines Tages dann doch kündigt.

Unser Banker könnte sich an die Presse wenden und als Whistleblower von den moralisch verwerflichen Geschäften seiner Bank erzählen, die vielleicht rechtlich gar nicht so unkorrekt sind. Lobbyarbeit wird in Rüstungskreisen großgeschrieben. Geld ist Geld – und deutsche Rüstungsunternehmen müssen auch weltweit wettbewerbsfähig sein. Was ist schon ein kleiner Skandal mit schlechter Presse, im Vergleich zum großen Geld?

Philipp könnte versuchen den afrikanischen Präsidenten umzustimmen. Nur welcher afrikanische Präsident, dessen Macht im eigenen Land so bedroht wird, dass er deutsche Panzer braucht, wird sich von seiner Kaufentscheidung mit dem Argument einer hungernden Landbevölkerung abbringen lassen?

Er könnte den Bankvorstand bitten, dieses Geschäft nicht abschließen zu müssen. Aber welcher CEO verzichtet schon auf ein gutes und abgesichertes Geschäft in Zeiten der Finanzkrise? Und warum sollte ein CEO auf einen einfachen Angestellten hören?

Obwohl wir in den meisten modernen Staaten funktionierende Rechtssysteme etabliert haben, fühlen uns nur allzu oft ungerecht oder schlecht behandelt.

Recht, reduziert auf seinen Hauptzweck, ordnet nur grob das Zusammenleben der Menschen. Es findet Anwendung auf alle gleichermaßen. Es fasst bestimmtes Fehlverhalten in Tatbeständen und Gesetzesnormen zusammen, damit so viele Fälle wie möglich dem Recht gemäß behandelt werden können. Jeder Fall ist speziell, aber nicht jeder Fall braucht ein eigenes Gesetz. Die größte Stärke und Schwäche zugleich eines jeden Rechtssystems ist die Blindheit der Justiz. Alle werden grundsätzlich gleich behandelt, egal ob Mann oder Frau, schön oder hässlich, arm oder reich. Die größte Schwäche hingegen ist die tatsächliche Blindheit der Justiz: Nur die Fälle, von denen die Staatsanwaltschaft, die Gerichte oder die Polizei Kenntnis erlangen, können verfolgt und geahndet werden. Nur derjenige oder diejenige werden ihr Recht erhalten, die es einfordern. Einfordern bedeutet dann, dafür zu kämpfen und eigene Kraft und Ressourcen zu investieren.

Hinzukommt, dass nicht jede Ungerechtigkeit Unrecht ist. Wir können nur die groben gesellschaftlichen Verstöße sanktionieren, die eine Vielzahl von Menschen betreffen. Recht wägt für uns die Schwere des Verstoßes ab.

Im Grundsatz funktioniert dieses System, wenn beide gleich stark oder schwach und gleich reich oder arm sind. Aber was passiert im Falle eines Ungleichgewichts? Dann kommt es auf die Entscheidung eines jeden Einzelnen an: Nutzt man die Macht aus, die man hat, oder verzichtet man zugunsten des oder der Schwächeren.

Mag sein, dass allen Beteiligten bewusst ist, welche Konsequenzen ihre Entscheidungen für die Bevölkerung des kleinen afrikanischen Landes haben. Aber deshalb wird keiner seinen Ermessenspielraum nutzen und sich gegen das Geschäft entscheiden.

In den seltensten Fällen müssen wir uns für oder gegen Waffengeschäfte entscheiden. Aber wir entscheiden, wie niedrig wir Putzfrauen bezahlen, in welchen Billiglohnländern wir Fabriken errichten, ob wir Betriebsstätten auflösen, weil sie nicht genug Gewinn abwerfen. Wir entscheiden, zu welchem Gehalt wir arbeiten. Wir entscheiden auch, wer mit uns arbeitet.

Wir entscheiden, ob wir alte oder ausgebrannte Kollegen ersetzen, wenn sie in unseren Augen nicht mehr genug leisten. Wir schließen prekäre Arbeitsverhältnisse ab. Wir suchen Praktikanten, die fertig ausgebildet sind und für uns kostenlos arbeiten.

Es sind jene Ungerechtigkeiten und Widersprüche, die den Glauben an unsere Organisationen, an unsere Unternehmen, Großkonzerne, Universitäten, Stiftungen, Verbände erschüttern. Von sich aus sind Organisationen nicht undankbar oder gierig, es sind immer die Menschen, aus denen sich die Organisation zusammensetzt.

Kreieren wir undurchschaubare Finanzprodukte und verkaufen sie an gutgläubige Bankkunden, die zwar das Produkt kaufen und vielleicht auch verstehen, dass sie ein finanzielles Risiko eingehen, sich dennoch selten bewusst sind, was es wirklich für sie und ihre Ersparnisse bedeutet, wenn Fonds nicht die nötigen Gewinne erwirtschaften? Die Verantwortung liegt bei dem- oder derjenigen, die das Produkt anbieten, also denen, die damit Gewinn erzielen: Nutze ich das Recht zu meinen Gunsten, nutze ich das Vertrauen in mein Unternehmen, meine Marke oder meine Institution oder verhalte ich mich so, wie ich es mir wünschen würde. Kein Unternehmer will schlechte Produkte kaufen, also wäre es doch logisch, dass kein Unternehmer wissentlich schlechte Produkte verkaufen will. Dem widerspricht das Streben nach Gewinn als übergeordnetes Ziel. So müssen wir uns zwischen Verzicht oder einer halbseidenen Rechtfertigung für Gewinn entscheiden.

Vielleicht hatten die Manager von Thyssen-Krupp, als sie ihre Schienen-Kartelle gegründet haben, auch nur das Beste für das Unternehmen gewollt. Vielleicht haben die Deutsche-Bank-Manager das bisschen Geld für ihre Bank gebraucht, das sie durch den Umsatzsteuerbetrug gespart haben. Vielleicht muss man sein Geld mit Waffen verdienen, um sich ein Leben als Humanist leisten zu können. Vielleicht ist es richtig, das Recht zu umgehen oder gar zu brechen, wenn man damit ein großes Unternehmen retten kann, das „too big to fail" ist.

Vielleicht war die einzige Möglichkeit, Nokia in Finnland oder die Marke Opel zu retten, nur die Werke in Bochum zu schließen und viele Tausende Arbeitslose in Deutschland in Kauf zu nehmen. Vielleicht war die Abwicklung der Drogeriekette „Ihr Platz" und die Entlassung der vielen Teilzeitkräfte und Filialleiter die einzige Möglichkeit für Rossmann zu überleben und wenigstens ein paar Tausend Angestellten eine Perspektive zu eröffnen?

Mit dem Glauben im Sinne der Sache, im Sinne eines gemeinsamen Ziels zu handeln, lässt sich Fehlverhalten rechtfertigen. Wir haben im Sinne des Unternehmens gehandelt, wir haben viele Tausend Arbeitsplätze gerettet.

Das oberste Ziel eines Unternehmens ist Gewinn zu machen. Dieses Ziel ist auch legitim, denn mit ihm steht und fällt das Unternehmen. Jedoch ist es eine Frage der Abwägung, zwischen dem eigenen Verzicht zugunsten anderer und zugunsten der Höhe des Gewinns. Reicht nicht der eine Euro mehr, der alle Verbindlichkeiten, Investitionen und Abschreibungen beinhaltet und allen Mitarbeitern den Job sichert? Müssen es Millionen sein, die trotz Boni und exorbitanter Managergehälter nur deshalb zustande kommen, weil Stellen abgebaut, weil minderwertige Produkte hergestellt werden, weil im Auftrag des Unternehmensziels Recht verletzt wurde? Natürlich glauben wir an die Rechtsordnung und hoffen, dass Manager und Managerinnen, die Geld zu ihren Gunsten unterschlagen, zur Verantwortung gezogen werden. Aber wie ist es mit jenen, die es fürs Unternehmen getan haben? Werden Gesellschafter, Aktionäre, Mitarbeiter und Kunden dann nicht zu Komplizen, wenn Kosten eingespart werden, nur weil

Näherinnen in Bangladesch in schlecht brandgesicherten Fabriken sterben? Fühlen wir uns schlecht, wenn Apples Subunternehmer Arbeitsrecht verletzt, wenn Produktionsmitarbeiter in China streiken und von Polizisten niedergeschossen werden, wenn deren Arbeitsbedingungen so schlecht sind, dass Mitarbeiter den letzten Ausweg im Selbstmord sehen? Wir fühlen uns nicht schlecht, das waren ja nicht unsere Unternehmen, sondern nur die lokalen Subunternehmen.

Wer uns führen sollte

Voltaire beschreibt Machtlosigkeit mit folgender Metapher in seinem Roman *Candide*: „Wenn Ihre Kaiserliche Majestät ein Schiff nach Ägypten sendet, kümmert Sie sich wohl darum, ob's den Ratten und Mäusen im Schiffsboden behäglich ergeht, oder nicht? Was soll man also machen?"

Haben sich unsere Organisationen verselbstständigt? Sind sie die Schiffe, auf denen wir nur die Ratten, die blinden Passagiere, sind? Wer steuert unsere Organisationen und wohin fahren wir? Passagiere, Fracht, Matrosen hängen alle von den Entscheidungen eines Kapitäns ab, und er sollte der Beste unter uns sein. Er sollte mit unserem Schiff untergehen, bevor wir es tun, er sollte sich für uns opfern, und wir sollten ihm Glauben schenken dürfen, wir sollten auf seine Entscheidungen vertrauen, weil er in Weitsicht und Kenntnis der Sache handelt, einem Verständnis, das uns fehlt.

Solche Kapitäne gibt es nicht mehr auf unseren modernen Unternehmensdampfern. Vielleicht, weil man zu viel Glauben an das Gute in allen Menschen braucht, weil man wissen muss, ob das Ziel die Mühen wert ist. Vielleicht, weil die Ausbildung lang und entbehrungsreich ist. Vielleicht weil über jedem CEO das Damokles-Schwert der Dividende schwebt und sie schneller ersetzbar sind als andere. Vielleicht, weil man nicht mehr bereit ist für Fracht, Passagiere, auch die blinden, durch harte Fahrwasser der modernen, allzeit informierten Welt zu navigieren. Vielleicht ist es auch keine Ehre mehr, uns alle heil ans Ufer zu bringen, weil die Fracht und der damit auf dem Markt erzielte Gewinn über dem Matrosen und dem Passagier steht. Vielleicht erwarten wir auch zu viel von unseren Kapitänen, die letztlich doch nur Menschen wie wir sind. Vielleicht sind unsere Dampfer auch zu groß, um sie zu steuern, sodass sie sich schon längst verselbstständigt haben. Vielleicht sind unsere Schiffe nicht mehr seetauglich.

Wir hören die Klagen aus dem Inneren des Schiffsrumpfs, hören von Mitarbeitern, die von ihren Vorgesetzen schlecht behandelt werden, von Kolleginnen und Kollegen, die sich gegenseitig aus unerfindlichen Gründen mobben. Wir hören von Managern und Managerinnen, die mit ihren Aufgaben überfordert sind und wiederum von ihren Chefs oder Cheffinnen unzureichend unterstützt werden. Wir hören die Klagen über schlechte Unternehmenskultur und sehen uns ihr nicht mehr gewachsen, wir ignorieren oder resignieren. Im Sinne der Sache verbrennen wir uns für das Unternehmensziel und sind irgendwann ausgebrannt. Dann kündigen wir innerlich oder auch richtig.

Wir erschrecken nicht mehr, wenn in Fachzeitschriften „Management by Manipulation" als Führungsstil diskutiert wird. Danach werden persönliche Schwächen und Unsicherheiten eines Mitarbeiters ausgenutzt, um ihn oder sie im Sinne der Sache zu führen. Natürlich will kein Manager oder keine Managerin diesen Führungsstil für sich in Anspruch nehmen, dennoch können wir ihn in unserer heutigen Arbeitswelt nicht mehr ignorieren. Mit jeder Manipulation geht auch ein Vertrauensbruch einher, der unseren Glauben an unser Unternehmen, unsere Mitmenschen und an die Gerechtigkeit als solche erschüttert.

Würde ein Kapitän eines modernen Unternehmensdampfers auf einen blinden Passagier hören, wenn er ihm von einem Loch im Rumpf des Schiffes erzählt? Würde ein Geschäftsführer die Putzfrau fragen, ob sie gern zur Arbeit kommt? Was würde passieren, wenn die Putzfrau ehrlich antwortet? Wenn sie ihm in gebrochenen Deutsch erklärt, dass 4 Euro/Stunde mit all den unbezahlten Überstunden für sie als alleinerziehende Mutter nicht reichen, dass die starken Putzmittel ihre Hände verätzen, dass sie und ihre Kolleginnen Angst haben diesen Job zu verlieren, weil sie doch eines Tages outgesourct werden? Vielleicht würde der Geschäftsführer der Putzfrau wohlwollend zuhören, vielleicht würde er ihr versichern, dass, solange er am Ruder ist, kein Outsourcing passieren wird. Aber würde er sich dafür einsetzen, dass diese Frau und ihre Kolleginnen mehr Gehalt bekommen?

Niemals! Denn das widerspräche einem grundlegenden Prinzip: Alle werden im Sinne des Unternehmensziels gleich behandelt. Alle kriegen so viel, wie der Markt bereit ist, für diese Arbeit zu zahlen, damit sich niemand ungerecht behandelt fühlt. Das bedeutet, die

Putzfrau bekommt so viel Lohn, wie dem Unternehmen saubere Büros wert sind oder so viel, wie andere Putzleute von anderen Unternehmen bekommen.

Das Management bekommt so viel, wie sein oder ihr Name auf dem freien Arbeitsmarkt wert sind, und nicht selten einen Bonus, einen Teil des erwirtschafteten Gewinns. Was ist ein Vorstandsvorsitzender eines DAX-Konzerns wert? Niemand ist Millionenen von Euro im Jahr wert, wenn das Unternehmen, das er oder sie führt, rote Zahlen schreibt und Mitarbeiter entlassen werden. Damit ist das Unternehmensziel verfehlt, und man verliert seine Führungs- und Daseinsberechtigung, genauso wie die Putzfrau, die nicht schnell genug die Büros putzt.

Wie man den Glauben verliert

Der eigenen Machtlosigkeit wird man sich dann bewusst, wenn man mit der Organisation in Konflikt gerät. Was passiert, wenn ein Leistungsträger krank wird? Dann wird ein High Potential zum Ballast für das Unternehmen. Je länger er keine Teilhabe an Entscheidungen hat, je schneller wird er ersetzt, weil jemand anders seine Aufgabe in der Organisation wahrnehmen will. Wenn man von Anfang an kein Leistungsträger war oder nicht als solcher angesehen wurde, dann wird man noch schneller ersetzt. Jeder ist ersetzbar. Wie ein Damoklesschwert schwebt dieser Grundsatz über den Köpfen der Generationen X und Y. Wir sind austauschbar.

Wir könnten uns wehren. Wir könnten uns weigern, komplexe Finanzderivate zu entwickeln und an überforderte Bankkunden zu verkaufen. Wir könnten uns weigern, ungesunde Lebensmittel zu verkaufen, aber an unserer Stelle wird es ein anderer oder eine andere tun. Ein anderer wird Streubomben bauen und an militante Gruppierungen verkaufen. Eine andere wird mit Nahrungsmitteln an der Börse spekulieren. Weigern wir uns, sind wir raus aus der Organisation, aus dem Unternehmen und können nicht mehr so einfach zurück. Man nimmt uns den Dienstwagen weg und unsere Dienstreisen, unsere Miles-and-More-Karte, unser Firmenhandy. Für einige ist das ausreichend, sich nicht zu weigern. Für viele ist es das Arbeitszeugnis und die Karriere, die auf dem Spiel stehen und sie wieder ins System pressen und sie Dinge tun lassen, die sie als falsch empfinden.

Fallen wir vom Glauben an das Unternehmensziel ab, leisten wir nicht mehr ausreichend, werden wir ausgeschlossen. Werden wir krank und leisten deshalb nicht mehr ausreichend, gilt Gleiches. Mit Ideologie und Religion lässt sich dieser Ausschluss der Nichtgläubigen und Ungläubigen begründen. Wer nicht an die Gewinne glaubt, wird nie ein guter Broker an der Börse. Wer nicht an sein Unternehmen glaubt, wird auch kein guter Unternehmer. Wer nicht an sein Produkt glaubt, kann es selten überzeugend verkaufen. Natürlich ist es legitim, Menschen nach ihrer Überzeugung für bestimmte Tätigkeiten auszuwählen. Nur ist es schwer zu rechtfertigen, einen Mitarbeiter zu entlassen, der krank geworden ist, weil er zu viel gearbeitet hat, weil er ausgebrannt ist und jetzt keinen Sinn mehr in seiner Arbeit sieht. Können wir rechtfertigen, die „Ungläubigen" zu entlassen, weil sie Entscheidungen der Unternehmensführung offen kritisieren, weil sie sich weigern, minderwertige Produkte zu entwickeln oder zu verkaufen, weil sie für andere Mitarbeiter eintreten?

Wer glaubt, vertraut

Die Komplexität menschlicher Emotionen bereichert und erschwert zugleich unser Zusammenleben. Wir haben Sympathien und Antipathien. Selten wissen wir, warum wir jemanden leiden können oder auch nicht. Wäre es nicht fantastisch, wenn wir jedem vertrauen würden und auch könnten? Und wäre es nicht viel besser, wenn wir das nagende Gefühl eines Vertrauensverlusts nicht kennen würden? Aber wären wir dann noch Menschen? Ist es nicht genau das, was uns zum Menschen macht, uns unserer Gefühle bewusst zu sein und dementsprechend zu handeln oder auch nicht?

Der Glaube an unsere Organisationen, an unsere Religionen und an unsere Weltanschauungen schwindet jeden Tag mehr. Wir zweifeln die Entscheidungen von Kirchenoberen, Politikern und Managern an. Wir fühlen uns betrogen, wenn Bischöfe First Class nach Indien fliegen, wenn unsere Politiker für Vorstandsvorsitzende von großen Banken Geburtstagsfeiern im Kanzleramt ausrichten, wenn amerikanische Großkonzerne deutsche Staatshilfen für die Sanierung ihrer deutschen Produktionsstandorte erhalten, um sie dann doch wegen Unwirtschaftlichkeit zu schließen, wenn unsere Steuergelder in zum Scheitern verurteilte kommunale Prestigeprojekte fließen.

Vertrauen kann beziffert werden, auch wenn es primär geschieht, um Marketing passgenau auf den Markt zu schneidern. Der GfK-Vertrauensindex fasst das Vertrauen bezogen auf bestimmte Berufsgruppen in Zahlen zusammen. Danach vertrauen 98 Prozent der Deutschen Feuerwehrmännern am meisten. Im Mittelfeld liegen Banker mit 57 Prozent, gefolgt vom Klerus mit 56 Prozent. Weit abgeschlagen mit lediglich 20 Prozent rangieren Manager.

Warum ist das so? Vielleicht, weil wir viele Entscheidungen von Unternehmern, Managerinnen, Managern und Vorstandsvorsitzenden nicht mehr nachvollziehen können.

Wir zweifeln an der Organisation, aber wir zweifeln auch auf einer anderen, mehr persönlichen Ebene. In der deutschen Sprache ist der etymologische Zusammenhang zwischen Glaubwürdigkeit und Glauben nicht von der Hand zu weisen ist. Dennoch liegt dem Glauben an sich nicht die Frage nach der Wahrheit zugrunde, wie die Glaubwürdigkeit andererseits verlangt. Es ist also nicht die Frage nach der Wahrheit, die den Glauben bewegt, sondern Wahrheit wird einfach vorausgesetzt. Wo Zweifel ist, da hat Glauben keinen Platz. Zweifeln wir an den Aussagen einer Person, glauben wir ihr nicht. Halten wir unsere Kollegen oder gar unseren Chef für nicht glaubwürdig, ist eine Zusammenarbeit kaum möglich. Glaubwürdigkeit, in Form von Vertrauen, ist die Basis einer jeden sozialen Beziehung. Sie ist Antriebskraft für schwierige Aufgaben, sie gibt unserer Arbeit Sinn. Wenn wir wissen, warum wir etwas tun, können wir es besser tun.

Die stabilste soziale Beziehung besteht im Normalfall zwischen Eltern und Kind, dann kommen Geschwister, dann andere Familienmitglieder. Irgendwann kommt dann der Ehemann oder die Ehefrau oder der Lebensabschnittsgefährte oder die -gefährtin zur Familie dazu. Früher waren Drei- oder Mehrgenerationen-Haushalte die Regel. Alle lebten, liebten und stritten sich unter einem Dach. Es glich dem sozialen Aus, allein in einer Stadt zu wohnen, fernab von seiner Heimat.

Heutzutage ist es umgekehrt, für die Generationen X und Y ist es fast undenkbar, mit Eltern und Großeltern in einem Haus auf dem Land zu wohnen. Wie sollte das funktionieren, wenn die Arbeitsplätze 300 oder 400 Kilometer weit weg sind? Mobilität bei der Arbeitssuche wird vorausgesetzt, damit der Einstieg in den Beruf nach Studium oder Ausbildung gelingt. Also suchen wir uns unsere sozialen Beziehungen woanders. Wir finden Freunde auf der Arbeit und in sozialen

Netzwerken. Wir verbringen mehr Zeit mit unserer Arbeit als frühere Generationen. *Huffington Post*, die wichtigste US-amerikanische Internetzeitung, wählte Deutschland 2011 unter die Top-10 der Länder mit der besten Work-Life-Balance. Grundlage war die OECD-Statistik der durchschnittlichen Wochenarbeitszeiten im internationalen Vergleich. Deutschland – ein Land mit wenig Arbeitszeit? 40 Stunden pro Woche stehen in fast jedem Arbeitsvertrag. Mehr lässt der Gesetzgeber auch nicht zu. Das Manko der OECD-Statistik: Sie differenziert nicht nach Branchen und Karrierelevel. Steht man am Fließband in der Automobilbranche, so ist die 35-Stunden-Woche tariflich gesichert und starke Gewerkschaften setzen das (hoffentlich) auch durch. Andererseits ist es kein Geheimnis, dass 60 Stunden pro Woche die Normalität auch und gerade für Einsteiger in Großkanzleien oder Unternehmensberatungen sind. Eine Gewerkschaft, die die Work-Life-Balance für Junganwälte, Unternehmensberater oder ähnliche Jobs durchsetzt, gibt es nicht – übrigens gleichermaßen auch bei manchen Arbeitern ohne Hochschulabschluss. Es ist dabei nicht einmal die Stechuhr des Industriezeitalters, die uns zu langen Arbeitszeiten diszipliniert; vielmehr setzen wir uns selbst unter Druck. HR-Experten, Organisations- und Arbeitspsychologen nutzen unser Bedürfnis nach sozialem Anschluss aus. Es sind jene Hochseilgärten, die Teams zusammenschweißen sollen, und so die Produktivität und die unbedingte Bereitschaft zu Überstunden verbessern sollen. Gute Teams sind Geld wert. Und schlechte Teams sind ersetzbar.

„Jeder ist ersetzbar" ist ein Leitgedanke in der modernen Personalplanung. Jemand nervt seine Kollegen mit Witzen oder Kritik, jemand fragt zu viel nach dem Sinn. Das Urteil lautet, der passt nicht zu uns und unserem Team. Eine kompromisslose Lösung ist, diesen Jemand, wie eine Million andere, rauszumobben. Weil der Kündigungsgrund „nerviger Kollege" im deutschen Arbeitsrecht nicht existiert, sucht man im rechtsfreien Raum nach anderen Möglichkeiten. Die Liste ist lang, sie reicht von Gerüchten und Unwahrheiten verbreiten, über zu viel Arbeit, über Arbeitsentzug, über Vorenthalten von wichtigen Informationen bis hin zu offener Ausgrenzung und Isolierung. Alle diese Handlungen zerstören das zwischenmenschliche Vertrauen. Ein Arbeitnehmer, der so behandelt wird, kann Kollegen und Vorgesetzten nicht mehr glauben. Was viel schlimmer ist und auch die Machtlosigkeit des Einzelnen noch besser verdeutlicht, zeigt der Mobbingreport aus dem Jahre 2002 des Bundesinstituts für Arbeitsschutz und

Arbeitsmedizin. Danach klagen fast 90 Prozent der Gemobbten über psychische und physische Probleme. Es ist nicht zu erwarten, dass sich diese Zahlen in den letzten zehn Jahren zum Besseren verändert haben.

Machen uns unsere Mitmenschen krank oder machen wir unsere Mitmenschen krank? Wenn wir schädlich füreinander sind, machen Organisationen uns und andere krank?

Jeder hat schon mal erlebt, wie die Wut aufsteigt, wenn man herausfindet, dass man angelogen wurde. Es können die kleinen Notlügen sein. Ein Freund hat keine Zeit fürs Kino und täuscht eine schlimme Erkältung vor. Es können die vom Vorstand und der PR-Abteilung legitimierten Lügen sein, um die Belegschaft ruhig zu halten, die Hoffnung auf den Arbeitsplatz zu erhalten, auch wenn schon in der Chefetage klar ist, dass es nicht weitergeht. Aber die Produktion darf nicht stocken. Oft reagieren wir irrational, wenn wir unser Vertrauen verloren haben. Wird unser Banker, auch wenn er den Kreditvertrag ausarbeitet, noch der Unternehmensvision „Wir gemeinsam für eine bessere Welt“ glauben können? Wird er sich nicht irgendwann schämen, seine Ideale verraten zu haben?

Viele Menschen werden durch ihre Arbeit krank. Aber schon lange ist es nicht mehr die Staublunge oder Verbrennungen am Hochofen, sondern es sind Herzinfarkte, Krebs, Depressionen, Angstpsychosen und viele andere psychosomatische Beschwerden, die uns plagen. Sie plagen uns, weil wir nicht mehr gern auf Arbeit gehen, weil wir zu viel auf Arbeit gehen, weil uns unsere Kollegen nicht mögen oder gar unsere Chefs. Wir vertrauen einander nicht mehr. Wir haben Angst uns gegenüber unseren Nächsten zu öffnen, Schwäche zu zeigen, weil wir mit Missachtung und Verachtung rechnen. Wir vertrauen ihnen und uns nicht mehr.

IV. Tugend Glaube reloaded – Forderungen für ein glaubwürdiges Miteinander

Wir leben unsere Arbeit, genauso wie frühere Generationen ihre Religion oder spätere ihre Ideologien und Weltanschauungen lebten. Wir müssen unseren Glauben und das, woran wir glauben, hinterfragen und uns die kritische Diskussion gefallen lassen. Welchem „Ismus“ wir auch immer folgen, entbindet er uns doch nicht von unserer individuellen Verantwortung für unsere Handlungen.

Glaube an welche Organisation oder Institution auch immer gibt dem Individuum Kraft, aber er schließt auch andere aus und kann Fehlverhalten zum Nutzen der Organisation und zum Nachteil anderer rechtfertigen. So brauchen wir den Theismus, genauso wie den Kapitalismus, dennoch müssen wir noch viel über unsere „Ismen", unsere Glaubenssätze, lernen. Wir müssen sie weiterentwickeln, weil die wenigsten von uns vernünftig damit umgehen, oder wie in der TV-Serie South Park auf den Punkt gebracht:

„[...] isms are great for those who are rational, but in the hands of irrational people, isms always lead to violence." (South Park)

Auch wenn wir heute viele Erklärungen aus der Bibel, dem Koran oder anderen religiösen Schriften befremdlich finden, können wir uns doch nicht dem Wunsch entziehen, auf einer besseren und barmherzigeren Welt zu leben.

Wir sind unsere Organisationen. Wir gestalten unsere Religionen, unsere Weltanschauung, also unseren Glauben selbst. Ob Gott die Welt erschaffen hat oder nicht, spielt keine Rolle. Egal woran wir glauben, egal wem wir glauben, wir brauchen den Glauben, wie die Luft zum Atmen, er gibt uns Kraft und Zusammengehörigkeitsgefühl.

Unsere Kirchen sind verwaist. An eine einfache Botschaft im Stile von „Behandle andere so, wie du selbst behandelt werden willst" wird ein Glaubensbekenntnis, das wir nur noch selten in seiner Gänze annehmen können, geknüpft. Ideologien wie der Kommunismus oder andere Weltanschauungen haben sich überdauert, weil sie nicht für die Mehrheit der Menschheit annehmbar waren. Wir können also nicht mehr so einfach glauben, wir müssen wissen oder glauben zu wissen. Wir müssen vertrauen. Was nun, wenn es wirklich so schlimm um unseren Glauben und unser Vertrauen steht? Wo ist die neutrale Kontrollinstanz, die uns zu richtigem Verhalten anhält? Wie können wir unseren Glauben in uns und unsere Organisationen wiederfinden?

Wir sollten klar und offen kommunizieren

Vertrauen basiert auf Glaubwürdigkeit. Glaubwürdigkeit wiederum setzt eine klare, persönliche und ehrliche Kommunikation voraus. Moderne Kommunikationsmittel machen es möglich, jeden jederzeit zu erreichen, selbst wenn man oder frau in einem Büro in einer Chefetage in Frankfurt sitzt. Wäre es nicht ein hehres Ziel für jeden Personalverantwortlichen, das Vertrauen seiner Mitarbeiter- und Mitarbeiterinnen zu genießen – eine Unternehmerin oder ein Manager zu sein, die mit ihren Namen für ihre Produkte und ihr Unternehmen stehen.

Mitarbeiter, die ein Unternehmen verloren hat, weil die Unternehmenskultur nicht stimmt, kommen nicht mehr zurück. Selbst die besten PR-Experten können die Glaubwürdigkeit als guten Arbeitergeber nicht wiederherstellen, wenn erst einmal ein Überwachungsskandal durch die Presse geistert.

Das Projekt Abgeordnetenwatch.de hat gezeigt, dass die Bevölkerung Politiker und Abgeordnete direkt ansprechen will. Gute Antworten von Politikern stechen als solche hervor. Sie zeugen von inhaltlicher Kenntnis, aber auch vom Willen des einzelnen Abgeordneten glaubwürdig zu sein.

Ein ähnliches Anliegen hat das Projekt „Managerfragen.org". Zu lange wurden die Möglichkeiten sozialer Netzwerk für den Gesellschaftsdialog 2.0 zwischen Bürgern und Wirtschaft nicht genutzt, wurden brennende Fragen zu Entwicklungen in deutschen Unternehmen ausgespart. Natürlich sprechen sich die großen DAX-Vorstände regelmäßig in den deutschen Medien zu Managergehältern, Firmenübernahmen und anderen aktuellen Fragen aus. Aber ist das eine direkte Kommunikation? Beantworten von PR- und Presseabteilungen feingeschliffene Interviews unsere persönlichen Fragen? Wegen vieler offener Fragen an die Wirtschaft unterstützt der TT30 die Plattform „Managerfragen.org" mit dem Ziel eine nachhaltige und glaubwürdige Kommunikation anzustoßen.

Ähnliches sollte intern für jedes Unternehmen gelten: Es sollte transparent und direkt kommuniziert werden. Entscheidungen, der Unternehmensleitung, sollten für alle Mitarbeiter nachvollziehbar und ehrlich sein. Weil niemand belogen werden will, sollte niemand lügen, sollte niemand Euphemismen nutzen, die unklar sind und Fragen nicht beantworten. Der wichtigste Aspekt – das „Warum-tun-wir-das?" – sollte aus jeder Entscheidung klar hervorgehen. Gewinn für den Unternehmer, Boni für den Vorstand oder eine Dividende für Gesellschafter sind schon lange keine überzeugenden Argumente für Stellenkürzungen und Umstrukturierungen.

Aber alles fängt von innen an. Wir sollten uns fragen, woran wir glauben und was wir für uns selbst wollen. Wollen wir Ehrlichkeit, müssen wir ehrlich sein. Wollen wir Gerechtigkeit, müssen wir gerecht sein. Wollen wir freundlichen Umgang miteinander, müssen wir freundlich sein. Es ist so einfach, dass wir alle daran regelmäßig scheitern. Aber deshalb dürfen wir nicht aufgeben.

Wir sollten nicht alles tun, was wir dürfen

Wir haben freien Zugang zu Informationen, wir haben freien Zugang zum Recht. Wir dürfen fast alles tun, was wir wollen und selbst die Dinge, die wir nicht dürfen, können wir tun. Das Recht ist stark, aber es ist nicht allmächtig. Es hat Schwächen. Nutzen wir diese Schwächen, können wir viel gewinnen. Aber wir können auch verlieren: den Glauben in uns und unsere Integrität. Verlieren wir nur eines von beiden, ist es ein kurzer Weg zu Hoffnungslosigkeit und Resignation. Natürlich können wir nicht mit jedem arbeiten, aber wir können jeden respektieren. Jeder hat das Recht auf einen Platz in dieser Welt. Recht ist biegsam und es funktioniert nur unter der Prämisse, dass Fehlverhalten bewiesen werden kann. Wenn wir wissen, dass wir zwar rechtlich korrekt handeln, aber moralisch falsch, sollte nicht das Recht entscheiden, sondern die eigene Seele und unser Ermessensspielraum. Wir sollten uns fragen, was wirklich wichtig und richtig ist.

Wenn wir „schnell gedacht" haben, müssen wir „langsam" unsere Konsequenzen ziehen

Wir sollten uns Zeit erlauben zum „schnellen Denken“. In stillen Momenten, am Freitagabend, wenn die meisten Kollegen schon weg sind, betrachtet Philipp von seinem Büro die Stadt. Er denkt an seine kleinen Kinder, die schon schlafen, und an seine Freunde, die er seit Monaten nur noch auf Facebook trifft. Dann wird ihm klar, wie wertlos sein Armani-Anzug und sein Porsche eigentlich sind. Er denkt zurück an seine Studentenzeit, an die guten Vorsätze, die er für seine Zukunft hatte und was er alles bewegen wollte. Für einen kurzen Moment fühlt er sich wie eingesperrt in seinem Büro, in seiner Bank. Er fühlt sich um seinen Glauben, um sein Leben, betrogen. Dann wird ein Anruf eines Geschäftspartners aus den USA ihn aus seiner Melancholie reißen. Vielleicht wird er sich schämen, dass er sich für solch „unnütze“ Gedanken Arbeitszeit gestohlen hat.

Sich Zeit zu nehmen, scheinbar nichts zu tun und in sich gekehrt, sein Dasein zu reflektieren, nennt sich für religiöse Menschen beten. Natürlich muss nicht jeder auf dieser Welt beten, aber sich zu fragen, woran man glaubt, seine Werte und Visionen regelmäßig nachzujustieren, ist keine vertane Zeit.

Auf Menschen vorbehaltlos zuzugehen, ihnen die Hand zu geben und ihnen einfach zu vertrauen, ist nicht naiv. Auch Fremden zuzuhören, ist keine Zeitverschwendung. Etwas näher zusammenzurücken, wenn sich alle voneinander entfernen, tut nicht weh.

Etwas zu bewegen, macht uns Freude, erzeugt positiven Stress und Glücksgefühle. Aber nur zu schnell passiert es, dass wir unsere Ziele aus den Augen verlieren und vor lauter Arbeit nicht merken, dass wir eigentlich ganz andere Dinge in unserem Leben brauchen. Wir merken nur zu spät, dass wir goldene Kälber angebetet haben. Damit diese Einsicht nicht zu spät kommt, müssen wir uns zwingen, unser Handeln genau zu reflektieren. Ein Vorsatz, der sich leicht anhört, aber schwer umzusetzen ist, weil alles immer viel dringender ist, als man selbst, z. B. der Telefonanruf aus den USA, die Dienstreise zu einer wichtigen Konferenz. Welche Konsequenz ziehen wir, wenn wir von unserer Arbeit unglücklich werden? Wenn wir nicht mehr an das Produkt, das wir verkaufen, glauben können? Wenn wir resigniert meinen: „Institutionen sind nicht dankbar"? Wenn uns unser Dasein anwidert? Steigen wir aus?

Die wenigsten von uns haben den Mut, alles hinter sich zu lassen und neu anzufangen und mit weniger Geld, aber dafür erfüllter, selbstbestimmter und glücklicher zu leben. Aber alle haben die Pflicht, gegen Ungerechtigkeit und Resignation zu kämpfen. Warum reden wir nicht mit einem Kollegen, der gemobbt wird? Warum fragen wir ihn nicht ehrlich, wie's ihm geht? Warum hören wir uns nicht die privaten Sorgen von unserem Nächsten an, ob nun Chef oder Putzfrau, nehmen sie ihn den Arm und behalten unseren Respekt und unsere Achtung vor ihm? Was soll's, dass jemand Schwäche zeigt? Warum zeigen wir nicht Schwäche? Und ehrlich gesagt, sind wir doch alle schwach. Selbst die Starken haben schon mal heimlich geweint.

Wir sollten unsere Wirtschaft als das nutzen und verstehen, was sie ist, ein Werkzeug und keine Religion

Nobelpreisträger Milton Friedman sieht die soziale Aufgabe eines Unternehmens, Gewinne zu machen. Je höher der Gewinn, desto sozialer sei das Unternehmen. Friedman legt die Latte an soziales Verhalten ziemlich niedrig an, denn Lohndumping und damit die Ausbeutung von Arbeitnehmern kann per se nicht sozial sein.

Im Gegensatz dazu steht *social entrepreneurship*: Ein gemeinnütziges Ziel wird bewusst mit betriebswirtschaftlichen Mitteln verfolgt. Anders als konventionelle Wirtschaftsunternehmen steht aber hier nicht die Gewinnmaximierung im Vordergrund, sondern *social entrepreneurs* geben sich mit einer minimalen Rendite zufrieden, also mit dem einen Euro mehr, der nach allen Verbindlichkeiten, Abschreibungen und Investitionen übrig bleibt. Dafür sind andere Ziele wichtiger: ein besonderer Schutz der Umwelt, die sinnvolle Beschäftigung von Menschen, die auf dem ersten Arbeitsmarkt keine Chance hätten, direkte Armutsbekämpfung, die finanzielle Unterstützung wohltätiger Organisationen und vieles mehr.

Viele neue Geschäftsideen entstanden in den letzten Jahren in diesem Bereich, vor allem, nachdem im Jahr 2006 ausgerechnet ein Banker den Friedensnobelpreis bekam. Muhammad Yunus gründete 1983 die Grameen-Bank in Bangladesch, die Kleinkredite an die arme Landbevölkerung vergibt. Renditen waren für Yunus' Arbeit nicht ausschlaggebend, das eigentliche Ziel lag darin, nicht kreditwürdigen Bauern eine Existenzgründung zu ermöglichen und sie aus der Armut zu befreien. Auch der finanzielle Erfolg seines Geschäftsmodells gibt ihm Recht. Eine Kreditausfallrate von knapp drei Prozent lässt amerikanische Banker angesichts der Finanzkrise in Ehrfurcht erstarren. Schon lange macht die Grameen-Bank Milliardenumsätze, die aber nicht in die Taschen überbezahlter Manager und Vorstände fließen.

Der Erfolg von Fairtrade- und Bioprodukten in deutschen Supermärkten beweist, dass auch mit Rücksicht auf Arbeits- und Umweltbedingungen Geld verdient werden kann.

So wird wirtschaftliches Handeln sozial. Gewinn wird sittlich. Viele weitere Projekte finden sich im Internet und ein paar unter www.agoodsite.org.

Wir sollten Vertrauen riskieren.

Wir glauben, dass wir im freien Wettbewerb um Anerkennung, Macht und Geld unserem Nächsten nicht vertrauen dürfen, denn alle wollen genau das Gleiche wie wir. Um diesen Erfolg zu haben, glauben wir, dass wir rücksichtsloser handeln müssen, dass wir niemanden an uns vorbei lassen dürfen und keinem vertrauen sollten. Andererseits sind es nicht mehr die Schwachen, die ihren Glauben verlieren, es sind auch die Starken, die Player, die vom Glauben an den Gewinn abfallen. Der Glaube an Unternehmensziele und Gewinne hilft uns im Arbeitsleben zu bestehen, obwohl er sich längst überdauert hat. Unser Vertrauen in unseren Nächsten, z. B. einen Kollegen, steht unter der Prämisse, dass dieser uns nicht vertraut, dass dieser uns auf den Fersen ist. Wir driften ab in Misstrauen. Wir schämen uns für „kindliche Naivität", weil wir jemandem vertraut haben, dem wir nicht hätten vertrauen dürfen. Diese Abwärtsspirale müssen wir durchbrechen. Wir müssen selbst den Glauben an unser Tun neu ausrichten. Was wir tun, sollte richtig, nicht gewinnträchtig sein.

Wenn Jill Geisler in ihrem erfolgreichen Podcast „What Great Bosses Know" die chaotische Situation an der Penn State University beschreibt, erläutert sie daran acht Zeichen, wie eine Organisation trotz wunderschöner *mission statements* moralisch verfällt. Am Ende der fünfminütigen Analyse ringt sie dem Hörer folgendes Versprechen ab: „No one is exempt from doing the right thing, legally, ethically, or morally. Especially the boss."

Das Korrektiv liegt also in uns selbst, in unserem Glauben an das Richtige, in der Tugend Glaube. Die Ordnungsprinzipien für unser Zusammenleben, die uns Religionen und Weltanschauungen vorgeben, helfen uns als Richtlinie. Kants Kategorischer Imperativ und die Goldene Regel können uns den Weg weisen, um im Alltag die kleinen Ungerechtigkeiten, die wir uns gegenseitig zufügen, zu vermeiden und uns selbst gegen die Ungerechtigkeiten zur Wehr setzen.

Wir wollen alle fair behandelt werden, wir wollen alle Vertrauen genießen. Um dies zu erreichen, müssen wir selbst fair handeln und anderen vertrauen. Wir sind verständig genug, um die Tugend Glaube wiederzuentdecken und sie für ein besseres Zusammenleben einzusetzen, ohne blind zu glauben. Jemandem zu vertrauen, ist immer ein Risiko. Niemand kann garantieren, dass Vertrauen nicht irgendwann missbraucht oder gebrochen wird. Dennoch ist es für jeden ein schönes Gefühl, Vertrauen zu genießen. Und da niemand einen Vertrauensbruch vorhersagen kann, sollten wir dieses Glücksspiel eingehen. Es gibt mehr zu gewinnen als zu verlieren.

Mag sein, dass die Forderungen nach Vertrauen und Glauben naiv sind. Mag sein, dass sie nicht den Realitäten einer kapitalistischen Wirtschaft standhalten. Mag sein, dass ihre Umsetzung komplex und utopisch ist. Aber liegt dem Glauben nicht die Vorstellung zugrunde, Dinge verändern zu können, Berge zu versetzen?

Literaturvorschlag

- Alain de Button, Religion for atheists: a non-believer's guide to the uses of religion, Penguin, 2012 (deutsche Übersetzung angekündigt für April 2013).
- Jill Geisler: Work happy! - What Great Bosses Know, Center Street, 2012 (Papierversion des erfolgreichen Podcasts auf ItunesUni) .
- Manfred Lütz: Gott – Eine kleine Geschichte des Größten, Knaur, 2007.
- Ulrich Hemel: Wert und Werte. Ethik für Manager – Ein Leitfaden für die Praxis, Carl Hanser Verlag, 2005.

GLAUBE

Kapitel 7

LIEBE

Liebe, die (f.), lat. caritas, gr. agape

Von
Silke Noa Kumpf

Vom Kampf der Kulturen zum modernen Gespräch der Nächstenliebe

Neminem laede, immo omnes quantum potes iuva.
[„Verletze niemanden, vielmehr hilf allen, soweit du kannst."]
Arthur Schopenhauer

I. Story: Bei uns zu Hause

Adam A. ist 20, Student, Informatiker. Es ist Samstag und er liegt auf dem Bett, sein Macbook auf dem Bauch, Kopfhörer auf. Er surft im Internet, schaut sich ein Video nach dem anderen an. Er ist auf einer bekannten kostenfreien Pornoseite. Adam ist Single. Das eigentlich schon immer, mehr oder weniger. Eine halbe Stunde lang, dann springt er auf eines der anderen Fenster: eine Website, die sich der angeblich aufrichtigen Berichterstattung verschreibt. Dort liest er über einen Engländer, der vor zwei Jahren im Jemen entführt wurde. Zwei Sekunden später drückt er auf einen Link, der ihn zu einem

Video auf der Website www.youtube.com führt. Sie zeigt, wie ein vermummter Mann dem Engländer die Kehle durchschneidet und dazu „Allahu Akbar" bellt. Ja, „Islamisten" haben den Engländer getötet. Bei den „Arabern" war er gottseidank noch nicht. Aber er weiß genug über sie. Adam schaut sich das Video wieder und wieder an, dann springt er zurück auf die Pornoseite, bis seine Schwester Sarah von draußen schreit. Sie hat heute ihre erste Abiturprüfung. Adam soll sie zur Schule fahren. Das hatte er ganz vergessen. Sie möchte Medizin studieren. Als hätte er nichts Besseres zu tun, denn heute Morgen wollte er doch eigentlich die hübsche Sophia, seine Kommilitonin, an der Bushaltestelle aufsammeln und an die Uni mitnehmen. Die gefällt ihm wirklich. Er schaut auf die Uhr. Es ist genau 7:00, Adam ist in Frankfurt. Adam ist katholisch, er spricht deutsch und englisch.

Vier Flugstunden entfernt befindet sich Adam B., auch 20, Student, Informatiker. Er liegt auf seinem Bett, sein Macbook auf dem Bauch, Kopfhörer auf. Auch er surft im Internet. Er ist Single, schon immer. Er ist auf derselben Pornoseite und chatted dort mit einer Porndarstellerin, die sich als 20-jährige Studentin aus Hamburg ausgibt, und sich halbnackt in einem Video räkelt. Ist sie wirklich auch an der Uni, wie er? Er springt zur nächsten Website. Nun sieht er einen Prediger, der zur Tugend und zum Schutz der muslimischen Frau aufruft, und gegen den Moralverfall des „Westens" predigt. Ja, vielleicht sollte er zur Buße für das Pornographie-Schauen einen Tag fasten, vielleicht. Im Kopf hallt das Stöhnen der Pornodarstellerin, dann die Stimme des Predigers. Wenn er nicht immer wieder so viel Zeit auf dieser Pornoseite verbringen würde. Irgendwie alles die Schuld dieser verwahrlosten Menschen im Westen. Er möchte duschen, greift zu einem Handtuch, als seine Schwester Sarah von draußen schreit. Sie ist 23 Jahre und Medizinstudentin. Ihr Auto ist kaputt und sie möchte sich Adams ausleihen, da sie heute in eine Vorstadt zum Praktikum muss. Na toll, dann kann er heute nicht mit Auto bei seinen Kumpels auftauchen. Das passt ihm irgendwie gar nicht, denn heute sollte auch Sophia, in die er heimlich verliebt ist, mit ihrer Freundin vorbeischauen. Die kommt sonst wirklich selten. Adam schaut auf die Uhr. Es ist genau 7 Uhr. Adam ist in Kairo, Ägypten. Adam ist Muslim, er spricht arabisch und englisch.

II. Nachhaltigkeit im globalen Kulturen- und Informationsdschungel?

Die Globalisierung hat es möglich gemacht, dass beide Studenten Zugriff auf dieselben Produkte haben, dieselben Produkte kaufen. Sie können ihr Leben ähnlich gestalten. Die Studenten Adam A. und Adam B. ähneln sich daher nicht nur im Namen. Der Informationsfluss gibt Menschen den Eindruck, alles wissen zu können, was sie wissen wollen. Sie wissen Bescheid über die anderen, die da in Europa wohnen, die da im Nahen Osten wohnen. Wie nie zuvor können sie sich ein Bild von der Welt machen. Auch ohne Reisen und Erfahrungen aus erster Hand erlaubt die Informationenflut das Urteilen, Aburteilen und das Vorurteilen. Webseiten stellen sich als neutral da, als faktisch, als die Wahrheit, die einfach ist, vermeintlich in schwarz und weiß ausgedruckt werden kann.

Auch wenn wir alle im selben Ozean der Moderne mit denselben Hilfsmittel schwimmen, sind unsere Vorstellungen voneinander oftmals nicht zu vereinbaren. Die meisten Deutschen haben ein Bild über den Nahen Osten, über all die, die so anders sind. Wir grenzen uns ab. Seit 9/11 dominiert der Begriff *Der Kampf der Kulturen / The Clash of Civilizations*, den Huntington in seinen gleichnamigen Artikel von 1993 und dem Buch von 1996 geprägt hat. Danach sind in den Worten Huntingtons die Grundwerte der „westlichen Zivilisation" und der „islamischen (Un)Zivilisation" so grundlegend verschieden, dass ein Zusammenleben nicht möglich ist und ein Konflikt nicht vermieden werden kann. In den naiven, malbuchartigen Darstellungen mancher Medien werden Menschen in unterschiedlichen Farben gemalt. Diese Farben reichen wohltuend aus, uns vorzugaukeln, dass wir den Fremden genug verstehen, um zu wissen, dass er unüberwindlich fremd ist. Dasselbe gilt für die Menschen im Nahen Osten, auch sie haben ein Bild von den Europäern. Bezeichnenderweise nutzen auch Extremisten Huntingtons Maxime des „Kampf der Kulturen".

Das Internet ermöglicht Zugriff auf dieselben Informationen, die denselben Effekt auf den Empfänger haben können, aber nur selten haben. Auch wenn Menschen Empfänger derselben Informationen sind, so hängt deren Wirkung von der Wechselwirkung mit anderen Informationen und Erfahrungen ab. Wie bei Adam A. und Adam B. erkenntlich wird, haben dieselben Informationen aufgrund der Wechselwirkung mit anderen Informationen, Überzeugungen und Falsch-

Informationen eine unterschiedliche Wirkung. Auf der bekannten Pornoseite sieht man Prostituierte – angeblich Mädchen von nebenan, die unbedingt mit Adam schlafen möchten. Adam in Kairo fällt es leicht, über Menschen zu verallgemeinern, mit denen er keine Erfahrung hat: Deutsche Mädchen sind wohl so freizügig, hemmungslos und verdorben. Adam in Frankfurt geht es ähnlich. Sein Bild des Nahen Osten, von Muslimen und Arabern wird gerne von Medien bestätigt: Unzivilisierte, Barbaren mit einem Hang zur Grausamkeit, die uns ins Mittelalter zurückkatapultieren wollen, die Frauen schlagen, Kinder verstümmeln und hasserfüllt westliche ausländische Botschaften in Brand setzen. Wir haben dasselbe Malbuch, füllen es aber mit anderen Farben: Im unserem Malbuch füllen wir die Sonne mit gelber Farbe aus, andere sind der Meinung, dass die richtige Farbe rot ist, wie die Sonne zum Beispiel auf der japanischen Flagge dargestellt wird.

Zu der unterschiedlichen Wirkung, die dasselbe Video und dieselben Medien auf verschiedenen Menschen haben, kommt auch, dass Medien von unserem sozialen Umfeld sozusagen vorsortiert werden. Menschen lesen, was ihre Freunde auf Facebook posten und was sie sonst noch über Google oder das World Wide Web erreicht. Diese vorsortierten und milieunahen Medien bestätigen oft ihre Vorurteile. Die Medien aber verfolgen ihre eigenen Agenden, sind von ihren eigenen Ideologien geprägt: Diese entscheiden mit, was gedruckt, was gefilmt wird. Oft sind das Berichte über Gewalt, über Katastrophen und die heroischen Taten Einzelner. Viele sind Einzelberichte und werden fairer Weise auch oft so dargestellt, aber wir neigen zur Verallgemeinerung. Die Informationen scheinen den Leser über die Weltgeschehnisse zu informieren, geben den Anschein, dass das Lesen von etwaigen Webseiten und Zeitungen ausreicht, die Welt und ihre Menschen zu verstehen. Menschen sind hochgebildet, und trotzdem werden sie Opfer des vorschnellen oder ignoranten Urteilens, da sie nur einen einseitigen Informationsfluss genießen und dem nicht kritisch gegenüber stehen. Fernsehnachrichten sind oft noch zugespitzter.

So berichten die Nachrichtensender Al Jazeera und ON-TV über die Demonstrationen am 4. Dezember 2012 in Kairo. Die Demonstrationen richten sich gegen die verfassungsrechtliche November-Erklärung des ägyptischen Präsidenten Mursi, die ihn temporär über die Justiz stellt und die Gewaltenteilung auflöst, gegen den Verfassungsentwurf, der im Eilverfahren von einer Islamisten-dominierten Versammlung verabschiedet wird, und generell gegen die Vereinnahmung der Politik durch die Muslimbrüder. Beide Sender filmen die Demonstrationen, der Unterschied besteht nur darin, das Al Jazeera vor allem leere Straßen mit vereinzelten Demonstranten in Nahaufnahmen zeigt, wohingegen ON-TV große Menschenmengen filmt und auf Luftaufnahmen zurückgreift, die das Ausmaß der Demonstration festhalten. Ein Nahostkenner kennt die Loyalitäten der Sender, der Normalkonsument jedoch weniger. Ein weniger krudes Beispiel ist die Berichterstattung über die Stürmung der Kairoer US-Botschaft im Herbst 2012. So erschienen Bilder der gewalttätigen Stürmung der Botschaft von 1000 Demonstranten auf jedem deutschen Nachrichtenprogramm, aber das Nachrichtenprogramm erwähnt nicht, dass die restlichen 20 Million Menschen in Kairo friedlichen ihrem Alltag nachgingen. Auch die differenzierte Debatte in den ägyptischen Nachrichten gelangt nicht bis ins deutsche Fernsehen.

Selten wird über den normalen Menschen berichtet, der den Leser und Zuhörer widerspiegelt, denn gegen das Sensationelle kommt das Normale nicht an. Dass Menschen im Grunde weltweit von der Globalisierung geprägt sind und ähnliche Alltagsleben führen, rückt in den Hintergrund. Dass die Teilnahmslosigkeit viele Ägypter gegenüber der oben erwähnten verfassungsrechtlichen November-Erklärung wenig mit fanatischen religiösen Einstellungen zu tun hat, sondern viel mehr mit ihrer ökonomisch prekären Lage und Wunsch nach Stabilität, wird von vielen europäischen Fernsehberichten unter den Tisch gekehrt. Der Fanatismus mit protestierenden bärtigen Männern macht sich einfach besser in den Medien.

Es sind die Unterschiede, die Informationen oft interessant machen, seltener unsere Gemeinsamkeiten. Wir sehen nicht die praktischen Übereinstimmungen in den Leben der gleichnamigen Studenten, wir sehen nicht, wie sich ihre Wünsche überschneiden, sondern malen uns unterschiedliche Ideologien, Prinzipien, Werte aus. Die Möglichkeit, uns in den anderen hineinzuversetzen, den anderen zu verstehen, schwindet. Indem wir in unseren Köpfen Bilder malen, mit denen wir uns nicht identifizieren können, distanzieren wir uns von ihnen, dehumanisieren sie und dadurch schwindet die große Chance, die die Globalisierung nachhaltig machen würde: Menschen weltweit als Mitmenschen zu sehen, indem wir uns unserer Gemeinsamkeiten bewusst werden. Anstatt der polarisierenden Dichotomie „der fanatische Muslim“ und „der promiskuitive, d. h. sexuell freizügige Europäer“ sollte die Globalisierung zu der Erkenntnis führen, dass „der fanatische Muslim" und der „promiskuitive Europäer" im Grunde einander gar nicht so verschieden sind, dass wir die Berichterstattung der Nachrichten nicht immer für bare Münze nehmen können, vor allem wenn es um ein Thema geht, über das starke Vorurteile existieren, über das sich die Medieninhaber, die Journalisten und die Empfänger oft schon von vornherein ein Bild gemacht haben. Der Aufruf, Menschen als Mitmenschen zu behandeln, ist alt und die Grundessenz der klassischen Tugend Liebe. Eine Rückbesinnung auf die Tugend Liebe kann uns deshalb heutzutage helfen, unsere verflochtene globalisierte Welt differenzierter und nachhaltiger zu erschließen und in dieser Welt umsichtiger zu denken und zu handeln.

III. Die klassische Tugend Liebe

Der Begriff Liebe ist sehr umfassend und beinhaltet vieles: Die romantische Liebe, die Liebe einer Mutter zu ihrem Kind, aber auch die klassische Tugend der Menschenliebe, Güte und Barmherzigkeit, die Menschen ihren Mitmenschen gewähren. Das Mitempfinden, das wir auch fremden Mitmenschen zukommen lassen, fällt in die letztere Kategorie: die Nächstenliebe. Diese erscheint nicht als separate Tugend in der klassischen Tugendlehre, sondern wird in die westliche Tugendlehre erst von Papst Gregor I. aufgenommen und später von Thomas von Aquin, der zwischen theologischen Tugenden (Glaube, Hoffnung, Liebe) und moralischen Tugenden (Klugheit, Gerechtigkeit, Tapferkeit, Mäßigung) unterscheidet. Als theologische Tugend definiert sie Thomas von Aquin rein christlich.

1. Die theologische Tugend Liebe

Der Levitikus-Vers 19:18 schreibt die Nächstenliebe als Gebot vor und verkörpert damit einen zentralen Glaubenssatz jüdischer Ethik, das der Philosoph Kwame Anthony Appiah als „unerhört anspruchsvoll" bezeichnet: *Du sollst deinen Nächsten lieben wie dich selbst.* Das Gebot erscheint im Anschluss an eine Liste der Forderungen Gottes an das jüdische Volk, die heute scheinbar abwegige Rituale, aber auch allgemeingültigere Verhaltensregeln der Einheit, Gerechtigkeit und vor allem Wohltätigkeit gegenüber Randgruppen, Schwachen und Armen vom jüdischen Volk verlangt. Wer aber ist der Nächste? Darüber hat die jüdische Theologie von Anfang an diskutiert, und die talmudische Meinung spaltet sich: die Liebespflicht ist entweder auf Nichtjuden und Proselyten zu beziehen, die unter den Juden leben oder auf alle Menschen, mit denen Juden in Kontakt treten. Sie bezieht sich also entweder nur auf die, die aus jüdischer Sicht nicht der Sippe angehören, deshalb in der Gesellschaft wenig vernetzte arme Außenseiter sind, oder einfach alle, mit denen sie in irgendeiner Weise interagieren. Als sich unsere Welten über die Jahrhunderte hinweg immer stärker vernetzten, sozusagen die Globalisierung voranschritt, fand die weitreichendere Deutung in der jüdischen Auslegung immer stärkeren Konsens.

Das Neue Testament macht die „unerhört anspruchsvolle" Nächstenliebe zur zentralen religiösen Pflicht des Christentums. Gleich in drei Evangelien wird Jesus gefragt, was die wichtigsten Gebote Gottes sind, und an allen drei Stellen ist seine Antwort gleich: Gott und den Nächsten zu lieben: in Markus 12,29-31, Johannes 13, 34-35, Matthäus 22, 37-40. Dieser Grundsatz wird mehrfach im Neuen Testament wiederholt und kein anderes Gebot hält in der christlichen Ethik einen zentraleren Ort. Matthäus 25:40 gibt den Christen noch zusätzliche Anreize für die Ausübung der Nächstenliebe. Die Nächstenliebe verschmilzt mit der Gottesliebe; Taten der Nächstenliebe werden als Liebe zu Jesus und Gott ausgelegt: *„Was ihr für einen meiner geringsten Brüder getan habt, das habt ihr mir getan."* Die Nächstenliebe wird im Christentum weit ausgelegt; sie ist unbeschränkt und bezieht sich auf alle Menschen, mit denen Christen in Kontakt treten.

Ähnlich wie im Christentum und Judentum ist die Nächstenliebe in den Lehren des Islams verankert. Sure 21:107 des Korans verkündet, dass der Grund der Entsendung des Propheten Mohammeds die Verbreitung von Barmherzigkeit und Menschenliebe in aller Welt ist. Die Ahadith (sgl. Hadith), die Sammlungen überlieferter Taten und Nachrichten des Propheten, die Teil der islamischen Gesetzgebung bilden, warnen im Traktat Sahih Bukhari, Band 8, Buch 73, Nummer 42, dass, wer keine Barmherzigkeit walten lässt, auch nicht barmherzig behandelt werden wird. Obwohl dem Almosengeben ein sehr hoher Stellenwert zukommt, sind laut Sure 2:263 freundliche Handlungen und Verzeihung besser als Almosen, denen kränkende Worte folgen. Die Barmherzigkeit und Liebe werden in Sure 30:21 des Korans als die Grundeigenschaften in der Beziehung zwischen Mann und Frau hervorgehoben.

2. Philosophen und die Moderne

Dem Thema Nächstenliebe haben sich über die Jahrtausende viele Menschen gewidmet, nicht nur Religionsgelehrte, sondern vor allem Philosophen, die sich seit der Aufklärung verstärkt für eine soziale Interpretation der Tugend Nächstenliebe einsetzten. So widmet der deutsche Philosoph Schopenhauer in seiner Schrift „Über die Grundlage der Moral" ein ganzes Kapitel der Tugend Nächstenliebe. Die Schrift bildet eines der Hauptwerke Schopenhauers zu der von ihm postulierten Mitleidsethik. Sie basiert darauf, dass der einzige Grund, uneigennützig zu handeln, die Erkenntnis des Eigenen im Anderen liegt – die Anteilnahme, das Mitempfinden, oder nach dem damaligen Sprachgebrauch das Mitleid. Solange sich beispielsweise Adam in Frankfurt mit Adam in Kairo identifizieren kann, so lange kann es auch Anteilnahme und Nächstenliebe zwischen den beiden geben. Obwohl Schopenhauer in der Nächstenliebe die Hauptcharakteristik des Christentums für die westliche Welt sieht, folge daraus nicht, dass die westliche Welt mehr Nächstenliebe übe. Zwar variiert die Zentralität der Nächstenliebe in den verschiedenen Religionsschriften, trotzdem ist die Anteilnahme (und damit implizit auch die Nächstenliebe) in der christlichen Welt nicht stärker verbreitet als in der nicht-christlichen. Adam aus Kairo ist Muslim, Adam in Frankfurt Katholik. Ihre Religionszugehörigkeit und Religiosität macht sie allerdings nicht zu besseren Menschen. Der Einfluss der Religionen auf die Moral ist doch tatsächlich eher gering. Ethische Werte und Unwerte sind überall etwa ähnlich verbreitet. Damit unterstützt Schopenhauer seine Behauptung, dass Anteilnahme angeboren ist.

Mit dieser Einsicht kam Schopenhauer auch den Lehren der Verhaltensbiologie nahe, die sich verstärkt seit Anfang der 70er-Jahre mit den verhaltensbiologischen Gründen der Nächstenliebe und des Altruismus auseinandersetzt, sowie auch der Spieltheorie. Hier ist die Nächstenliebe in bestimmten Situationen eine effektive Wahl und maximiert die Belohnung des Spielers. Schopenhauers Versuch, Philosophie in Fakten über die menschliche Natur zu untermauern, wurde auch von Kwame Anthony Appiah aufgegriffen, der in seinem Buch *Der Kosmopolit: Philosophie des Weltbürgertums* die Meinung vertritt, dass Moralphilosophie im Einklang mit Beobachtungen der menschlichen Natur und Psychologie stehen muss. Er hält die Nächstenliebe für eine universelle Tugend, von der sich die Goldene Regel ableitet, seinen Nächsten so zu behandeln, wie man selbst behandelt werden möchte. Für ihn steht hinter der Regel die Aufforderung, die Interessen anderer in Erwägung zu ziehen, indem wir uns in die Lage unserer Mitmenschen versetzen, um in ihren Schuhen herumlaufen zu können und damit deren Werte verstehen lernen, wenn nicht ernst nehmen zu können.

IV. Die ganze Menschheit als Mitmenschen

Greifen wir die Gedanken Schopenhauers auf, die der Nächstenliebe die Möglichkeit des Miteinanderidentifizierens und dadurch die Fähigkeit der Anteilnahme voraussetzen. Die Globalisierung, das Internet, Telefontechnologien wie etwa Skype, Video-Conferencing, die internationale Berichterstattung und nicht zuletzt das preisgünstigere Verreisen bedeuten heute, dass wir nicht nur mit unserer Familie, unseren Nachbarn zu Hause oder den Leuten auf der Arbeit in Kontakt treten. Auch wenn sich nicht jeder unter uns als Kosmopolit bezeichnet und die weite Welt bereist hat, ist sicher, dass wir uns heute mit sehr viel mehr Menschen befassen als noch unsere Eltern und Großeltern. Wie Appiah in seinem Buch *Der Kosmopolit* schreibt, können wir uns alle vorstellen, mit jedem Menschen weltweit Kontakt aufzunehmen und auf ihn positiv einzuwirken, indem wir ihm zum Beispiel Antibiotika schicken. Gleichzeitig sind wir aber auch in der Lage, schädliche Dinge jedem dieser mehr als sechs Milliarden Menschen zuzuschicken, zum Beispiel Bakterien, Viren oder gar schlechte Ideen. Gegenüber jedem Menschen, auf den unser Verhalten Auswirkungen haben kann, haben wir deshalb Verpflichtungen. Da wir mit so viel mehr Menschen verbunden sind als noch unsere Eltern, haben wir mehr Mitmenschen, mehr Verpflichtungen. Appiah schreibt, dass die wirkliche Herausforderung darin besteht, das über Jahrtausende in Kleingruppen geformte Denken und Fühlen darauf auszurichten, dass es uns erlaubt „im globalen Stamm" nachhaltig zu leben.

Die Tugend der Nächstenliebe modern gedeutet, könnte uns helfen, diesem Ziel näher zu kommen. Während die jüdische Auslegung die Nächstenliebe erst auf Schwache, Neubekehrte – sogenannte Proselyten – und Fremde im eigenen Land bezog und das Christentum diese auf alle Menschen ausdehnte, mit denen wir in Kontakt treten, so kann heute jeder Mensch als Mitmensch gelten. Durch das internationale Finanzsystem, die Energiewirtschaft und die Telekommunikation ist Adam in Frankfurt nicht nur mit den Europäern verbunden, sondern auch mit Adam in Kairo, auch ohne dass die beiden sich kennen. Wir sind voneinander abhängiger geworden, das Leben und komplexe Wechselbeziehungen haben dazu geführt, dass nicht nur große Ereignisse große Auswirkungen haben, sondern auch kleine, scheinbar bedeutungslose Ereignisse oft weitreichende und unerwartete Folgen mit sich tragen. Chaostheoretiker, Wissenschaftler, die komplexe Systeme studieren, haben dazu festgestellt, dass anfangs kleine Ereignisse unvorhersehbare Auswirkungen in nicht-linearen dynamischen Systemen haben können und diese vollständig verändern können. Solche Effekte nennen sie Schmetterlingseffekte. Demnach können geringfügig veränderte Anfangsbedingungen im langwierigen Verlauf zu einer völlig anderen Entwicklung führen.

Der virulente Anti-Islam-Film, der im September 2012 die Proteste in muslimischen Ländern auslöste, mag neben einem Schneeballeffekt auch einen solchen Schmetterlingseffekt verursacht haben: Er löste die Proteste in der arabischen Welt aus, beeinflusste die Präsidentschaftswahl in den USA und bewirkte ein verstärkte Apathie des Westens gegenüber dem Blutbad in Syrien. Vor allem aber beeinflussten die Geschehnisse das Bild von Menschen im „Westen" über die da im „Osten" und das Bild der da im „Osten" über die da im „Westen". Sie führten zur verstärkten Abgrenzung zwischen denen, die da so bizarr protestieren, und denen, die diese Gewalt über das Fernsehen mitverfolgen. Beispiele wie diese, über die im Fernsehen berichtet wird, indem nur die stärksten Ausschreitungen in einer Flut von Bildern ausgestrahlt werden, prägen das Bild des Otto Normalverbrauchers über diese muslimischen Länder, wohingegen die Information über einen Anti-Islam-Film, über den Islamhass und den moralischen Verfall des Westens das Bild des Ahmed Normalverbrauchers von Menschen im Westen prägt. Dadurch heben Nachrichten über den Anti-Islam-Film die Unterschiede zwischen den Menschen hervor. Dass die Mehrzahl der Menschen in den Ländern, in denen protestiert wurde, gegen die Demonstrationen, geschweige denn gegen den gewalttätigen Anschlag auf die Botschaften waren, wird nur selten erwähnt. Dass die meisten Menschen in den USA und Europa den Film nicht unterstützen, wird in den muslimischen Ländern kaum registriert. Stattdessen spielen die Bilder mit den Emotionen der Menschen. Angeblich hätte das amerikanische Staatsfernsehen den Film gezeigt. Amerikanisches Staatsfernsehen? Das gibt es nicht. Allerdings sehen Menschen, die an Staatsfernsehen gewohnt sind, nicht die Abstrusität der Existenz eines amerikanischen Staatsfernsehens. Bei uns wird die Frage gestellt, warum die westlichen Nationen den Arabischen Frühling überhaupt unterstützten, wenn diese Reaktionen der Dank dafür seien. Zeigten die Bilder nicht, dass diese Demonstranten sich wie irrationale Kleinkinder aufführten und deshalb zur Demokratie ungeeignet wären? Bestätigten die Ausschreitungen und die Erstarkung islamistischer Parteien in dem nun sich demokratisierenden Osten nicht Huntingtons These der Unvereinbarkeit von westlicher und islamischer (Un)Kultur?

Der Informationsfluss, ein wichtiger Aspekt der Globalisierung, führt hier nicht zur Erkenntnis, dass Menschen vor allem ähnlich sind, ähnliche Leben leben, sondern dazu, dass wir nichts gemeinsam haben. Obwohl die Globalisierung die Menschheit zu Mitmenschen macht, erlauben die Medien heute kaum, dass sich die Menschen mit den in den Nachrichten dargestellten Menschen identifizieren. Wir probieren nicht deren Schuhe an, da es nach diesen Bildern sowieso schon klar ist, dass deren Schuhe uns nicht passen, d. h. wir deren Werte nicht verstehen, geschweige denn ernst nehmen können. Obwohl der Informationsfluss immer größer wird, ist es für viele nicht einfach, die Spreu vom Weizen der Informationen zu trennen.

V. Liebe statt Kampf der Kulturen?

Die Globalisierung hat zwar zur Angleichung der Lebensgewohnheiten in vielen Teilen der Welt geführt – nur in Nordkorea und Kuba gibt es offiziell keine Coca-Cola zu kaufen – aber dadurch hat die zunehmende Globalisierung auch zur bewussten Abgrenzung voneinander geführt, zu stärkeren Missverständnissen, zur blinden Verteidigung von lokalen kulturellen Praxis, die nur deshalb unterstützt werden, weil sie lokal sind, nicht aber weil sie gut sind. Da die Identifikation miteinander ausbleibt, gibt es auch keine Anteilnahme an den Leiden des anderen, kein Mitgefühl und so, laut Schopenhauer, auch keine Nächstenliebe. Die große Chance der Globalisierung schwindet, die uns erlaubt, auch fremde Menschen verstehen zu lernen. Was auf zwischenmenschlicher Ebene bleibt, sind vornehmlich deren Gefahren.

Dass die Welt komplexer geworden ist und immer komplexer wird, ist vielen Menschen klar. Doch gerade diese Vielschichtigkeit macht Vereinfachungen und Schwarz-Weiß-Malerei attraktiv. Diese wird sehr gut in einem Werbeplakat, das in den USA in mehreren U-Bahnstationen von Pamela Gellers islamophoben Freedom Defense Initiative angebracht wurde und für Aufruhr sorgte, deutlich: „*In any war between the civilized man and the savage, support the civilized man. Support Israel. Defeat Jihad.*" [In einem Krieg zwischen dem Kulturmensch und dem Wilden, unterstütze den Kulturmensch. Unterstütze Israel. Bekämpfe Jihad.]" Der Slogan spielt mit den oberflächlichen Eindrücken und Vorurteilen des Durchschnittsbürgers. Er spielt mit der Ignoranz der Menschen, für die eine komplexere Diskussion des israelisch-palästinensischen Konfliktes keine Zeit bleibt und lädt diese ein, eine Position zu beziehen, die sich in der Überlegenheit der Israelis und deren Ähnlichkeit mit den Amerikanern und der angeblich entsprechenden Minderwertigkeit und Andersartigkeit der Palästinenser und der Muslime allgemein begründet. Der Kampf der Palästinenser wird hier mit Jihad, dem bewaffneten Jihad der Terroristen, der dem Jihadbegriff der islamischen Interpretation nicht entspricht, gleichgesetzt. Obwohl ein Gericht in den USA zugab, dass es sich hier um offensichtliche Hassrede handelte, ist dort das Grundrecht der Redefreiheit wichtiger. Das Plakat bleibt vorerst in den U-Bahnstationen angebracht. Es ist fraglich, ob diese Vereinfachungen der Vielschichtigkeit von internationalen Konflikten nachhaltig sind. Es leitet Menschen dazu an, Vorurteilen zu folgen, pauschal Seite zu beziehen, die Komplexität unserer Welt zu begraben, unsere Ähnlichkeiten auszublenden. Was Edward Said in einem Artikel in der Zeitschrift *Nation* am 4. Oktober 2011 gegen Huntingtons „Clash of Civilizations" als *Clash of Ignorance* [*Kampf der Ignoranz*], anprangerte, wird hier ausgenutzt, nämlich dass Huntington die unzähligen Strömungen, Komplexitäten unserer Geschichte und Kulturen vulgär in abgeschlossene und isolierte Einheiten zwängt: Westen ist Westen, Islam ist Islam. Ausgesprochene Ignoranz sei involviert, wenn man sich wie Huntington anmaßen würde, für eine ganze Religion oder Zivilisation zu sprechen. Pauschale Vereinfachungen erlauben auch den weniger informierten Menschen, klar Stellung zu beziehen. Im Gegenzug zum Plakat macht nun der *Council for American-Islamic Relations (CAIR)*, der Rat für Islamisch-Amerikanische Beziehungen, für den Islam mit einem Koranzitat auf einem Gegenplakat Werbung:

Show forgiveness, speak for justice and avoid the ignorant. Die Marketing-Spezialisten von CAIR hätte es besser kaum treffen können, um der Hassrede die Luft rauszunehmen. Anstatt Hass setzt es auf die klassischen Tugenden: Gerechtigkeit, Weisheit und Liebe.

Wenn heute kleine Ereignisse weit reichende Folgen haben, ist es langfristig nachhaltiger, mit der Ähnlichkeit der Menschen als Ausgangspunkt Unterschiede zu erörtern, indem wir uns in die Lage unseres Gegenübers hineinversetzen, ohne die Unterschiede gleich vom Anfang an in den Vordergrund zu rücken. Wie würde ich in dieser Situation denken, wenn ich dieselben Informationen, Gewohnheiten und Interessen wie er hätte? Eine komplexere Welt erfordert, dass wir unsere Aktionen und deren Auswirkungen auf andere stärker der aufmerksamen Prüfung unterziehen, dass wir vorsichtiger mit Verallgemeinerungen umgehen und kritischer Informationen und Nachrichten verdauen, die dank verinnerlichter Vorurteile bei uns schnell Anklang finden. Welche Vorurteile habe ich meiner Gegenüber? Warum handle ich, wie ich handle, und welche Auswirkungen haben meine Handlungen auf sie und meine anderen Mitmenschen? Welche Zusatzinformationen und Überzeugungen tragen zu meiner Meinungsbildung bei? Welche Informationen präsentieren mir die Medien, und wie sind deren Bilder und Aufnahmen zusammengeschnitten? Welchen Einfluss hat der unterlegte Kommentar oder die Hintergrundmusik auf meine Meinungsbildung? Wem gehört die Zeitung, die Website, der Sender, von denen ich meine Informationen erhalte?

Lee D. Ross, Professor der Psychologie an der Universität Stanford, hat in Studien der Führungslehre gezeigt, dass wir in der Beurteilung von Menschen dazu tendieren, deren Verhalten stärker auf interne Faktoren, wie zum Beispiel Charaktereigenschaften, aber nicht auf externe Faktoren, die situationsbedingt sind, zurückzuführen: Diese Tendenz führt dazu, dass Vorurteile, die wir gegen bestimmte Menschengruppen hegen, unsere Beurteilung verfälschen. Die Entdeckung dieser Tendenz ist mittlerweile weltweit wissenschaftlich anerkannt und wird von Wissenschaftlern als der Grundirrtum der Attribution bezeichnet. David Brookes schreibt in einer Kritik am 3. März 2011 in der New York Times, dass Huntington in *the Clash of Civilizations* gerade diesen Fehler beging. Er habe Beobachtungen durch Charakterzüge der Muslime erklären wollen, wohingegen jedoch deren Verhalten von den politischen Gegebenheiten abhing, nicht von inhärenten Charaktereigenschaften. Dadurch habe er die universellen politische

Werten untertrieben und den Einfluss individueller kultureller Werte übertrieben.

Indem wir die Ähnlichkeit der Menschen, die an der Globalisierung teilhaben, in Erinnerung rufen, rücken wir die klassische Tugend der Nächstenliebe in den Vordergrund. Der Kreis unserer Mitmenschen wächst. Die Nächstenliebe als Ausgangspunkt einer differenzierteren Untersuchung von Konflikten verwischt das sofortige Platzieren von Gegenpositionen und unterscheidet Pseudo-Unterschiede von wirklichen Unterschieden. Dadurch schwindet die Ignoranz, unser effektives kulturelles Wissen steigt. Auch unser Umgang mit den Medien verändert sich, die Tugend wappnet gegen die vielschichtigen Verzerrungen und Einseitigkeiten der Medien. Unser effektives gesellschaftspolitisches Wissen steigt gleichwohl. Natürlich gibt es große Unterschiede zwischen Menschen, doch erlaubt der Grundsatz, von der Ähnlichkeit der Menschen auszugehen, diese Unterschiede besser zu beleuchten, ernst zu nehmen und zu verstehen. Selbst dann, wenn wir tatsächliche Unterschiede in Werten und Prinzipien erkennen, ist es oft nicht nötig, Prinzipien- und Wertkompromisse einzugehen, solange wir uns auf eine bestimmte Handlung einigen. Wie Appiah erwähnt, hängt unser Zusammenleben vor allem davon ab, ob wir uns über die Antworten zu praktischen Fragen einigen können. Demnach sollte die Ähnlichkeit unserer Mitmenschen und damit die Nächstenliebe als Grundlage unseres Tuns fungieren, gekoppelt mit der Frage, ob und wenn es denn wirkliche Werteunterschiede gibt, diese zum Erreichen unseres Handlungsziels von Bedeutung sind oder nicht. Die Nächstenliebe erlaubt uns eine Auseinandersetzung, eine Art Gespräch mit unseren Mitmenschen, die uns die Schlussfolgerung nahelegt, dass wir alle Weltbürger sind, wenngleich sie Meinungsverschiedenheiten und Unterschiede nicht aus dem Weg räumt. Ganz aktuell erlaubt uns eine Rückbesinnung auf die Tugend Nächstenliebe, den gegenwärtig epidemischen Vorurteilen in Europa gegenüber der arabischen Welt und des Islams entgegenzutreten und *vice versa*. Die Tugend der Nächstenliebe hat deshalb auch noch, und gerade, heute Geltung.

Literaturempfehlungen

- Kwame Anthony Appiah, Der Kosmopolit – Philosophie des Weltbürgertums, Verlag C.H. Beck, 2009.
- Samuel Huntington, The Clash of Civilizations and the Remaking of World Order, London: Simon & Schuster, 1996.
- Arthur Schopenhauer, Über die Grundlage der Moral, Meiner, 2007.

Schluss

7 TUGENDEN RELOADED

Finanzkrise, Wirtschaftskrise, Sinnkrise. Es heißt, noch nie sei es den Menschen so gut gegangen wie heute, und doch scheinen wir bis über beide Ohren in Krisen zu stecken. Der Wandel der Zeit bringt stetig grundlegende Sinn- und Wertfragen mit sich, die eines Umdenkens bedürfen. Hierfür wanderten wir in diesem Buch in vergangene Zeiten und nahmen von dort „alte" Werte mit in unsere „moderne" Zeit. Als Mitglieder des Think Tank 30 haben wir uns daran gemacht, aktuell diskutierte gesellschaftlichspolitische Themen durch die Brille der sogenannten vier antiken und drei christlichen Tugenden zu betrachten. Die Tugenden Weisheit, Gerechtigkeit, Mäßigung und Mut wurden als Orientierungsanker genutzt, um Probleme wie Bildungsmisere, Generationenkampf, Datenmissbrauch oder Wutbürgertum konstruktiv und werteorientiert anzugehen. Hoffnung, Glaube und Liebe halfen als Visionen für Energiewende, soziale Sinnkrise und Kulturkampf: Ein Blick in die Zukunft durch das Prisma der Vergangenheit – „7 Tugenden Reloaded".

Stellen wir uns vor, Nathan, der Knowmade sowie Laurenz und Peter, die Austauschstudenten, würden in einigen Jahren mit Patrick,

Marie und Jennifer aus der Berliner WG, mit Elisabeth und Martin aus New York, Phillip aus der Hochglanzbank und den beiden Adams aus Frankfurt und Kairo zusammentreffen, nachdem sie dieses Buch gelesen und sie Zeit zum Nachdenken und Handeln gehabt hätten. Sie hätten sicherlich viel Gesprächsstoff.

Nathan hätte die vielfältigen Herausforderungen im Bildungsbereich erkannt und seine Webseite zum Thema antike und moderne Bildung zwischenzeitlich zu einem allgemeinen Diskussionsforum ausgebaut. Aus den hier ausgetragenen bildungspolitischen Debatten wären schließlich sogar einige gemeinnützige Initiativen entstanden, von denen er den anderen stolz berichten würde: Ein Mentorenprogramm für sozial benachteiligte Schülerinnen und Schüler, eine NGO, die sich für einen individualisierten und werteorientierten Bildungskanon auch jenseits des wirtschaftlichen Verwendungs- und Verwertungszusammenhangs einsetzt und ein Sachbuchprojekt zu semi-institutionalisiertem Lernen – für all diese Projekte konnte er Mitstreiter gewinnen und die nötigen Gelder mobilisieren.

Der New Yorker Austauschstudent Laurenz würde sich zunächst gewaltig über seinen bislang so blauäugigen und freizügigen Umgang mit seinen persönlichen Daten ärgern. Wie konnte er nur sein gesamtes Privatleben auf Facebook posten und seine Einkaufsgewohnheiten auf der Payback-Karte dokumentieren? Und wieso regt sich eigentlich kaum jemand auf über die zum Teil maßlose Datensammelwut von Staat und Unternehmen? Zwar ist Laurenz nicht so umfassend und öffentlichkeitswirksam engagiert wie Nathan, aber dennoch bewegt er etwas im Rahmen der Möglichkeiten seiner kleinen Alltagswelt: Er verfolgt datenschutzbezogene Nachrichten in den Medien nun viel aufmerksamer und kritischer und klärt seine Freunde auf. Auch wenn es ihn einige Überwindung kostete, mäßigte er zudem seine Aktivitäten in sozialen Netzwerken, verzichtet von nun an auf Sammelpunkte in diversen Bonus-Systemen und hat Sicherheitseinstellungen an seinem Browser vorgenommen. Adam A. und Adam B. hören gespannt zu und tippen sich hektisch Notizen in ihre SmartPhones.

Peter, der Londoner Austauschstudent, hätte nach seinem Gespräch mit Pater Barnes und der Lektüre des Artikels über den Preis für „mutige und innovative Wissenschaftler" noch lange nachgedacht. Er grübelte über Möglichkeiten und Formen der Partizipation als Teil einer aktiven und konstruktiven Zivil- bzw. Bürgergesellschaft und diskutierte mit seinen Kommilitonen darüber. Ja, es gehört schon einiger Mut und Elan dazu – würde er den anderen erzählen – sich nicht nur für die unmittelbar eigenen, oft egoistisch motivierten Interessen einzusetzen, sondern nachhaltig als Teil einer Gesellschaft zu agieren. Aber es ist möglich. Peter würde stolz berichten, dass er den Anfang bei sich selbst gemacht hat, indem er seine Masterarbeit über den Weg vom politischen Wut- zum Mutbürger geschrieben hat. Außerdem nimmt er nun aktiv an Bürgerforen teil, wenn es um große, langfristige Entscheidungen wie den Netzausbau geht, und versucht, auch sein persönliches Umfeld zu mehr Engagement zu bewegen. Dabei ist es wichtig, betont Peter, sich seine Meinung erst nach sorgsamem Abwägen von Für und Wider und mit Blick auf das große Ganze zu bilden.

Die drei WG-Bewohner Patrick, Marie und Jennifer würden berichten, dass Jennifer mittlerweile schon ganz gesettled und konventionell mit Mann und Kind in einer Zwei-Zimmer-Altbauwohnung in Berlin lebt, während die anderen beiden noch immer in Patchwork-Wohngemeinschaften aus Studenten, jungen Berufstätigen und Lebenskünstlern hausen. Alle drei würde jedoch weiterhin ihre gemeinsame Vision von mehr Rechten für die junge Generation zusammenschweißen. Sie haben gemeinsam mit drei anderen Freunden eine Rockband gegründet, die Liedtexte dichtet, in denen sie ihrem Ärger über die Ungerechtigkeiten, die ihnen als junge Menschen alltäglich begegnen, Luft machen können und in denen sie ihre Zukunft gegenüber „den Alten“ einfordern. Weil die anderen nicht aufhören, sie nach einer kleinen Kostprobe zu fragen, singen sie ihnen à capella ihren neuesten Song „Youthful Rebellion“ vor.

Elisabeth und Martin wären nach ihrem mehrjährigen Arbeitsaufenthalt in den USA wieder nach Deutschland zurückgekehrt. Nachhaltig beeindruckt von den Verwüstungen der Superstürme „Sandy“, „Zelda“ und „Gary“ und den häufigen Energieengpässen hatten sich die beiden viele Gedanken über die fundamentale Rolle von Energie gemacht. Um zur Aufklärung über erneuerbare Energien beizutragen, haben sie in Zusammenarbeit mit beteiligten Gruppen einen erfolgreichen Internet-Blog gestartet, www.hope4energy.org. Sie und ihre stetig wachsende Web-Community berichten mehrsprachig zu den neuesten Entwicklungen im Energiesektor, der Energiewende und weltweiter Energie-Innovation. Neben einfachen Tipps zum Energiesparen erklärt es anschaulich Best-Practice-Beispiele für die politische und wirtschaftliche Umsetzung. So verbindet es Wissensnetzwerke und gibt Hoffnung, dass die Energiewende überall gelingen kann. Gerade sind Elisabeth und Martin von einer amerikanischen Bürgerinitiative eingeladen worden, sie bei der Durchsetzung der Staatsförderung erneuerbarer Energien für amerikanische Privathaushalte zu beraten.

Der VWLer Philipp würde den anderen erzählen, dass er zwischenzeitlich die Bank gewechselt hat, weil er den Umgang mit den Mitarbeitern nicht mehr ertragen konnte. Besonders couragiert war das zugegebenermaßen nicht, weil er direkt auf eine andere Stelle gewechselt hat, zwar befristet, aber besser bezahlt. Aber er tat es, weil er daran glaubte, hier einen Neuanfang machen zu können und auf menschlichere Vorgesetzte zu treffen. Auf LinkedIn fand Philipp seinen ehemaligen Chef wieder. Der erzählte ihm, dass er mittlerweile auch der Bank den Rücken gekehrt und sich mit einer Idee selbstständig gemacht hat. Als sich die beiden auf einen Kaffee in ihrem früheren Stammcafé trafen, mussten beide über ihre „alte Bank" und deren verlogenes Unternehmensleitbild lachen. Und beide stellten fest, dass sie die gleichen Fragen beschäftigen: Wie ist werteorientiertes Handeln im Berufsalltag möglich, ohne dabei ständig seinen Job zu gefährden? Dieses Thema ließ sie nicht los und sie gründeten daher kurzerhand einen lokalen Gesprächkreis, um sich mit Gleichgesinnten kurzzuschließen und Handlungsoptionen auszuloten.

Schließlich wären da noch Adam A. und Adam B. aus Frankfurt und Kairo. Die beiden Namensvetter würden sich bei ihrem ersten Zusammentreffen erst einmal über die neusten Entwicklungen in der Informatik, über das Internet und ihr Leben austauschen und langsam überrascht feststellen, wie viele Ähnlichkeiten sie doch miteinander haben. Vom Informatiker-Beruf und ihrer Vorliebe für Macs über ihr beständiges Singledasein bis hin zur Namensgleichheit und zum Berufsstreben der Schwestern. Das ist fast unglaublich, wo doch „die dort" in der arabischen bzw. europäischen Welt so fremd sind. Allen Vorurteilen zum Trotz sind die beiden sich sofort sympathisch und verabreden, sich gegenseitig zu besuchen. Es sind ja nur vier Flugstunden. Sie beschließen, „Botschafter" ihrer eigenen Herkunft und Kultur im fremden Land zu sein, Medien, Vorstellungen und Vorurteile stärker zu hinterfragen, generell unvoreingenommener miteinander umzugehen, um zu wahren „Mitmenschen" in unserer globalisierten Welt zu werden.

All diesen Figuren ist gemeinsam, dass sie in unserer globalisierten Welt leben und ihnen die Möglichkeit gegeben ist, aufgeklärt zu handeln. Sie haben – wie wir im Einzelnen verfolgen konnten –die unterschiedlichsten Herausforderungen zu bewältigen. Auch wenn sie in ihrer jeweiligen Situation mit jeweils nur einem spezifischen Problem konfrontiert waren, so ist ihnen doch weiterhin gemeinsam, dass sie alle gleichermaßen die Grenzen von rein rationalen, an ökonomischen Grundsätzen orientierten Lösungsansätzen erleben. Sie sammeln die „wert"-volle Erfahrung, dass es im Leben um viel mehr geht, als möglichst wirtschaftlich, gedanklich angepasst, stromlinienförmig zu handeln. Viel wichtiger ist, sich selbst und sein Handeln immer wieder kritisch zu hinterfragen und, auch wenn es manchmal schwer oder gar utopisch scheint, seinen eigenen moralischen Grundsätzen und Prinzipien so weit wie möglich treu zu bleiben.

Vierzig Jahre nach Erscheinen des Reports „Die Grenzen des Wachstums" an den Club of Rome ist ein bewusstes Innehalten nötiger denn je. Wir brauchen ein Update für das Gute. Nur durch ein starkes Werte-Denken können wir Denkens-Wertes schaffen. Und nur wenn wir die Fragen nach dem Sinn und Unsinn dessen, was wir tun, wie und warum wir es tun, angehen, können wir Tiefenwirkung erzielen und unsere Gesellschaft nachhaltig gestalten.

Den „homo oeconomicus" hat es außerhalb der Theorie nie gegeben. In der Theorie mögen Theorie und Praxis gleich sein, in der Praxis sind sie unterschiedlich. Und doch haben wir uns ein Weltbild nach einem Wesen geschaffen, das allein auf Nutzenmaximierung abzielt. Wir haben versucht, so zu leben, wie es die Theorie uns lehrte, auch wenn das Ergebnis eine Dehumanisierung war. Wir haben dem Versuch der Moderne nachgeeifert und dabei die inneren Bedürfnisse des Menschen vernachlässigt. Wir haben sie zunehmend ausgegrenzt, verabscheut, das Menschliche am Menschen gering geschätzt. Vor knapp 150 Jahren schrieb Oscar Wilde, der Mensch kenne den Preis von allem und den Wert von nichts. Dies gilt heute leider weiterhin. Kant betonte, dass sich die Gegenstände nach unserer Erkenntnis richten müssen. Es gilt auch: Die Erkenntnis muss sich nach uns richten – nach dem, was, wer und wie wir sind. Wir haben nach einer dehumanisierenden Theorie gelebt, statt die Theorie zu humanisieren. Und in der Postmoderne brach unser Weltbild zusammen.

Wir stehen vor der gesellschaftlichen Herausforderung, unsere Gesellschaft und Gemeinschaft selbst zu gestalten – wohlwissend, dass so vieles im Wandel ist. Wir sind geprägt durch unsere Zeit und prägen sie. Wonach streben wir und wonach sollten wir (eigentlich) streben? Ohne eine absolute Antwort geben zu wollen, haben wir den Schatz der Vergangenheit gehoben, um die Gegenwart zu bereichern und einen Beitrag zu einer nachhaltigen Zukunft zu leisten. Durch ein Wiederbesinnen auf sieben Tugenden haben wir uns vor Augen geführt, wie wichtig es ist, gesellschaftliche Themen nachhaltig und tugendhaft anzugehen.

In diesem Buch plädierten wir für mehr Weisheit in der Bildung durch Bildungsgerechtigkeit, Bildungsvielfalt und Bildungsflexibilität. Bildung heute fühlt sich für uns Knowmaden zu häufig wie ein Korsett an, das einengt, statt als stärkendes Gerüst. Deshalb brauchen wir hierfür flexible und mobile Bildungspfade, Bildungsabos und Bildungsmodule und ein ganzheitliches Bildungsverständnis, welches den Menschen als komplexes Wesen samt Körper, Herz und Verstand betrachtet. Wir forderten Mäßigung durch Datensparsamkeit beim Daten-Striptease des gläsernen Bürgers und Konsumenten. Ähnlich dem Roman „Nineteen eighty-four", nur knapp 30 Jahre später als von Orwell 1948 literarisch prognostiziert, leben wir in einer Zeit der Allgegenwart des Datensammelns durch Bonus-Systeme, Online-Tracking und soziale Netzwerke. Wir müssen unsere informationelle Selbstbestimmung stärken und Aufklärung, (Selbst)Zügelung und Boykott fördern und fordern.

Wir sehnen uns nach einer mutigen Zivilgesellschaft, die Verantwortung wahrnimmt durch gemeinsames Engagement und aktive Mitbestimmung. Eine Entwicklung vom Wutbürger zum Mutbürger ist ein Plädoyer für eine aktive Zivilgesellschaft. Wir wünschen uns einen Aufstand der Jungen – nicht gegen die Alten, sondern für Gerechtigkeit. Statt Sonntagsreden suchen wir echte Generationengerechtigkeit zwischen Jung und Alt, Gegenwart und Zukunft. Leider werden heute zu häufig auf Kosten von morgen Politik und Wirtschaft betrieben. Wer wählt, der zählt. So geben die Alten den Ton in den Institutionen an. Wir brauchen Reformen in unserem Rentensystem und Arbeitsmarkt, müssen die Staatsverschuldung stoppen und unsere Umwelt so behandeln, wie sie es verdient: nachhaltig. Getreu dem indischen Sprichwort: Wir erben die Erde nicht von unseren Vorfahren, wir leihen sie von unseren Kindern aus.

Mit Hoffnung haben wir uns an die Energiewende gewagt. Wir müssen Energieproduktion und Energiekonsum neu und innovativ denken und uns von Uran und fossilen Brennstoffen lösen. Wir brauchen eine Demokratisierung der Energienetze, mehr Ökostrom, ein innovatives Supergrid und eine europäische Ausrichtung in der Energiepolitik. Wir träumen von mehr werteorientiertem Handeln und der Kraft des Glaubens als gemeinsame gesellschaftliche Veränderungskraft für soziale Verantwortung. Und wir endeten mit einem Appell für Nächstenliebe der Weltbürger untereinander als Mitmenschen in einer globalisierten Welt.

Wir brauchen mehr Aufklärung und müssen das Bewusstsein wecken und schärfen: Gemeinsam können wir unsere Gesellschaft von einer vornehmlich augenblicksbezogenen und konsumorientierten Handlungs- und Lebensweise hin zu einer nachhaltigen Gesellschaft bewegen. Diese Veränderung erfordert einen ökonomischen, sozialen wie auch ökologischen Wandel.

Bekanntlich ist der sicherste Weg, die Zukunft vorherzusagen, sie zu gestalten. Daher möchten wir mit diesem Buch nicht nur zum Nachdenken ansporne n – sondern auch zum Handeln. Wen wir begeistern konnten, sich für eine nachhaltige Welt zu engagieren, dem möchten wir noch ein weiteres Buch empfehlen: „Welt retten für Einsteiger. 30 Gründe für ein gutes Gewissen". Darin haben sich zwei Mitglieder des TT30 auf die Suche gemacht nach kleinen Dingen, wie man die Welt verbessern kann – ohne dabei unbedingt auf die schönen Seiten des Lebens verzichten zu müssen. Daraus sind 30 konkrete, praktische Tipps für den Alltag entstanden, vom Einkauf über die Ernährung bis zum Energiesparen, vom Reisen übers Entrümpeln bis zum Schenken, vom Investieren über Kreislaufwirtschaft bis zu den Kirchensteuern. Die Anregungen helfen, sich zurechtzufinden und die Welt ein kleines bisschen gerechter und lebenswerter zu machen. Dabei können und sollten wir auf die Tugenden Weisheit, Mäßigung, Mut, Gerechtigkeit, Hoffnung, Glaube und Liebe bauen.

Wohin geht's? Hoffentlich zu einem Paradigmenwechsel in unserer Gesellschaft. Wir sind Gefangene eines falschen Fortschrittsglaubens. Nicht wir müssen uns nach einem Fortschrittsverständnis richten, sondern der Fortschritt nach unserem Verständnis von der Gesellschaft. Platon schrieb: „So schön auch Erkenntnis und Wahrheit sind, weit schöner noch ist das Gute." Dieses Gute müssen wir anstreben. Jeder von uns kann aktiv werden, sich einmischen – in der Politik, in Verbänden, in Unternehmen – und so unsere Gesellschaft und uns prägen. Jede einzelne Tugend steht nicht für sich. Vielmehr können wir tugendhaft mit allen Tugenden die Gesellschaft nachhaltiger gestalten.

Für Aristoteles zielte die Tugend auf die Mitte. Das richtige Maß zwischen zu viel und zu wenig: ein nachhaltiger Mittelweg. Dies ist ein Pfad, den wir gemeinsam betreten. Es geht nicht darum, alte Pfade zu begehen, sondern mit den antiken Tugenden den Pfad in die Zukunft zu bestreiten – hin zu einem guten, tugendhaften, nachhaltigen Leben. Hierfür müssen wir den Menschen und die Gesellschaft neu denken.

Die „7 Tugenden Reloaded“ helfen uns auf diesem Pfad – für eine nachhaltige und tugendhafte Zukunft unserer Gesellschaft.

Autoren

Katharina Diel-Gligor ist Doktorandin an der Universität Heidelberg und forscht zu Wegen erfolgreicher Streitbeilegung im Bereich des Wirtschaftsvölkerrechts. Ihr Studium der Rechtswissenschaften absolvierte sie in Mainz und Paris. Im Anschluss daran erwarb sie den Abschluss Master of Laws (LL.M.) an der Columbia University sowie die Zulassung als Attorney-at-Law im Bundesstaat New York.

Wolfgang Gründinger ist Autor der Bücher „Meine kleine Volkspartei" (2013), „Wir Zukunftssucher" (2012) und „Aufstand der Jungen" (2009). Der Politik- und Sozialwissenschaftler ist ehrenamtlicher Sprecher der Stiftung für die Rechte zukünftiger Generationen und wurde für sein Engagement für Generationengerechtigkeit vielfach ausgezeichnet, u.a. mit dem Generationengerechtigkeitspreis, dem Deutschen Studienpreis und dem Studierendenpreis des Bundesinnenministeriums. Er lebt in Berlin und im Internet.

Ali Aslan Gümüsay ist Doktorand an der Saïd Business School der University of Oxford. Er lehrt und forscht zu Wissensmanagement, Innovation, Entrepreneurship, Strategie, Organisationstheorie und Religion. Ali Aslan Gümüsay ist außerdem tätig als Berater, Referent, Entrepreneur sowie Vorsitzender des sozialen Inkubators „Zahnräder Netzwerk". Zuvor arbeitete er als Unternehmensberater bei der Boston Consulting Group.

Silke Noa Kumpf, Anwältin (England & Wales, New York) für Streitbeilegung und Wirtschaftsvölkerrecht mit Schwerpunkt Nahost. Nach Tätigkeiten in Den Haag, London und Moskau, lebt sie seit 2009 vornehmlich in Kairo, wo sie neben ihrer Anwaltstätigkeit zusätzlich im Bereich Scharia forscht. Noa studierte Rechtswissenschaften-, Ökonomie- und Mathematik in London und an der Universität Stanford, Kalifornien.

Catriona E. McLaughlin ist Journalistin und berichtet aus New York unter anderem für DIE ZEIT und CAPITAL über die amerikanische Welt. Die Deutsch-Amerikanerin ist Koautorin der Bücher "Der Mensch als Marke" und "Führen in Modernen Zeiten". Als Diplom-Kommunikationswirtin berät sie Unternehmen und Regierungsorganisationen in den Bereichen Digital, Branding und Medien. Catriona hat in Berlin (UdK, HU) und Sydney (UTS) Gesellschafts- und Wirtschaftkommunikation, Kulturwissenschaften und Media Arts studiert. Sie ist Global Young Leader der Atlantik-Brücke sowie Socrates-Alumna des Aspen Institute.

Santa Meyer-Nandi ist eine auf EU Umwelt- und Entwicklungsrecht und Außergerichtliche Streitbeilegung spezialisierte Juristin. Nach Abschluss ihres LL.M an der University of London arbeitete Santa als Sustainability Officer und Nachhaltigkeitsberaterin in London und Berlin. Anfang 2013 plant sie nun ihre Weiterbildung zur Umweltakkreditiererin. Santa ist Gründerin von „FindingSustainia„, einem interdisziplinären Think Tank rund um Nachhaltigkeit. Derzeit arbeitet sie an einer Photo-Kampagne zur Regionalentwicklung im Donau-Rieser Landkreis.

Thomas Suermann de Nocker ist Berater, lehrt an verschiedenen Hochschulen zum Nonprofit-Management und gründete das Sozialunternehmen Daily Duty Deutschland, mit dem er Toilettenpapier für eine bessere Welt verkauft. Studiert hat er Mathematik, Theologie und Geographie in Münster und Madrid und wurde mit einer Arbeit über das Engagement von Wirtschaftsberatern in der Kirche promoviert.

Marleen Triebiger engagiert sich bei der European Association for International Education für neue Wege in der Hochschulausbildung. Nach Auslands- und Forschungsaufenthalten in Russland und Spanien arbeitet sie in der Hochschulinternationalisierung. Sie ist Mitglied des Projekts „Managerfragen.org„. Marleen promovierte zum spanischen Recht in Jena.

Christopher Wickert ist Assistenzprofessor für Management und Organisationstheorie an der Freien Universität Amsterdam. Nach Tätigkeiten beim Global Compact der Vereinten Nationen und in der Entwicklungszusammenarbeit forschte und lehrte er an den Universitäten Lausanne, St.Gallen und Zürich sowie in Barcelona zu den Themen unternehmerische Nachhaltigkeit, Ethik und Verantwortung. Christopher studierte Betriebswirtschaftslehre in Vallendar, Chile und der Türkei.